谨以此书献给

援鄂抗击COVID-19的医务工作者们！

致敬

SALUTE

罗水长 万利平 李良生 编著

江西人民出版社
Jiangxi People's Publishing House
全国百佳出版社

图书在版编目(CIP)数据

致敬 / 罗水长,万利平, 李良生编著. —南昌 :
江西人民出版社, 2020.10 ISBN 978-7-210-12485-6

Ⅰ. ①致… Ⅱ. ①罗… ②万… ③李… Ⅲ. ①医药卫
生人员-先进事迹-南昌-现代 Ⅳ. ①K826.2

中国版本图书馆 CIP 数据核字(2020)第 216013 号

致　敬

罗水长,万利平, 李良生　编著
责任编辑:涂如兰
书籍设计:郭天翔
出版:江西人民出版社
发行:各地新华书店
地址:江西省南昌市三经路 47 号附 1 号
编辑部电话:0791-86898965
发行部电话:0791-86898815
邮编:330006
网址:www.jxpph.com
E-mail:270446326@qq.com
2020 年 10 月第 1 版　　2020 年 10 月第 1 次印刷
开本:889 毫米×1194 毫米　1/16
印张:11.25
字数:195 千字
ISBN 978-7-210-12485-6
定价:126.00 元
承印厂:江西印刷股份有限公司
赣版权登字—01—2020—461

让英雄的精神永远在英雄城流淌

——《致敬》序

大江流日夜，慷慨歌未央。在历史的长河中，总有一些人和事注定要被历史铭记。

2020，庚子年春，一场新冠肺炎疫情突袭荆楚大地，蔓延波及全国。在以习近平同志为核心的党中央坚强领导下，14亿中国人民众志成城、团结一心，打响疫情防控的人民战争、总体战、阻击战，给全世界、给每一个中华儿女留下了刻骨铭心的记忆。

严寒时逆风而行，花开时含笑荣归。广大医务工作者白衣执甲、逆向而行，不计安危、不惧生死，用妙手仁心化解危难，用精湛医术挽回春天，托起生的希望，立下不朽功勋。

国有危难，使命就是号角；紧要关头，初心就是方向。特殊时期，南昌——这座英雄的城市，再一次在世人面前展现出他的铁血担当。最精锐的力量向风暴之眼驰援，最优质的资源向决战之地汇聚。从萧瑟寒冬到夏意正盛，一次次铿锵有力的请战、一句句坚定坚决的誓言、一个个逆行出征的背影，南昌154名援助湖北的医疗队员，在庚子年的冬去春来间，又给这座英雄的城市续写了新的传奇。

为纪念抗击新冠肺炎这段可歌可泣的历史，致敬这些舍身忘死的抗疫英雄，《致敬》有声影像文学书即将出版。该书以时间为轴，以情感为刻度，完整记录了南昌154位白衣战士的硬核力量与温暖瞬间，真实塑造了新时代医务工作者“敬佑生命、救死扶伤、甘于奉献、大爱无疆”的集体群像，对在全市营造崇尚英雄、关爱英雄、学习英雄的良好氛围具有重大意义。

浩渺赣江水、崔巍滕王阁。崇尚英雄，英雄辈出。在新的征程上，我们要进一步以英雄的故事激发英雄城的使命担当，凝聚全市人民的奋进力量，让英雄的精神永远在英雄城流淌，在建设富裕美丽幸福现代化江西、描绘好新时代江西改革发展新画卷的伟大实践中，贡献省会力量、彰显省会担当。

是为序。

2020年8月 南昌

目录 | Contents

请战

出征

入阵

内科第一党支部
尊敬的院党委：
面对新型冠状病毒防控形势不断严峻的形势，我们身为共产党员的医务工作者，为了践行治病救人的初心和使命，我支部紧急沟通，全体党员纷纷请求加入医院抗击新型冠状病毒医疗队伍，在这场疫情战斗中积极参与，努力工作去赢得这场疫情攻坚战斗的胜利，恳请组织批准。
内科第一党支部全体党员请战：
愿向院领导请战，愿为战胜此次疫情随时听候调令，做出一个医务人员应有的贡献。
在此，我积极请战：若有战，召必回，战必胜！
2020年2月10
尊敬的院领导：
面对着新型
我身为一名医务工
使命，我请求加入
场疫情战斗中积极参
坚战斗的胜利，随时
健康不惜一切，勇往直
请战书
尊敬的院党委：
新型冠状病毒防控形势严峻，我科已派3名医生到发热门诊工作，病房危重病人很多，工作繁忙，大家主动放弃了休息。但是作为医务工作者，深知这场战役艰巨性，呼吸科医护人员克服困难义无反顾请求加入医院抗击新型冠状病毒医疗队伍，与广大一线医务同仁一道，共同赢得这场疫情攻坚战斗的胜利，恳请组织批准。
申请人员名单如下：
1. 余小燕 2. 聂同 3. 杨君 4. 胡燕燕. 5. 金欢 6. 喻琼晶 7. 秦丹 8. 熊婷 9. 胡佳 10. 龚小青 11. 曾琦 12. 舒欣 13. 戴丽芳 14. 程敏 15. 李璐 16. 蔡梅 17. 欧沛沛 18. 汪亦巧 19. 彭红星 20. 顾咸斌 21. 李重 22. 刘凌 23. 廖默颖 24. 万珍 25. 樊莉 26. 黄卫伟 27. 朱环 28. 陈鹏程 29. 李超 30. 涂长英 31. 曾笑影 32. 龚华华 33. 王丽萍
呼吸科
尊敬的院党委：
新型冠状病毒
字让人揪心，痛心。
深知这场战役艰巨性。秉承治病救人的初心和使命，经过慎重考虑，外一支部请求加入医院抗击新型冠状病毒医疗队伍，与广大一线医务同仁一道，共同赢得这场疫情攻坚战斗的胜利，恳请组织批准。
申请党员名单：
江西省中西医结合医院谢水华 章慧琴 戴志红 朱蓉蓉 戴志红 欧阳根 罗丹 李桂芳 马悦茗 章俊彪 欧阳根 熊美华 肖少芳 周萍 卢朝霞 丁浩 吴晓 王星宇 陈卫东 董双虎 夏明华 何建华 封志兵 胡前芹 朱远贵 龚志翔 于海涛 毛穗 邓文 何敏 李武龙 夏雨 彭雪 朱丽娟 冯志
请战书
尊敬的院党委：
面对武汉新冠状病毒肺炎的严峻形势，外二支部全体党员志愿加入抗击疫情突击队，不计报酬，不畏艰险，勇于奉献，科学防控，听从指挥！在这场大疫面前，做为一名医务人员的党员，我们应该挺身而出，冲在抗击新型冠状病毒战斗的前线，只要党组织一声召唤，我们立即投身到抗击新型冠状病毒的战斗中去！许多同仁们已经冲上去了，我们必须做好充分准备，向院党委请战：若有战，招必至！请指示！
申请党员名单：
江西省中西医结合医院外科第二党支部
2020年01月26日
织提出申请，主动加入到抗击新型冠状病毒感染肺炎的一线
自身最大努力做好疫情防控工作，为保证人民群众生命安全献出
的一份微薄之力。
南昌县人民医院普外胸外科 艾斌
南昌县人民医院泌外普外科 余超
南昌县人民医院泌外普外科
南昌县人民医院骨科 万以文
南昌县人民医院麻醉科 李洪波
南昌县人民医院麻醉科 许圣超
南昌县人民医院肿瘤内科 陶小文
请战书
尊敬的院领导：
面对着新型冠状病毒防
为一名医务工作者，为了践
求加入抗击新型冠状病毒
参与，努力工作去赢得这
奔赴战场，为人民群众

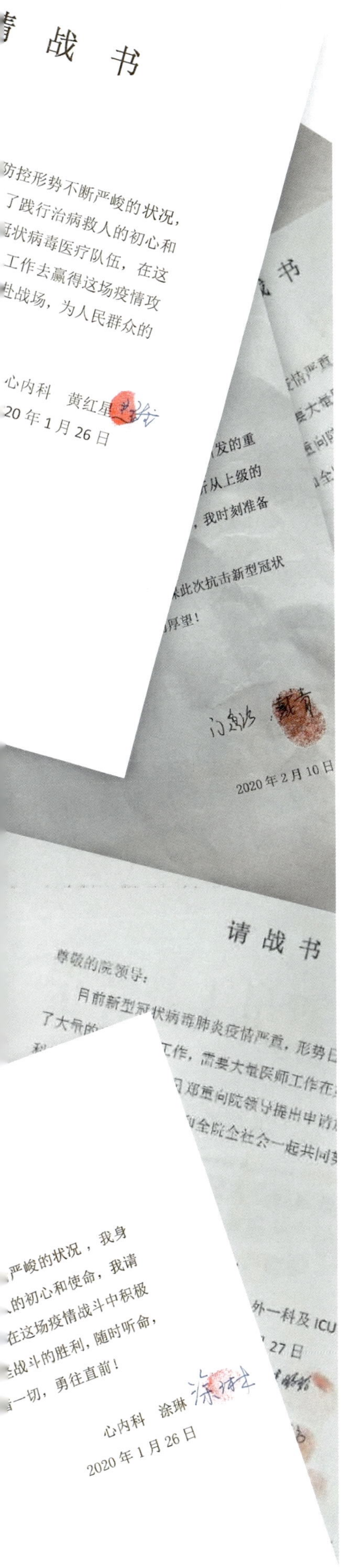

第一章

CHAPTER I

请　战

“苟利国家生死以，岂因祸福避趋之！”“疫情在前，我绝不后退！”“作为一名共产党员，我申请加入驰援湖北医疗队。”

他们在请战书中，写下令人血脉贲张的誓言！一枚枚血红的手指印，传递着医者信念与承诺！他们用逆行的背影诠释着生命与感动，他们共同肩负着一个使命——战疫！

在这场与新冠肺炎疫情的斗争中，在湖北最需要支援的关键时刻，南昌市分别于1月27日、2月4日、2月6日、2月11日、2月15日、2月16日，派出6批医疗队、154名医护人员驰援湖北。白衣执甲，逆向而行，无怨无悔。154份请战书，154件白衣，他们在这场“战役”中，赋予人生最精彩、最动人的韶华。

万凯琳

南昌市洪都中医院

支援湖北省随州市，负责随州市中心医院EICU内的救治工作

无怨无悔

2020年1月初，突如其来的新冠肺炎疫情，打乱了全中国人团圆的脚步。武汉封城，新冠肺炎患者数量急剧增长，防护物资严重告急，整个城市被按下暂停键。

听说医院要派出医务人员援鄂时，我深思熟虑一番，决然写下请战书。没有告诉任何亲友，因为我也没有把握我能平安地回来。写好请战书，并向领导表示我想去前线的决心。我知道，如果不报名我将会遗憾终身！

被医院选为援鄂医疗队的队员之时，我向家人告知了这一切。我的爱人一脸严肃地说："在前线一定要确保自我人身安全，做好防护和防疫措施，容不得半点闪失。此行你是为国家舍小家，但是家里不能没有你，孩子还小，家中有老，都需要你。既然你决意要去前线支援，我只能支持你的决定，只要你平安回来，家中的一切我都会打理好，孩子和老人我也会照顾好，你在湖北就安心救治病人，既然去了便发挥你的专业所长，积德行善，救死扶伤。"听完他的一番话，我们紧紧拥抱在一起，相拥而泣。

临行前，他还亲手为我包饺子。他在包饺子的时候，我说："多包一些，想我了就吃饺子。请相信我的专业，我一定可以平安地回来！"

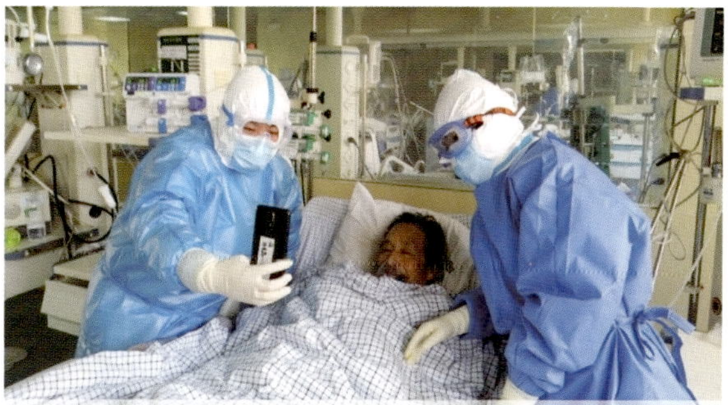

让患者与亲人"见面"

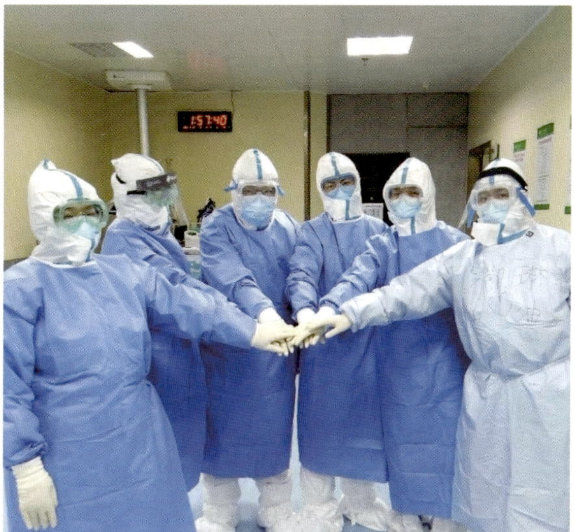

医疗队齐心协力，抗击疫情

出征前，家人为万凯琳包饺子

万梅珍
安义县人民医院

支援武汉市江汉开发区方舱医院，负责B区病人的护理工作

党员使命

2020年1月新冠肺炎疫情暴发，1月23日武汉宣布封城，1月27日临时通知取消春节假期，随之而来的是单位动员，院内支援感染科防护物资的限额领取及发放，小区人员进出管理越来越严，每天看着全国蹭蹭上升的确诊及死亡病例，我坐不住了，内心有两个声音在不停争吵。

一个声音说：万梅珍，你应该上一线抗疫，你有优势，你有感染科及ICU的工作经历，你还是有着12年党龄的老党员，是时候展现你的担当和使命感了，你不上谁上？另一个声音却这样说：万梅珍，你已经不年轻了，你一岁零九个月的小儿子离不开你，你的小家需要你，你有年迈的公婆及母亲需要你随侍左右，况且一线真的很危险。

最终我还是凭着一个老党员的党性觉悟报名参加了医院一线抗疫工作。爱人对我的决定坚决反对，但我去意已决，我毅然报名加入医院的一线抗疫医疗队。

2月11日护理部发出援鄂动员，考虑到自身能力对于抗疫的帮助，我先斩后奏第一个报名请战，在下班后才告知爱人。这一次他竟然同意了，毕竟二十多年夫妻了，他知道但凡我认定了一件事谁也改变不了我，况且这次是为了国家和人民的大义之举。

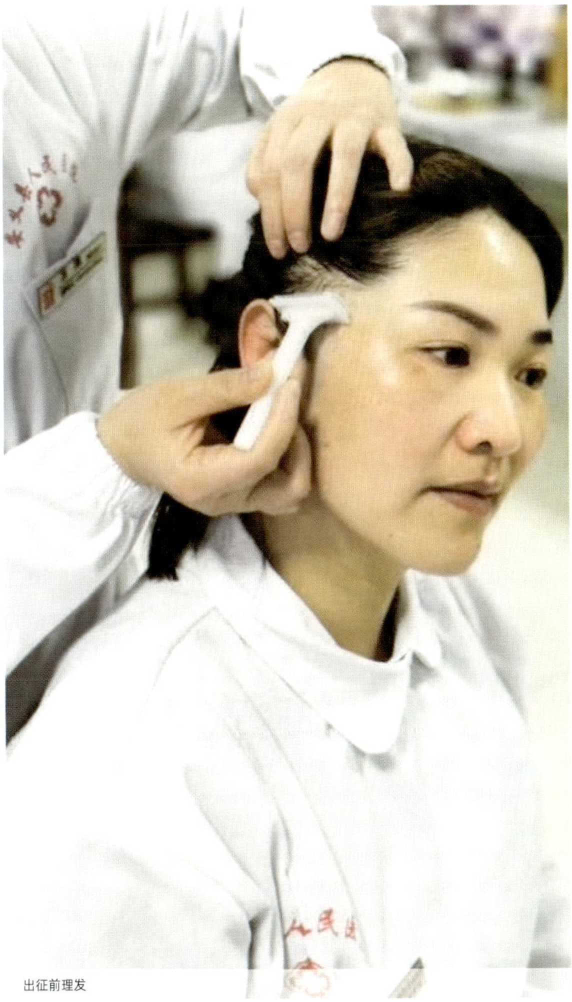

出征前理发

与儿子合影

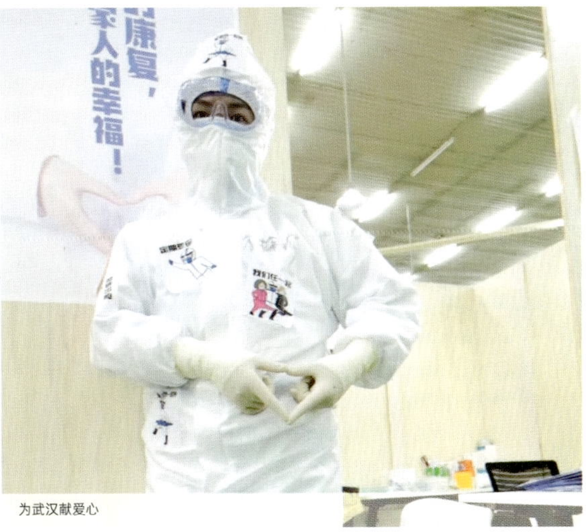

为武汉献爱心

邓媛媛

南昌市第一医院

支援武汉市第五医院，负责医院感染防控工作，兼任心理医生，被授予“全国抗击新冠肺炎疫情先进个人”荣誉称号

使命在身

庚子鼠年春节伊始，新冠肺炎疫情在武汉暴发，牵动着全国人民的心。看到各省开始往武汉派驻医疗队以及武汉医务人员的各种求助信息后，我心疼不已。

大年初二，江西省组建首支医疗队出征，我们医院需要有一名感控医生前往，我毫不犹豫就报名了。我想，这可能就是所谓的使命感，是作为医务人员履行职责的使命感，是身为中国共产党员履行党员义务的使命感。丈夫得知我要去武汉的消息后，第一反应是要替我出征，让我很是感动。我们聊起2003年他在北京抗击非典的经历，不约而同认为如今的医疗水平、反应速度，集全国之力来援助武汉那一定战无不胜。丈夫将新冠肺炎与非典一条条进行了对比，也让我对抗疫成功充满信心。

在出征之前，我一直在思考我的责任，虽然我是以感控医生的身份出征，但同时我还是一名心理学工作者。我深知在这场关乎身体与意志的战斗中，心理健康防线与防护安全同样重要。我默默地定下了一个目标：不光要保障队员们的安全，同时也要守护他们的心理健康。

出征前合影

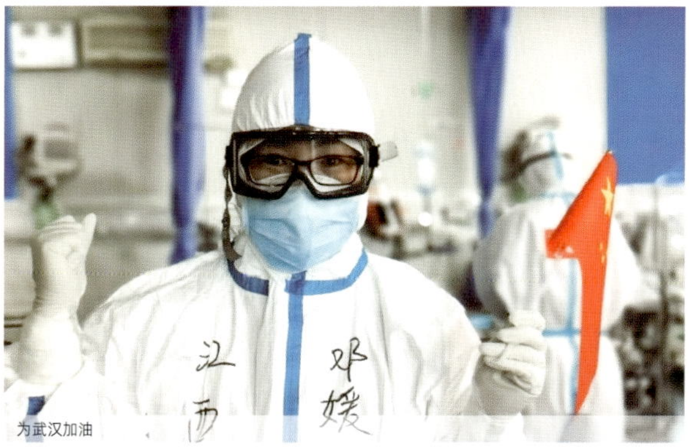

为武汉加油

被授予“全国抗击新冠肺炎疫情先进个人”荣誉称号

全丽萍

江西省中西医结合医院

支援武汉市江汉开发区方舱医院，负责监测生命体征、测量血糖、采集咽拭子、办出入院、发放药品及生活物品等工作

“打怪兽”

当这次新冠肺炎疫情来临时，我第一时间就写下了请战书，还特意写上“时刻准备，召之即来，来之能战，战之必胜”。李护士长接到我们科需要一名主管护师去武汉支援的消息时，她打了我的电话，问了我的意愿，我很坚定地答应了，并将我的身份证号码报了上去。然而，由于名额有限，医院第一批援鄂名单中竟然没有出现我的名字。之后的几批我仍然坚持报名，结果均是未报名成功。

看着一批又一批战友奔赴前线，我有些失落，就当我觉得可能不会有机会参与援助时，2月15日凌晨的一通电话让我激动不已，护士长让我准备出发前往武汉支援。和护士长联系完后，我的脑海里思绪万千。想着乡下做完冠脉搭桥的老父亲需要人照顾，年幼的女儿从来没有离开过妈妈的怀抱……想到这里，眼泪不自觉地流了下来。但我坚定自己的选择，绝不后悔。

当日早上八点，醒来第一件事情就是准备物资。回家收拾东西，跟老公交代了一些注意事项后，就要和女儿告别了。面对我最放心不下的女儿，我说：“妈妈去武汉打怪兽了，你一定要听爸爸的话。”女儿竟笑着对我说：“妈妈，你真勇敢，我爱你！”

为武汉医疗队点赞

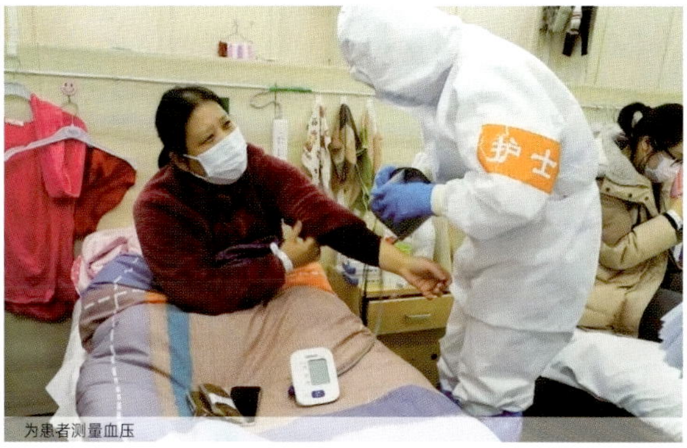

为患者测量血压

出征仪式

刘燕

南昌市第一医院

支援武汉市江汉开发区方舱医院，担任医疗队临时党支部副书记，负责医疗队护理工作

我必须去

疫情就是命令，防控就是责任。在湖北和武汉人民遭受重大疫情的危急时刻，医务人员主动请缨、逆行出征，义无反顾奔赴湖北武汉抗疫第一线。之前，我院已有9位护理人员分四批出征。一次次送自己的战友出征，作为他们口中的大姐，从报名、组队，到物资配备、远程指导，我都在牵挂着他们。

记得大年初二的晚上，第一批援鄂医疗队出发时，有的姑娘小伙是刚下班或临时从工作岗位上直接出发的。出发那天天气很冷，北院急诊科易凯芳来不及与父母道别，护士长就像家长一样为易凯芳准备，临走时还想帮她把羽绒服的拉链拉上，可不曾想拉链坏了。时间紧迫，易凯芳就只能敞开着羽绒服，潇潇洒洒地出发了。想起这一幕，让我时常不安。

2020年2月15日，接卫健委和医院紧急通知，需增派医疗队员前往武汉救援。这一次是由南昌市卫健委组队，驰援人数共105人，且将接管江汉方舱整个B病区。这一次，我必须去！尽管一切都是未知，但我清楚，只有离他们近了，和大家在一起并肩战斗，才是我正确的决定。

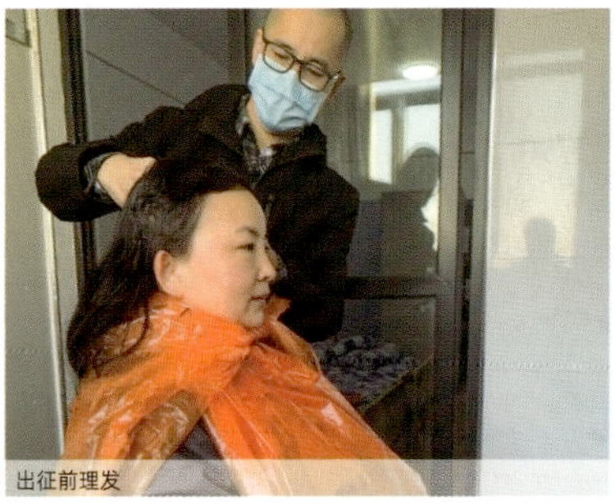
出征前理发

出征合影

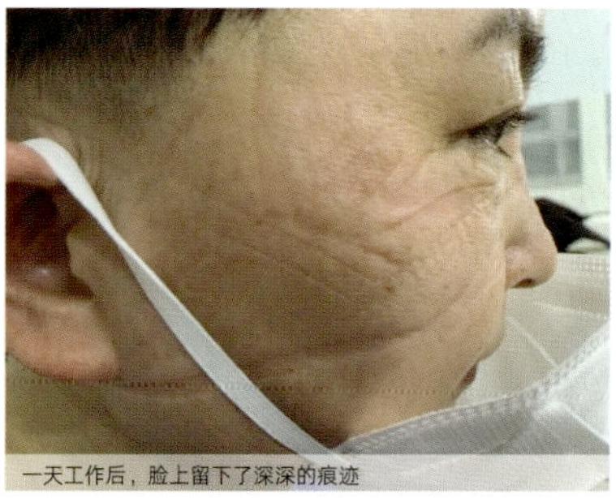
一天工作后，脸上留下了深深的痕迹

与医疗队战友们讨论治疗方案

孙雁

南昌市第一医院

支援武汉市江汉开发区方舱医院，负责护理工作

我请战

突出其来的疫情直击着我的心。在新闻报道中，看到武汉医院患者就医的场景时，我不禁潸然泪下。疫情发生后，我第一时间填报了援鄂请战书。

我认为自己是最适合的人选：作为一名医务人员，我应该去，因为这是我的责任；作为一名共产党员，我应该去，因为这是我的使命；作为一名南昌人，我应该去，因为武汉人是我们的朋友；作为江西人我应该去，因为我们共饮着长江水。

与此同时，我提前为援鄂做了充分的准备。首先，工作需要一个健康的体魄，让身体能够长时间对抗穿防护服的缺氧状态。我每天长跑5公里，增强肺活量达到身心健康的效果。

其次，做好与父母的沟通工作。在提交援鄂申请书时，我没有和父母商量。我是80后的独生子女，父母已是年过花甲的老人，想到让唯一的孩子去援鄂，以及此行将面临感染的风险，父母很是担忧。为了让父母放心，那段时间下班回家后，我每天都会花一个小时陪他们聊天，聊聊武汉当时的情况，让父母进一步了解武汉、关心武汉。经过一周的努力，父母终于和我达成共识：我应用自己的专业帮助那些需要帮助的人。这时我才告诉他们我早已提交过请战书。

出征前合影

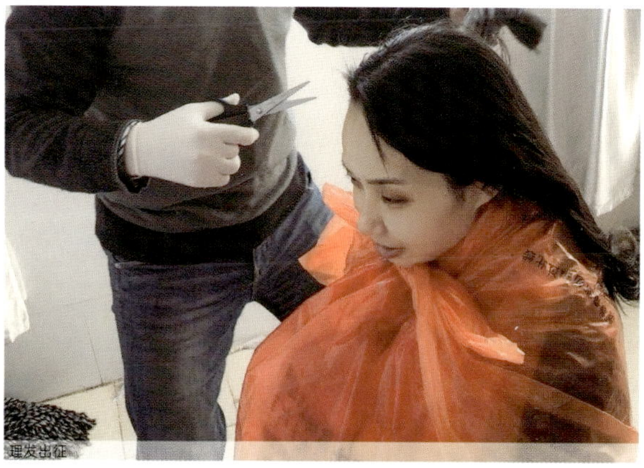

理发出征

与战友合影

夫妻请战

李立岩

南昌县中医院

支援武汉市江汉开发区方舱医院，负责舱内患者的治疗、检查安排、出院或转院评估

岁末年初，突如其来的新冠肺炎疫情在全国大范围蔓延，疫情防控形势极其严峻，武汉成为抗击此次疫情的主战场。一方有难，八方支援。全国各省市派出医疗队驰援湖北，开启了一场轰轰烈烈的人民健康保卫战。

我作为一名共产党员、一名医务工作者，前方的疫情时刻牵挂着我的心，我向妻子提出我想支援武汉的想法，才得知她早已瞒着我向单位递交了请战书。我笑着说：“夫妻同心，其利断金。”于是我毫不犹豫地向医院党委递交了请战书。

2月25日早上，我接到出征武汉的紧急通知，爱人急忙为我准备随行物品。当日下午出发前，她想为我送行被我拒绝了，因为我不喜欢别离的伤感。大疫当前，我唯有逆行向前！临行，她眼含热泪抱着我说：“同是医务人员，我支持你的选择，但你是我和女儿的全部，一定要注意防护，等你平安归来的时候我们一定去接你。”一向乖巧懂事的女儿也说：“爸爸，妈妈上班我一个人在家会自觉学习的，你是我的榜样！”

“父母在，不远游，游必有方。”父母年迈，怕他们担心并没有告诉他们。请原谅儿子的不辞而别，牵挂我的人，待山河无恙，我定平安归来！

逆行者拿着签名战服合影

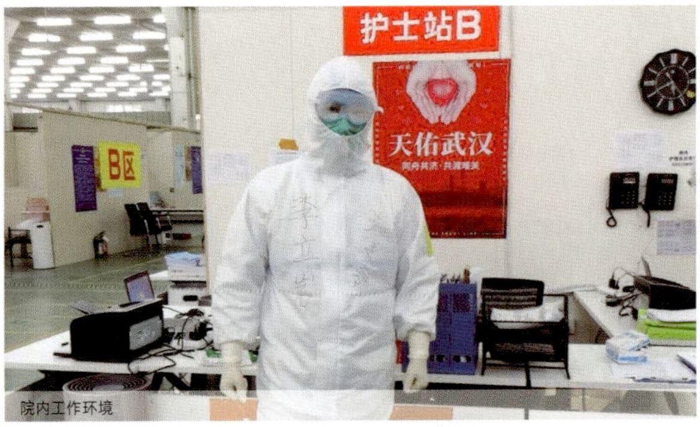

院内工作环境

与家人合影

杨宇

南昌市第三医院

支援武汉市江汉开发区方舱医院，负责确诊轻症新冠肺炎患者护理工作

时刻准备

新冠肺炎疫情突如其来，不见硝烟的疫情防控阻击战就此打响。从新闻上得知武汉疫情发展很快并且当地医护人员日夜坚守、疲惫不堪。于是，我向护士长表示我想要前往武汉进行医疗支援，为国家打赢疫情阻击战尽一份力量，并且在第一时间提交了请战书。

就这样，从腊月二十四起的这段时间里，随着一批又一批的医疗队员陆续出发，我一方面关注着支援医疗队队员名单中是否有我，另一方面也时刻做好出发的准备。

2月14日晚，当正在值晚班的我得知医院将组织第五批援鄂医疗队时，我再次向医院护理部请战，希望护理部在选派援鄂医疗队员时，优先考虑我。

当院方回复第五批有我的名字时，我激动不已。当时是凌晨5点，我第一时间就给丈夫打电话，没想到他第一句话就透露出了不舍："真的要去了？"我坚定地告诉他："我是急诊重症的，也是入党积极分子，这个时候，我必须上！"看我如此坚定，他只好支持我的决定。

"去吧，什么时候出发？""今天。""记得保护好自己。""知道，我会的。"就这样我和他匆匆道别后，就加入了前往湖北支援的队伍。

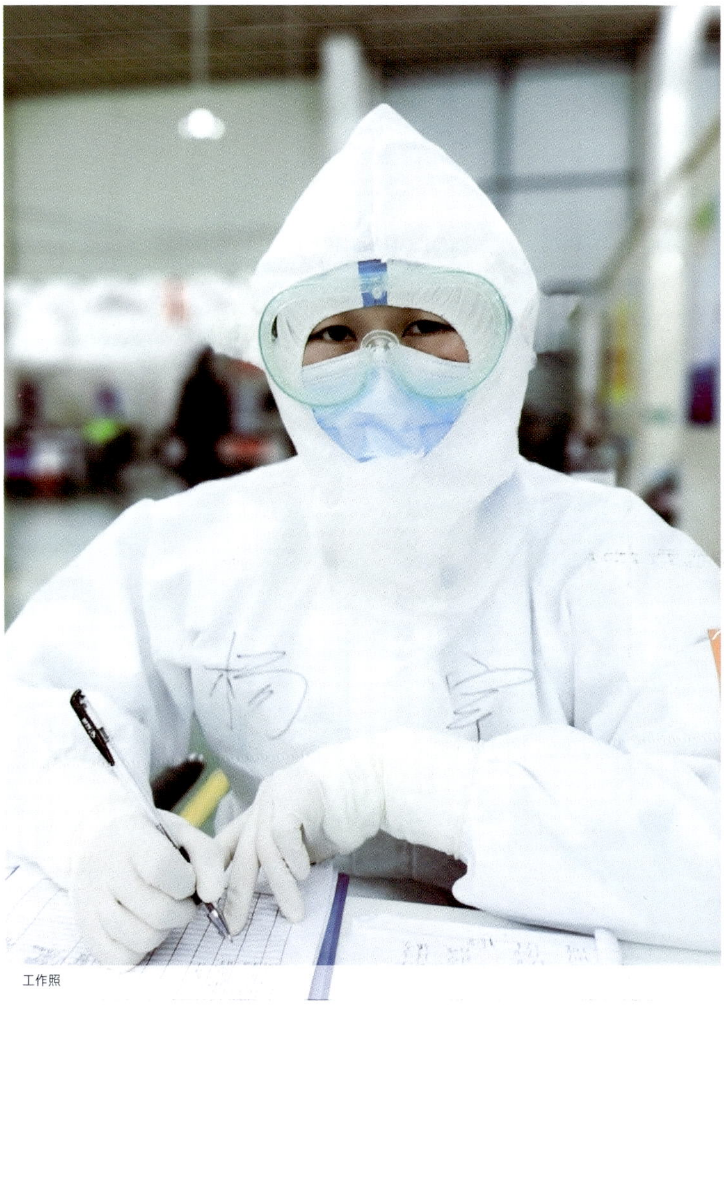

工作照

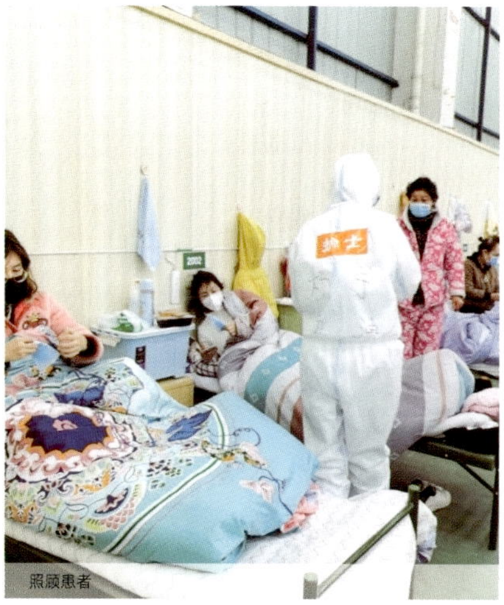

照顾患者

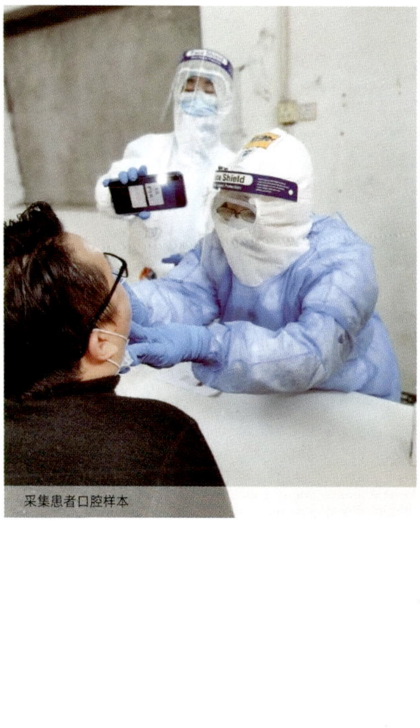

采集患者口腔样本

张燕燕

南昌市洪都中医院

支援随州广水市第一人民医院，负责感染一病区护理工作

为爱前行

2020年新年伊始，新冠肺炎疫情暴发，人民的生命安全受到威胁，举国上下团结一心，众志成城，共同抗疫。我是两个孩子的妈妈，大女儿玥玥八岁，小女儿伊宝七个多月，虽然身在哺乳期，但由于有急诊和重症护理经验，在医院组建后备医疗队的时候，我没有多想立即报名参加。

我深知后备医疗队的性质，一通紧急电话打来，几个小时后可能就要到离家很远的地方支援。虽然我对女儿有些不舍，但是祖国此刻更需要我，我不仅仅是女儿的妈妈，我将为爱前行，照顾更多人，我坚定地报了名。当人民群众的健康受到威胁时，我只想扮演好自己的角色，做一名合格的健康卫士。

报名后，我提前把小女儿的母乳断了，改成人工喂养。让我意想不到的是，这次断奶会如此顺利，也许是孩子也感受到了妈妈上前线的决心，小小的人儿用实际行动支持妈妈的决定。除了小女儿无言的支持，大女儿的一番话也让我觉得她瞬间长大了。她对我说：“妈妈，你放心去前线救治病人吧！家里有我呢，我长大了，我会帮忙照顾好伊宝妹妹。”听到孩子的这番话，我特别感动和欣慰。2月11日出征，对口支援随州。随州，我来了！

为患者写春联

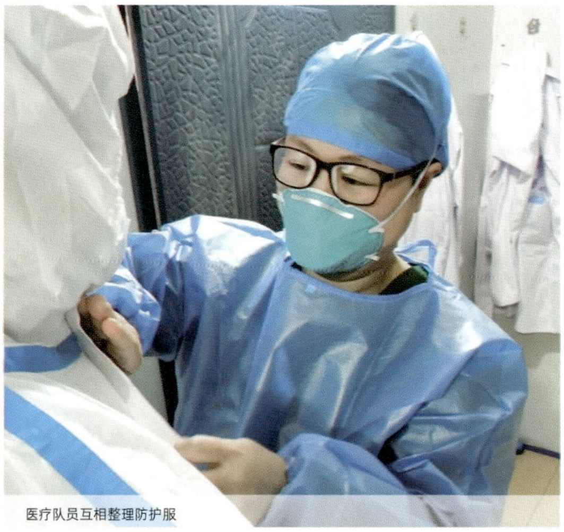
医疗队员互相整理防护服

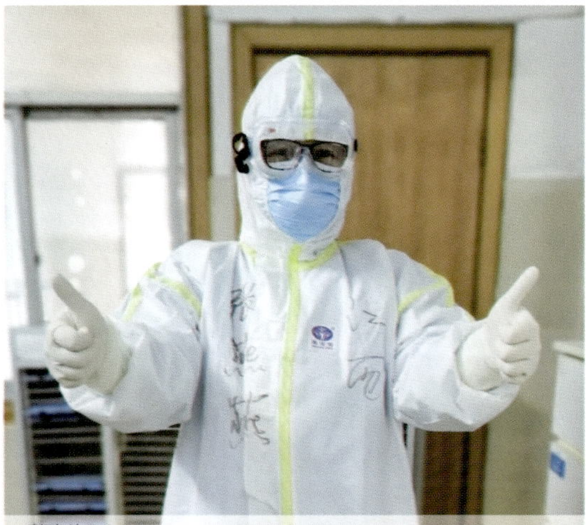
武汉加油

罗涛

江西省精神卫生中心

支援武汉市江汉开发区方舱医院，负责新冠肺炎患者的收治和心理援助工作

战鼓擂

2020年1月，新冠肺炎疫情暴发，武汉告急，各地陆续派遣医务人员支援武汉。尽管我们医院暂时还没有人员派出，但我还是一边请战，一边已经着手准备了。

首先是工作上的准备。面对这样一场疫情，身为一名精神科医生，我反复思索哪些是我力所能及的。于是，我从多个渠道收集信息，翻看最新的报道、打电话咨询已在前线的同学、问询武汉的亲友，还广泛查阅既往非典爆发时关于心理救援方面的文献。我还通过在武汉的师长和亲友了解到武汉当前已有的资源，比如能够提供心理健康教育的硬件设施、精神科常用药物的准备及心理热线的获取渠道等。

然后是自身的准备。病毒不可怕，关键是要做好防护！因此，我在家中开始对着教学视频一丝不苟地练习穿脱防护服。久而久之，一些动作像是条件反射似的，自然按照规范完成。这给了我极大的自信能应对好这样一场战役。

最后是物资上的准备。我挑选了一些穿着方便，容易打理的衣服放入行李箱中，并且买了一些常用药物以备不时之需。完成了以上准备后，我内心从容而坚定，像是蓄势待发的箭，只等祖国召唤了。

墙壁上都是为患者、为武汉加油的手抄报

胡俏

南昌市第一医院

支援武汉市江汉开发区方舱医院，负责护理工作

再见，孩子！

2020年大年初三，在家和丈夫聊起疫情的严峻形势，他突然说："随着疫情暴发，武汉还会需要支援，如果要报名的话我去报名，你就别报了，在家好好陪着孩子。"我知道，他是不舍得我去冒险。

可是看着疫情一天比一天严峻，内心总有一个声音在指引我，我是一名白衣战士，也是一名共产党员，在国家有难的时候我要站出来。2月2日在没有跟丈夫商量的情况下，我向护士长报名参加武汉救援。回家后，我怯生生地告诉丈夫自己的"抉择"，他有些沉默却并没有怪我。

2月15日早上，医院的援鄂名单下来，我的名字赫然在列。当时的心情又激动又忐忑，真的要上"战场"了。出发前，老公跟儿子说，妈妈真的要去"打"病毒了。儿子嘴里还是嘟囔着让爸爸去打，眼睛仍然没有离开动画片。他还是个3岁多的孩子，他并不知道妈妈这次要面对怎样的风险，更不知道妈妈这次会离开多久才能回来。妹妹2岁不到，她以为我还是像平常一样上班，笑嘻嘻地看着我出门，还挥手跟我说再见。当我踏出家门走进电梯，泪河终于还是决堤了。孩子们，妈妈一定会好好保护自己，平安归来！

患者数据记录

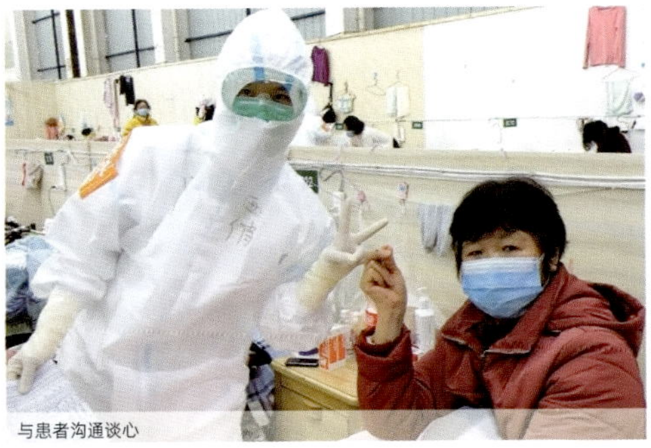

与患者沟通谈心

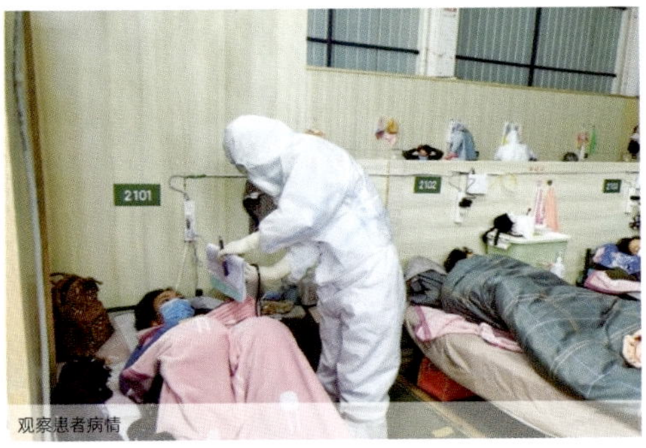

观察患者病情

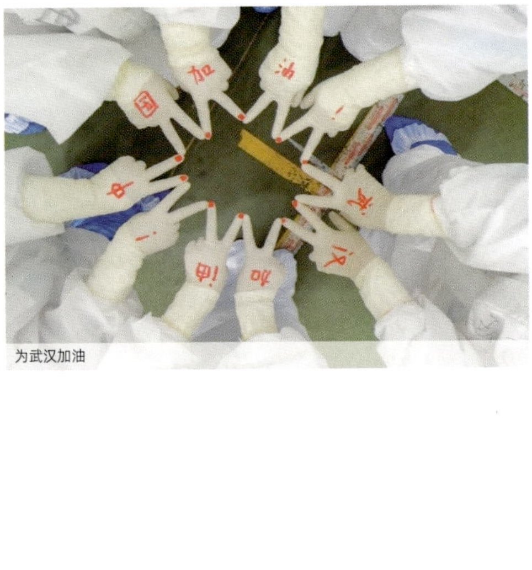

为武汉加油

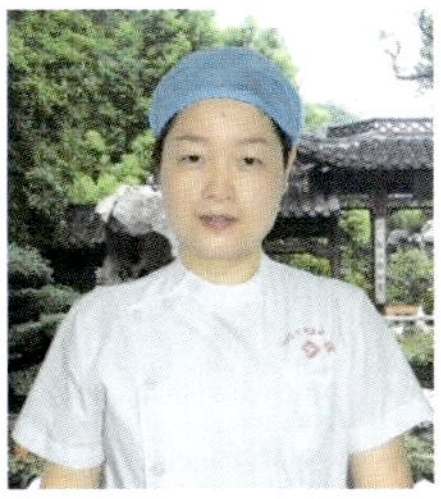

胡燕燕

江西省中西医结合医院

支援随州市随县人民医院隔离病区，负责护理工作

为医则刚

病毒无情，人有大爱。面对新冠肺炎疫情，“战疫”打响，全国各地的医务工作者纷纷递交“请战书”。作为医务人员，救死扶伤就是我们的天职，我毫不犹豫地向医院表达了我想要上前线支援的决心。

这次我选择请战支援，其实是为了弥补当年的一个遗憾。2008年汶川大地震牵动了全国人民的心，身为一名医务工作者，我也有上前线支援的想法。然而当时的我已有七个月的身孕，只能无奈地错过了请战去汶川的机会。为此，我还埋怨了女儿好久，说她来得太早了，所以这次我不顾家人反对，“抛家弃子”也要请战支援。

请战书递交之后，扑面而来的就是家人反对的声音。此次前往必然是有危险的，但是我非常坚定。都说“女子本弱，为母则强”，我说“为医则刚”。从发生疫情到报名支援，再到等待通知，我从未犹豫也绝不退缩。最终家人还是选择支持我的决定，带着他们的关心与担忧，我义无反顾地踏上了征程。

回想2月11日当天，历时6个小时，我们才到达随州，站在驻地酒店的时候我还有点恍惚。世事无常，既然病魔它来了，我们一定要坚强面对。愿春暖花开，山河无恙，世人皆安。

出征前合影

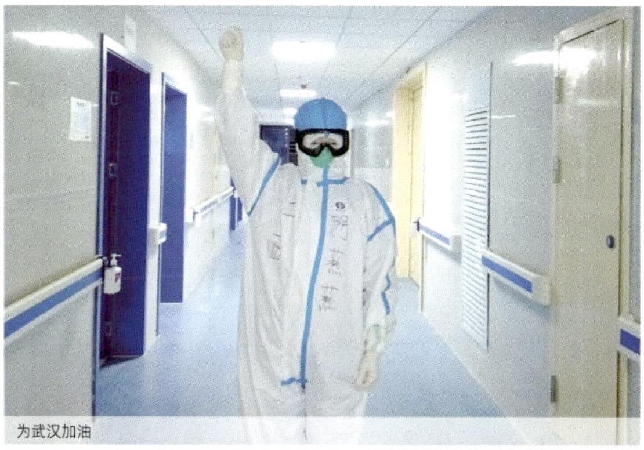

为武汉加油

医疗队合影

聂同
江西省中西医结合医院
支援随县人民医院，负责隔离病房护理工作

逆风前行

2020年1月26日，庚子年正月初二，就在大家还在纠结如何走亲访友时，江西省已经派出了第一批援鄂医疗队，一批又一批最美逆行者就这样诞生了。

当得知需要组建援鄂预备队员时，我在第一时间就写下了请战书。让我感到高兴的是，我被选中为医院第三批援鄂队员。于是我每天都在焦急中等待出发的通知，工作休息的间隙也都在关注每一条疫情动态。

一方面，我一直都在向医院询问驰援湖北的具体时间，另一方面完成本职工作的同时还学习防控知识，以便到一线时能够更快地适应工作。此外，我还为自己准备了必备的生活用品。在了解到一线物资紧缺后，单位立刻为我们准备了常用药物和个人防护物资。一切的准备，都是为了我们去到一线能够更好地投入工作，照顾好患者。

接到正式出发的通知时，心里还是有点紧张的，我只给爸妈打了个电话，告诉他们不要为我担心，我会好好保护自己的，我只是换了个地方工作而已。带着医院领导和同事们的千般嘱咐，我们踏上了援鄂的征程。

战友们互相整理防护服

医疗队战友合影

为武汉医疗队点赞

徐思思

南昌市第一医院

支援武汉市江汉开发区方舱医院，负责护理工作

挺身出

一直以来在父母眼里，我是个胆小、听话的孩子，工作生活中的大事都是他们帮我拿主意。但是当时间的转盘转到2020年春节时，我却自己做主，在一份请战书上签下了名字并上交。

1月23日武汉封城，随即全国二十多个省市地区启动重大突发公共卫生事件一级响应。正如我所担心的那样，武汉疫情非常严重，人民群众的生命正遭受新冠肺炎严重威胁。身为医二代的我，第一时间报名参加了援鄂行动，也有幸加入了江西省第七批援鄂医疗队。记得当初报名时我是瞒着父母的，怕他们担心。回家后告诉他们，父母很是担忧，但同为医疗工作者的他们还是理解我的选择。母亲语重心长地对我说："在国家需要你的时候你能主动挺身而出，我们为你感到骄傲。"

2月15日上午，当我接到出发去武汉的通知时，我的内心既激动又紧张。出发前，我本想拒绝父母送行，怕看到他们担忧的目光会有不舍，但他们还是执意冒着寒风冷雨前来送行。风雨中，在家人和同事的陪伴下，我踏上了援鄂医疗征程。

在这个看不见硝烟的战场，所有的白衣战士们都以实际行动践行了医护人员的责任与担当。国有战，挺身出，战必胜，迎春回。

武汉加油

出征前的晚饭

医疗队合影

唐刘巧
江西省中西医结合医院

支援武汉市江汉开发区方舱医院，负责为患者采集咽拭子，进行基础护理，给予患者生活上的帮助，观察患者病情

军令状

2020年的春节无疑是一个特殊的春节，新冠肺炎疫情从武汉暴发，春运期间蔓延全国。作为医务工作者，我们一直在关注疫情的动态，不断攀升的数字让人揪心。

1月28日下午，在上班的我被工作群里一条条消息刷屏。“秉承治病救人的初心和使命，经过慎重考虑，请求加入抗击新型冠状病毒队伍”“若有战，召必回，战必胜，我请战”“不计报酬，无论生死，我请战”……同事们一封封请战书让我忍不住泪目。他们在家有的是年迈父母的儿子，有的是刚怀孕妻子的丈夫，有的是刚会走路孩子的母亲。但在这个危难的时刻，在祖国最需要医护人员之时，毅然决然地写下请战书。

我虽然是一名微不足道的小护士，却深知这场战役的艰巨性。作为一名医者该有的担当，包含的不仅只有始终坚守的职责，更要有逆风前行的无畏！武汉是这场战役的中心，疫情最为严峻，武汉人民都处于水深火热之中。

于是，我第一时间写下请战书。和其他同事老师们相比，我没成家、没小孩、没有负担，能更加专注在战斗中。如果说这场战役需要有人负重前行，我愿挥洒汗水和热泪，让这座城市重归美好。

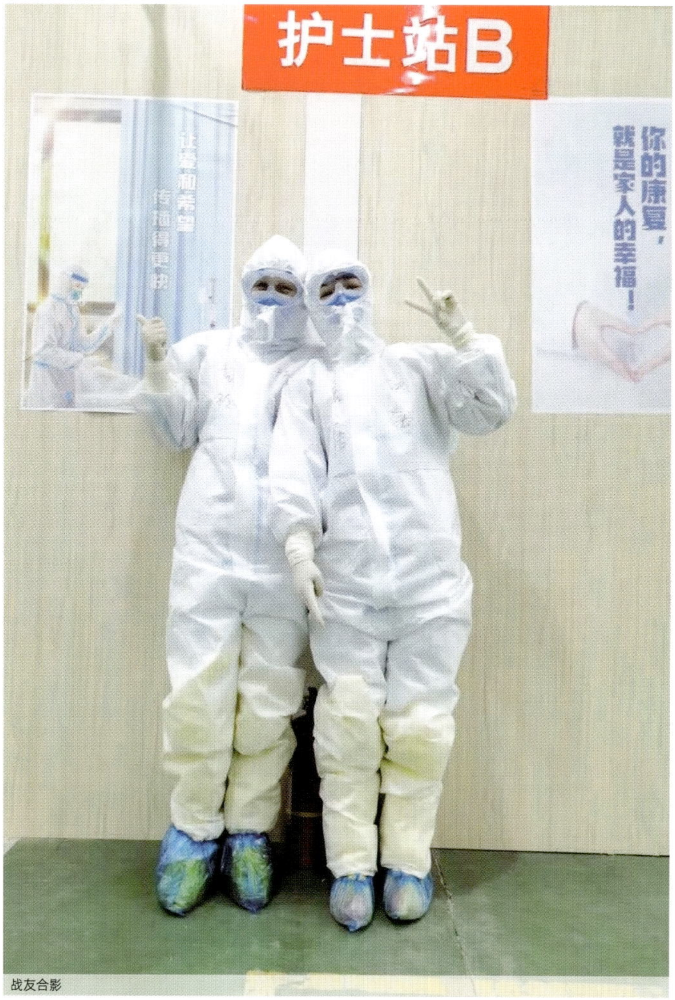

战友合影

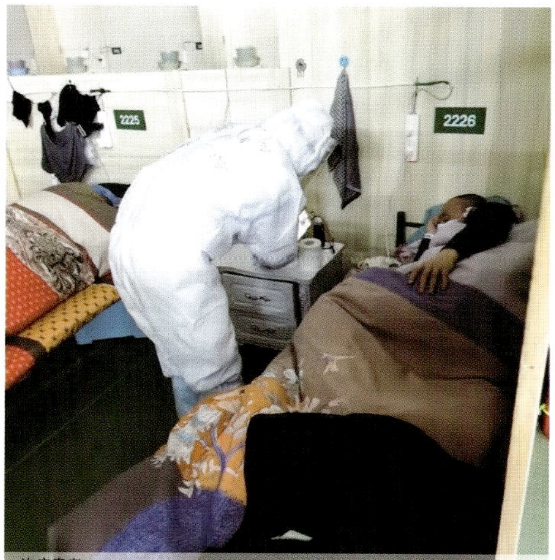

治疗患者

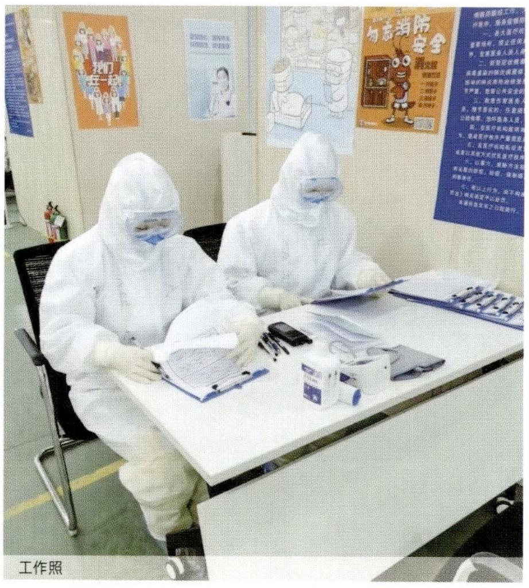
工作照

守护生命

陶剑

南昌市新建区人民医院

支援武汉市江汉开发区方舱医院，负责采集咽拭子、采血、发放口服药、测量生命体征

岁末年初，一场突如其来的疫情，牵动着每个人的心。我每天醒来的第一件事，就是打开手机关注疫情。看到确诊人数不断增加，看到一个个鲜活生命逝去，看到年仅6岁的小孩抱着家人的骨灰无助、绝望的样子，看到钟南山院士为疫情熬红的双眼，看到同胞战友每天超负荷地工作，我忍不住鼻子一酸，流下眼泪。

1月27日，我毅然地写下了抗疫请战书，请求支援武汉。随后我便开始准备物资，练习并掌握各项护理操作，只为可以随时前往武汉。日复一日，我一直没有接到去武汉的通知，内心非常焦急，于是我向领导请求在等待期间先去我院的隔离病房工作。

那是我第一次穿上厚厚的防护服，戴上护目镜。我提着隔离病人的十几份饭进入病房，加上防护服的闷热，使我走几步就开始气喘，很快护目镜蒙上了雾气，眼前变得模糊了。一层楼十几二十个台阶，我足足走了十分钟。可想而知，武汉的同胞们工作十几个小时的艰辛！

2月15日，我终于踏上了支援武汉的征途，内心既激动又紧张。在南昌隔离病房的工作，让我积累了不少经验，也让我更有信心，能为武汉的“战疫”出一份力。

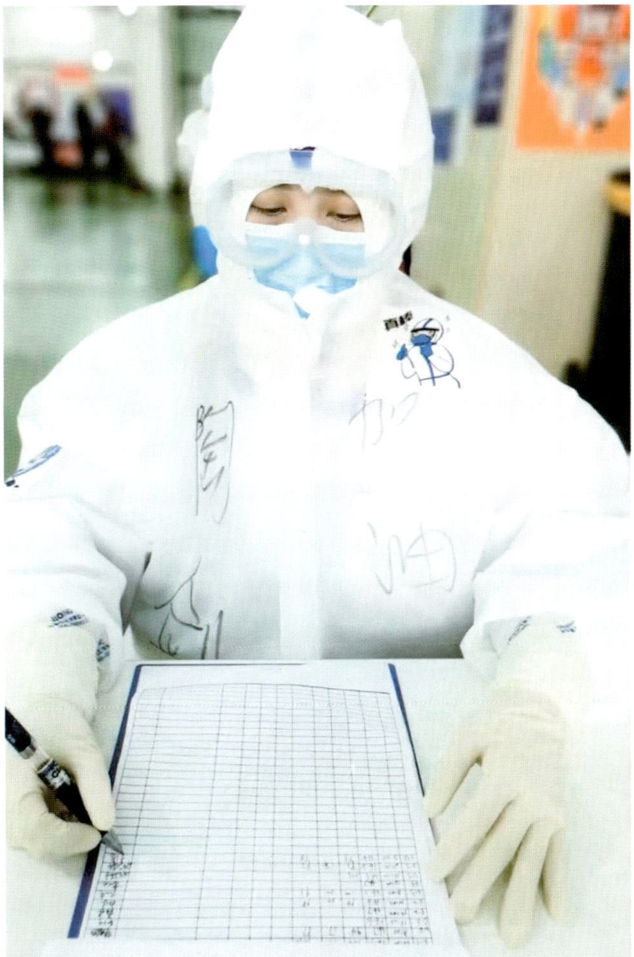

记录患者情况

医疗队合影

送上鲜花

彭红星

江西省中西医结合医院

支援湖北省随州市曾都医院，负责患者的中医药治疗

中医魂

2020年除夕之日，我看到一天紧似一天的疫情形势后，想到湖北武汉是自己读研的地方，此次驰援湖北我一定要去。我主动向医院请缨，毕竟自己2003年就是南昌市非典医疗救治专家组成员，有着抗疫经验。今年又是南昌市抗击新冠肺炎医疗救治组副组长，医院抗击新冠肺炎专家组副组长，是省内中西医结合呼吸方面的知名专家。但是为了让家人过个愉快祥和的除夕，我当天并没有告诉家人，而是第二天才把这个决定告诉了爱人和女儿。

妻子李颖作为一名医务人员知道这次疫情的严重性和危险性，要说完全不担心也是假的，但是她知道，这是作为医者的职责所在。她甚至还特意找来“如何穿脱防护服及消毒洗手”的视频给我，特别叮嘱要我千万不能掉以轻心。

家人的理解和支持让我踏实了许多，但我还是有点儿舍不得离开女儿，因为我平时和女儿呆在一起的时间太少了。这个假期是她读大学后呆在家里最长的日子，然而我一直在医院忙于防控疫情，和她在一起的时间并不多，现在又要随时奔赴湖北一线，还不知道回来时能不能再见，但我要对她说：“爸爸永远爱你！爸爸一定会平安归来！”

医疗队战疫方案讨论

出征前合影

医疗队合影

谢璐

南昌市第一医院

支援随州市中心医院文帝院区，负责ICU工作

善意谎言

春节前夕，疫情来袭，家中父母却不以为然，还是经常外出遛弯，为了不让他们外出，我只能每天夸大其词地告诉他们疫情的严峻。终于在我的"哄骗"中，父母不敢轻易出门了。

随着疫情形势愈发严峻，全国各地医务工作者纷纷被抽调援助武汉，我们医院也接到援助通知，科室人员纷纷报名。

回想2008年的汶川地震，那时的我就非常想出一份自己的力量，但是当年自己经验不足没能去成。如今，十余年的ICU工作经验让我有自信可以去帮助武汉人民。为了弥补当年的遗憾，来不及多想我第一时间就在请战书上签上了自己的名字。

然而回到家，看着父母我却不知道如何开口。我该如何说服他们放心让我去呢？为了可以顺利加入驰援湖北的队伍，我决定向父母编织一个善意的谎言。我对他们说："医院好多同事一起去，相互有照顾，现在防护很到位了，自己会做好防护，科室同事的小孩都太小了，我单身没有后顾之忧，应该为抗击疫情出一份力。"在我的"连哄带骗"下，父母终于放心让我奔赴湖北一线。

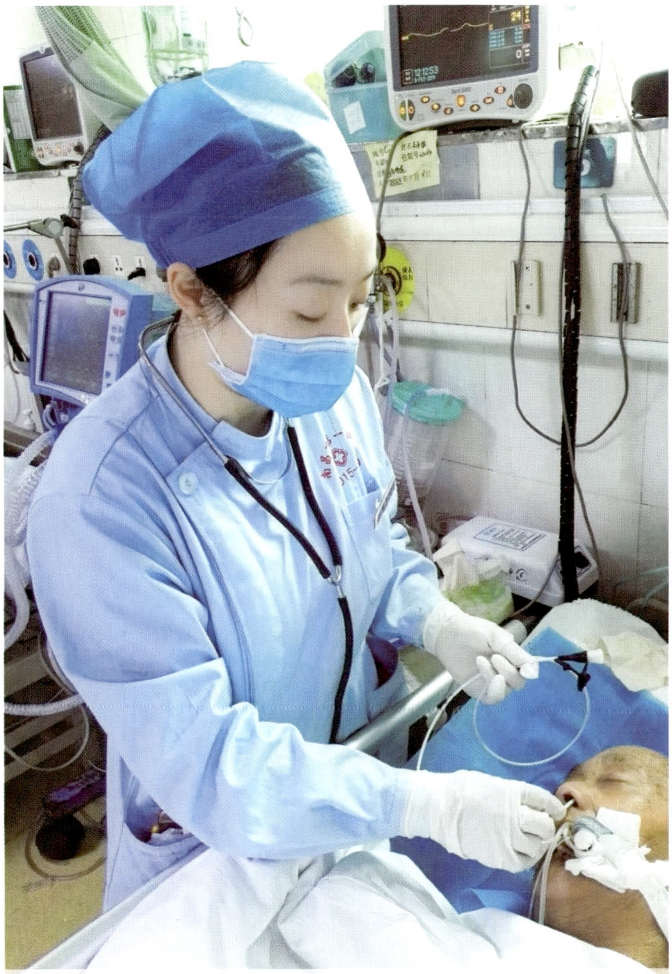

照顾重症患者

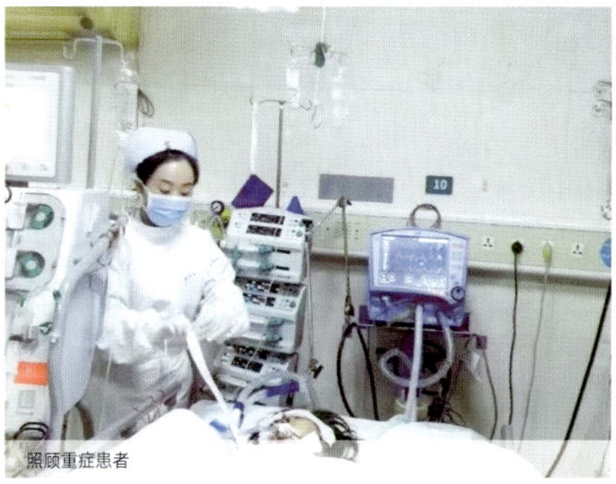

照顾重症患者

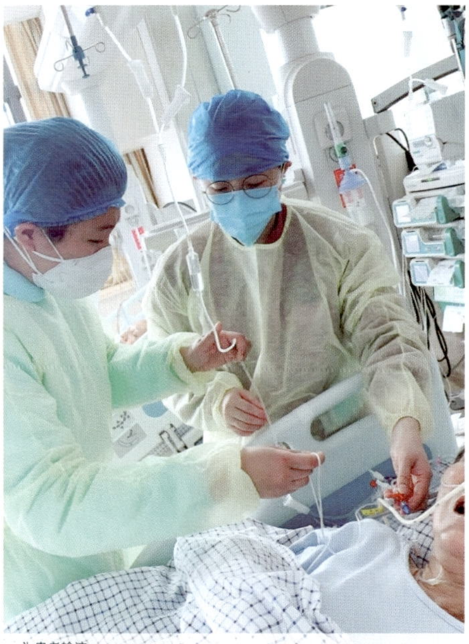

为患者输液

雷玲

南昌市第一医院

支援武汉市江汉开发区方舱医院，负责舱内诊治及必要时的转运工作

不辱使命

2020年新年伊始，每天睁开眼睛都会看到那些令人不安的数值，每天都能得到一批又一批医务工作者驰援武汉的消息，我的心就像坐过山车一般，又是伤心又是激动。随着方舱医院地建立，我觉得我可以为湖北做点什么。当我把我的想法告诉丈夫时，他并不支持我。但我并没有放弃想要支援武汉的想法。后来，他终于“认输”了。他说他会照顾好年幼的儿子以及年迈的父母，让我安心地做自己想做的事。

因为有家人的支持，我郑重写下请战书并发给院领导：“我身体健康，随时可以出征武汉。”虽然字数不多，但我想足以表达我坚定的信念。对我而言，这是一份沉甸甸的信任，我自不辱使命。

我始终相信，在祖国大地的每一个角落，都有许许多多衷心而虔诚的灵魂，不计个人得失，只愿将自己的价值奉献在中国大地，将个人的价值与国家的发展紧密联系在一起。

我们每一个人都在祖国母亲的庇护之下，健康平安成长。此次新冠肺炎疫情暴发，选择挺身而出冲锋一线，这是一名共产党员的责任和担当，也是我身为医务人员的光荣使命。“苟利国家生死以，岂因祸福避趋之。”

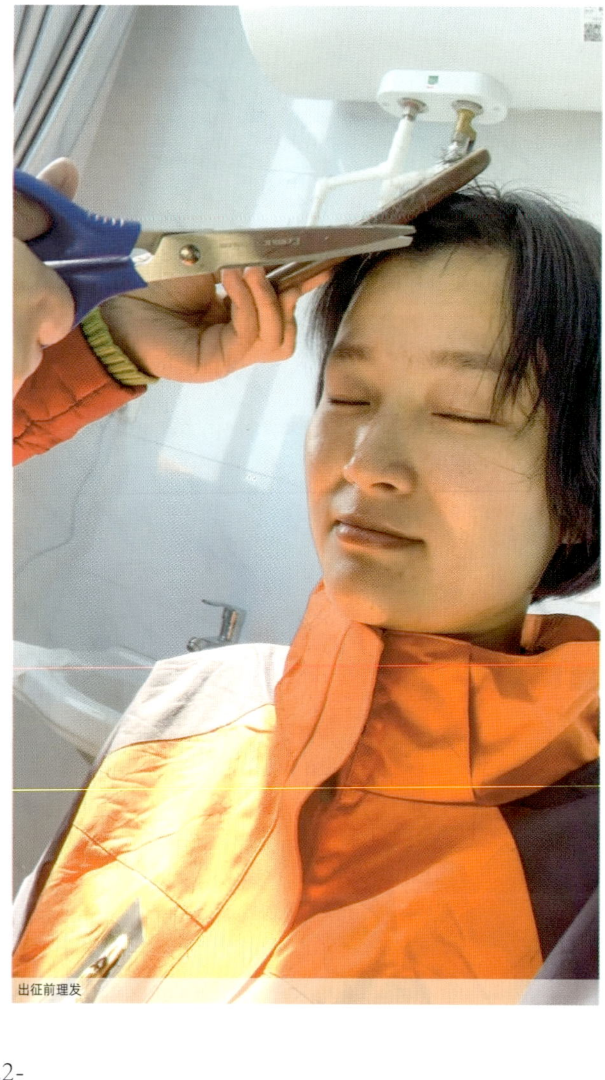
出征前理发

出征前合影

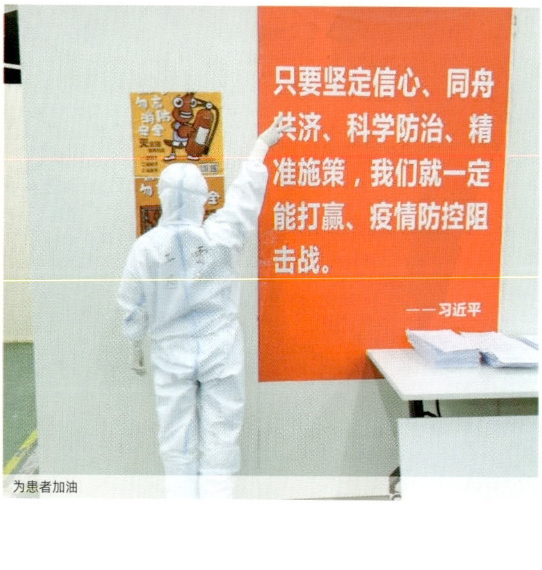

为患者加油

熊青媛

江西省中西医结合医院

支援武汉市江汉开发区方舱医院，负责方舱内B区护理工作，为护理5组组长

无怨无悔

看到一批批同事驰援湖北，我内心十分焦急。请战书我早就写好了，担心自己“轮不上”，于是我就给医院护理部主任发了个私信：“我没有结婚，没有孩子，没有负担，请组织优先安排我去。”

“没有结婚，没有孩子”是事实，可“没有负担”是假的。母亲一年多前做了肝移植手术，长年服药，需要人照顾；93岁的爷爷癌症晚期，身边也离不开人，最让人放心不下。为方便照顾，爸爸跟爷爷住在一起，我若去湖北，照顾母亲的责任将由弟弟承担。

2月15日凌晨2点，我终于接到护理部主任电话，得知当天要出发前往武汉，一宿翻来覆去。“我只是换了个地方工作而已。”天亮后我去跟爷爷道别，叮嘱他要好好吃饭、吃药，要等我回来。我学护理专业的初衷，就是要救死扶伤、要为国家作贡献，这个时候就是要到祖国最需要的地方去。2003年非典时我还没毕业，2008年汶川地震时又没能去成，我不想再有遗憾。别叫我英雄，我只是做了一个医务人员该做的事，而且爷爷也坚强地等到了我回来。这两件事要是有一件没做到，我都会遗憾一辈子。

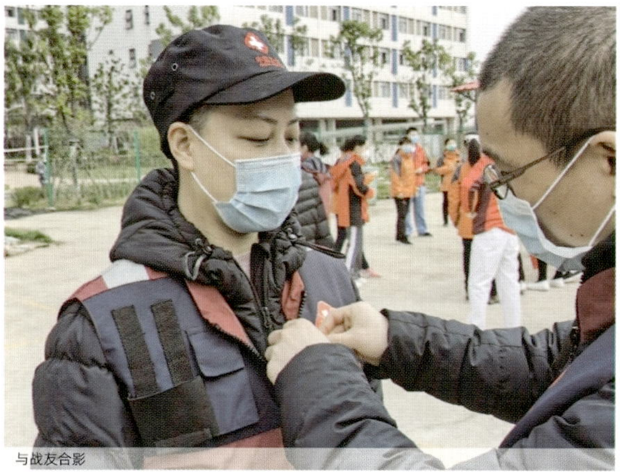

与战友合影

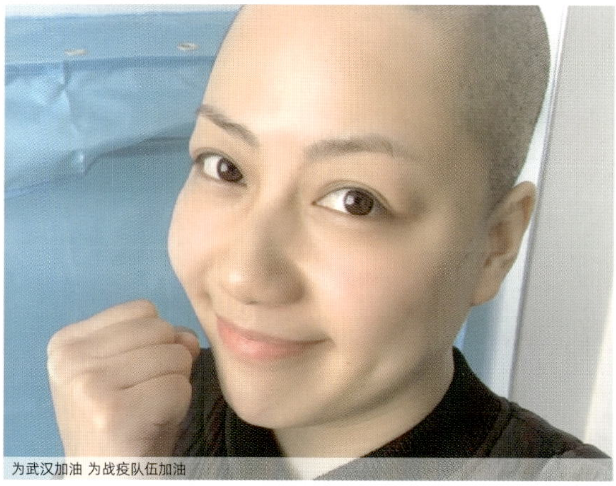

为武汉加油 为战疫队伍加油

理发前合影

欢送江西援助武汉医疗护理队出

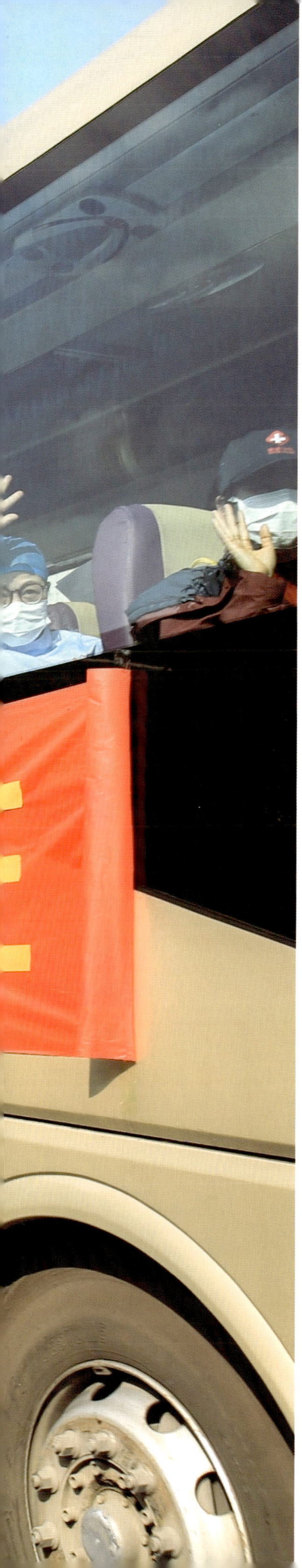

第二章

CHAPTER2

出　征

每有危难，愈见品格。未着白衣，他们是孩子，是父母；披上白衣，他们是先锋，是战士！在病毒与生命之间，在生与死之间，他们“舍小家，为大家”，搭建起一道坚固防线。明知山有虎，偏向虎山行，除了那份沉甸甸的责任和担当，还有作为共产党员的初心和使命。

有一分热，便发一分光。“疫”声令下，不到24小时，从接到出征电话到集合出征，他们抱着“召之即来，来之能战，战之必胜”的勇气奔赴最前线。

坚定的眼神里没有丝毫犹豫与胆怯，他们是“最美逆行者”，他们并非生而强大，只因怀揣使命担当和医者仁心，此时此刻他们与人民同呼吸，共命运！154名医护人员今日出征！

万莹
安义县人民医院
支援武汉市江汉开发区方舱医院，负责患者护理工作

义不容辞

从1月21日隔离区开始收治发热患者至江西启动一级响应，我全身心地奋战在一线。

2月14日是我轮岗隔离的最后一天，2月15日凌晨3点，突然接到护理部主任的电话。“今日出征武汉，只有准备随行物品的时间，你行不行？”我毫不迟疑地回答：“没问题。”

回到家后，一跟家人说了这个消息，婆婆当时就哭了，“你可不可以不去呀？从大年三十开始就没回过家，我们每天都过得提心吊胆，好不容易今天盼到你结束隔离，可你还要去武汉，你儿子今年还要参加高考……”看到婆婆满脸泪痕，我内心愧疚但只能强忍着泪水安慰道：“妈妈对不起，我是一名感染科的护士长，有责任也有义务参加支援湖北的工作，我一定圆满完成任务平安回家。”

此时离家，我何尝不知疫情危艰？何尝不知血浓于水？何尝不知生死攸关？可国家有难，匹夫有责，我们面前是患者期盼的目光，我们的背后是需要护佑的家人，我们肩膀上扛起的是祖国的山川日月，支撑我们的是作为医务工作者的责任担当。出征，我义不容辞。

安义县人民医院援鄂抗疫医疗队员合影

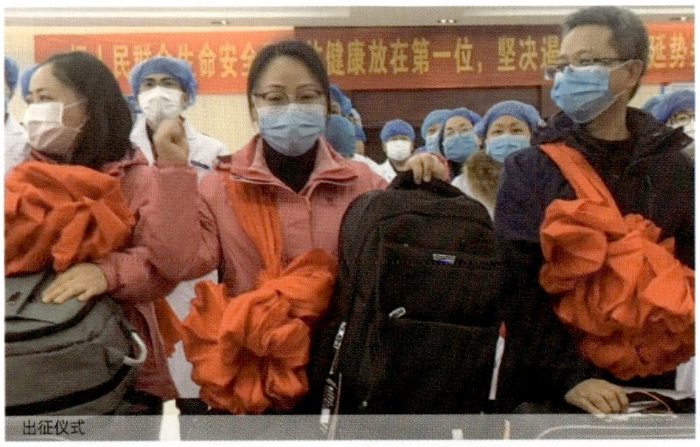
出征仪式

团队合影

王佳明
南昌市第一医院
支援武汉市江汉开发区方舱医院，负责患者日常医疗护理

90后的担当

对于一个90后来说，2020年春节真的刻骨铭心。也正是这场疫情，让我突然感受到什么是担当！我主动向医院报名申请去湖北支援，也是希望能够尽力挽救更多的患者。

2月15日早上9点30分，接到通知下午出发，既激动又忐忑。作为一名党员，在国家危难时刻就应该冲在前，就像入党誓词那样，随时准备为党和人民牺牲一切。

收拾行李、采购物资的时间很紧迫，一分钟不敢耽误。我爱人也在医院上班，当她上完大夜班，回家看到我在收拾东西，就知道我要去支援了，没有太多矫情的分别话语，她眼含泪水说："一定要安全回来，我在家等你。"

集结时，所有人都再三"命令"我们要平安归来！大家的关心和鼓励让我相信我们一定会凯旋归来。这是我第一次搭乘飞机，没想到人生中第一次坐飞机居然是在这种情况下。这一次我是从一个英雄的城市出发，去另一个英雄的城市挽救更多的生命。

身为90后，我是时候站出来承担社会责任，而不再是一个被父辈保护的对象。希望在广大医务人员的帮助下，武汉能快点好起来！

工作间隙留影

与同事合影

王瑾

南昌市第一医院

支援武汉市江汉开发区方舱医院，负责新冠肺炎患者的病情观察、口服药发放、静脉采血、咽拭子采集等护理工作

铁汉柔情

2月15日6点，我接到医院打来的紧急集合电话。刚挂掉电话，便看到丈夫起身穿衣服准备送我去医院。此时天还没亮，外面气温骤降，到达医院时才发现很多生活物品没有带，爱人前前后后往返超市和家里帮我准备行李，还不停地念叨着我太马虎，帮我盘算差什么、缺什么。

母亲打电话过来哭着念叨我一定要注意安全，做好防护，她的小区封了，无法赶来为我送行。

在医院举行的出征仪式上，我们举行了庄严的授旗和宣誓仪式，气势如虹立下铮铮誓言，相信我们必获全胜。

出乎意料，丈夫居然一路跟到了机场，这也是第一次看他如此“浪漫”。看到我后，他就一直牵着我的手，最后过检票口登机时，他突然抱住我哭了，我清晰地听到他说“要保护好自己”。

登机后，我一遍遍回想着这个大男人难得的温情，想起6年前和他去武汉的情景。那时候阳光明媚、樱花烂漫。我望着飞机窗外风雪交加，却一点也不害怕，因为没有一个寒冬不可逾越，没有一个暖春不会来临！我相信随着我们的到来，武汉一定会好起来。

推着行李准备出发

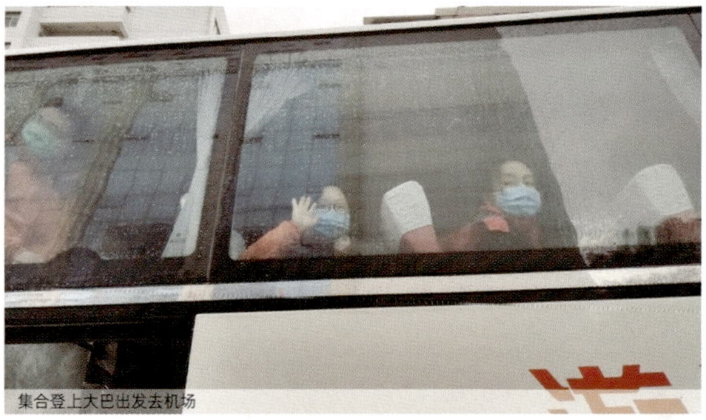

集合登上大巴出发去机场

出征仪式

付绍燕
南昌市洪都中医院

支援武汉市江汉开发区方舱医院，负责专科护理、基础护理、生活护理等工作

爱的别离

2020年的春节备受关注，也备受煎熬，武汉疫情肆虐，作为一名拥有二十多年临床工作经验的护士长，我第一个向医院递交了请战书。2月15日的清晨，我接到赴鄂支援的电话，当天就要出发，人瞬间清醒。

有一些激动、兴奋，我真的可以去湖北帮助那些需要帮助的人，把自己的白衣作战袍，去那个没有硝烟的战场，做一个像南丁格尔一样的护士，把爱和希望送给病人。

不知道是我不停地打电话吵醒了爱睡懒觉的小姑娘，还是母女连心，当我敲门叫她起床时，她已经感觉到了异样。她不肯开门，在房内问了一句："你是不是要去武汉？"我心疼孩子的聪慧，静静地站在房门口回答："你总是鼓励我要做一个有梦想、有追求、有自信的妈妈，妈妈想要成为一名光荣的援鄂医疗队队员，在自己有能力的时候去做自己想做的事，去做自己能做的事，这就是我现在的梦想，你能和我共同努力实现它吗？"

话音刚落，孩子瞬间抱着我嚎啕大哭。看着她的样子我真的满怀歉意，你眼中无所不能的妈妈，在你最需要的时候选择做自己，这是我最艰难的时刻，也一定是我们共同成长的宝贵时光。

等待出发

出征前合影

团队合影

刘齐芳

南昌市第一医院

支援武汉市江汉开发区方舱医院，担任护理第二小组组长，负责本组护理人员调配及工作安排，B区患者的治疗、护理及日常生活照料

父母恩

2020年春，新冠肺炎疫情在中华大地肆虐，一场没有硝烟的战争已然打响。我向医院前后递交了两次请战书，但我一直瞒着父母，因为如果提前告诉他们，他们一定会想尽各种办法阻止我。

2月15日一早接到出发任务，我知道再也瞒不住了。父母看见我拿出行李箱时立刻明白了怎么回事，妈妈当时就泪崩了，平日里严肃的爸爸这时也有些激动，直嚷嚷：“不准去，就跟领导说你上有老下有小，去不了！”我一边收拾东西一边嘟囔道：“谁家不是上有老下有小，我不去谁去，我是一定要去的。”爸爸听完“砰”地一声关上了房门。我安慰了妈妈两句，就急匆匆地离开了。

后来妈妈告诉我，爸爸舍不得我，我一出门他就站在窗口望着小区大门方向看了很久很久，眼睛里都是红血丝，嘴上念着：“长这么大都没一个人出过远门，也不知道要去多久，什么时候能回来。”从未想过，说一不二的爸爸会有这样一面。

38年来我从未说过我爱他们，可现在我想对他们说：“我爱你们！永远爱你们！”等我抗疫结束回去后还要亲口对他们说一遍，十遍，一百遍。我们一定要紧紧拥抱在一起，今后的日子我一定好好陪你们。待到春暖花开，我们繁花与共！

南昌大学第三附属医院暨南昌市第一医院医疗队员合影

团队合影

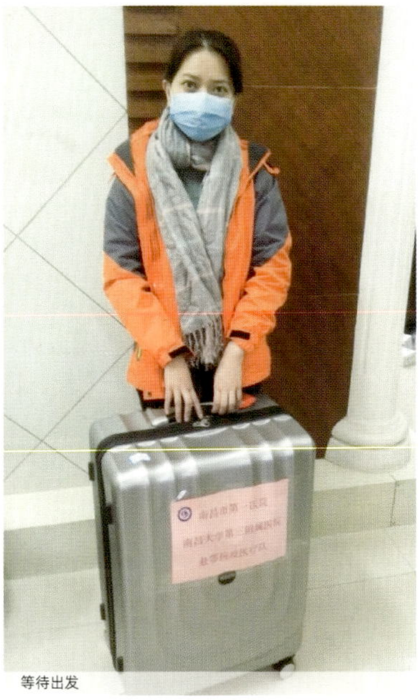

等待出发

刘晓辉

江西省中西医结合医院

支援武汉市第五医院，负责十一病区医疗工作

说走就走

武汉封城，疫情就是“战情”，防控就是使命，上前线救死扶伤是医者天职，况且我是一名拥有二十多年党龄的老党员，国难当头，应该冲锋在前，苟利国家生死以，岂因祸福避趋之？

今年的除夕之夜我值晚班，未能陪伴年逾八旬的父母与幼子一起辞旧迎新，大年初二下午4点多，突然接到电话说：“驰援武汉，今晚集合。”我立即返回家中，紧张地开始收拾行李。

此时此刻，家里的空气似乎突然凝重了，父亲是一名老党员，他首先竖起大拇指高声地说：“好！好！救治武汉同胞，发挥自己的作用，应该去人民最需要的地方。”我感谢我的老父亲在人生关头给了我奋斗的力量，我的老母亲平时总喜欢对我千叮咛万嘱咐，此时却一句话都说不出来了，我握着老母亲的手说：“妈，你放心，我每天都会报平安，我会保护好自己。”

家人坚持把我送到集合地，离别之际妻子反复叮嘱我一定要平安回来。我感谢妻子的支持和关爱，我更知道天下兴亡，匹夫有责。在国与家的选择中，只有国家强大安全了，才有小家的幸福。在依依不舍中，我坚定地掉转头奔向集合地。我告诉自己：不辱使命，不负众望。

江西省中西医结合医院团队合影

出征前合影

出征武汉

李稳

进贤县人民医院

支援武汉市江汉开发区方舱医院，主要收治确诊后的轻症患者，负责落实患者的基本治疗

聚水成涓

递交了请战书后，我随时做好去武汉的准备。2月4日终于接到通知：立刻出征！打电话给父母，我听得出他们的担心，但很自豪我的父母的豁达和支持。他们强忍不舍，故作轻松地鼓励我说：“家里不用担心，保护好自己，我们等你回来。”

丈夫问我怕不怕？我说，没那么可怕。其实我怕，怕被感染，怕回不来，但我不能害怕，从我选择当一名护士开始，我就是身负使命的白衣战士，我要贡献自己的力量，哪怕只是微弱的一点点，也能汇聚成江河湖泊。

医院领导、同事们的一声声加油鼓励，让我充满勇气和力量。脑海中一直想着曾经看到过的一段新闻：我不是一个人在战斗，我的身后有千万医疗卫生工作者的持续支援，背后有14亿中国人民的坚定支持。只要坚定信心、同舟共济，我们一定会打赢这场硬仗！”

同事欢送

登机出发

进贤县人民医院援鄂抗疫医疗队员出征

杨丽珠

南昌市第一医院

支援武汉市江汉开发区方舱医院，隶属江西医疗队护理1组，主要负责分诊协调，包括入院患者的信息核查、登记、后勤保障事务等工作

无所“畏”

2020年2月15日是我一生中最自豪的日子，因为我居然申请成功，接到了支援湖北的电话！全身热血沸腾 ，下午3点就已准备完毕，所有行囊也已准备到位，等待组织一声令下，我就将跟随队伍直奔武汉。

我感觉自己全身处于亢奋中，跟着领队喊出出征誓言之后，我就跟整装待发的军人一样兴奋！我要出征！我要战斗！我要抗击新冠肺炎疫情！带着这种激动又兴奋的心情，我们出发登上前往武汉支援的飞机，开启了新的战斗之路。

“这世界哪有什么岁月静好，只不过是有人在替你负重前行。”这是我最近感触很深的一句话。我只是在前辈的带领下，效仿着前辈的身姿，去尽自己的那份力量。

无悔出征，为了自己的职业信仰，为了自己的祖国人民，更为了那前仆后继无所畏惧的勇士们，我自愿驰援武汉抗击新冠肺炎疫情，我保证严格服从组织安排，恪尽职守，无私奉献，带着自己的护理技能投身到抗击疫情的战役中，直至最后的胜利。

团队合影

方舱内留影

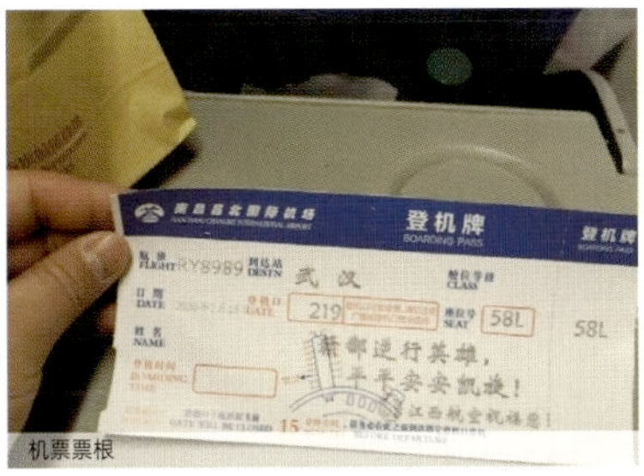

机票票根

南昌大学第三附属医院暨南昌市第一医院援鄂抗疫医疗队员合影

余小燕
江西省中西医结合医院
支援武汉市第五医院，负责呼吸与危重症科室的临床救治

扶危渡厄

1月26日，当得知江西省将组建首批援鄂医疗队前往武汉支援时，我主动请缨并成功通过审核，加入这支特殊的队伍。来不及与家人吃一餐团圆饭，来不及给儿子一个拥抱，来不及和亲朋好友道别，我便匆匆收拾好行囊。

临行前，丈夫问我："你害怕吗？"我说："扶危渡厄，医者担当，我只是换了一个环境治病救人，是从陌生到熟悉的过程。"

我没想到第一次去武汉居然是以这样的身份，更没想到爱人因为不舍担心我，一路跟随医疗车到达机场，直到安检时，我才在人群中发现了他，他为我能代表医院出征武汉而感到骄傲，又担心此次前去武汉的风险未知，害怕我因饮食不规律胃溃疡复发，担心我睡眠不好免疫力下降，担心儿子很长时间看不到妈妈会吵闹……看到他恋恋不舍和担忧的眼神，我有些泪目，心里默默地对自己说："一定要打赢这场疫情防控阻击战，不负所托，平安归来。"

纵使有万般不舍，也要舍小家顾大家，他喊着告诉我，会全力支持我的工作，不让我有后顾之忧。我也表现得很坚毅很刚强，给了他一些安慰。

武汉，我们来了，赣鄂一家亲，武汉必胜，中国必胜！

团队工作间隙合影

团队出发合影

陈瑶
新建区人民医院
支援武汉市江汉开发区方舱医院，负责护理工作

雨中情

新冠疫情暴发，战斗的号角早已吹响，全国人民都投入到这场没有硝烟的战役中。作为新时代的青年兼一名护理人员，履行自己的使命，责无旁贷。2月15日，窗外风雨交加，早上8点左右，接到医院领导电话询问我能否去武汉支援，虽然内心有害怕有担忧，但还是坚定地说："我愿意！"

得知我出征消息后，同事纷纷送上祝福，叮嘱我要保护好自己。我的房东老舒得知我要去武汉，突然变得很感性，一边嘱咐我要注意安全，一边主动提出要减免我下个月的房租。虽然我极力推辞，但他坚持要这样做，还说这是向我们学习，付出自己的一点力量，期待我们早日战胜疫情，平安回来。

坐在开往集合地的大巴上，外面狂风暴雨，而我思虑万千。担心我们淋雨受寒，医院领导们把我们赶进宾馆后，转身冲进风雨里，将硕大的行李箱一个个搬运进宾馆。

看着他们一次次冲进大雨中，看着他们全身湿透的背影，我突然感动得掉眼泪了。这一切的一切让我很感动，也让我更加坚定，就算形势再严峻，这场战役也一定能取得胜利。

团队合影

新建区人民医院援鄂抗疫医疗队员出征

与战友合影

贺璐

南昌市第一医院

支援武汉市江汉开发区方舱医院，负责护理工作

先国后家

2020年初，新冠肺炎疫情让过年的气氛变得怪异。大年三十的晚上，父母问：“你不会要到武汉去吧！”我笑笑说：“我那么怕死的人，会去那？”

可面对武汉日益严峻的疫情，我觉得人应该要先国后家，当年我的外公扛起枪走向抗美援朝战场上时也不比我大，我怎么能在国家需要我的时候退缩？如果武汉保不住，中国就危险了，我应该要去！

2月15日上午，我正式接到通知支援湖北，我的内心很平静，脑袋里只想着先瞒着父母，只告诉爱人和弟弟，我院及科里同事纷纷发来“保重，一定平安归来”等祝福短信，内心真的很温暖。

医院为我们援鄂的每位队员准备了一箱满满的物资，还为我们举行了送行仪式。最终，父母还是知道了这个消息，打电话说，他们支持我去支援湖北，让我一定要保护好自己！

南昌那天风雨交加，在飞机上我想我们大家都要平安归来，我们也一定能平安归来，一定是一个不落的回来。因为我们身后有父母、有儿女、有爱人、有同事、有朋友，更因为我们身后有一个强大的国家！

团队合影

工作间隙

南昌大学第三附属医院暨南昌市第一医院援鄂抗疫医疗队员合影

顾咸斌
江西省中西医结合医院

支援武汉市江汉开发区方舱医院，负责接诊治疗新冠肺炎患者

大家和“小家”

2月15号凌晨2点，正在值夜班的我突然接到电话，通知我中午就出发驰援武汉，心里有些激动和紧张，好不容易熬到天亮，查完房交完班后急忙赶回家里，父母亲正在做早饭，爱人和孩子还在睡觉。刚跟父母说完这个消息，我母亲立马就红了眼眶，问能不能不要去，家里孩子太小了，我说：“既然接到电话说要去，就说明武汉那边疫情比较严重，肯定很需要医生。”“那要去多久呢？”我母亲问，我说：“现在还不清楚，肯定要等武汉那边稳定了才能回来。”我母亲听后忍不住就哭了，却不再说什么，只是走到房间去叫醒了我的爱人。我父亲拍拍我的肩膀对我说：“儿子，你放心去吧，国家需要你，我们以你为荣。”

我爱人也是一名医生，听到这个消息也忍不住红了眼眶，强忍着泪水对我说：“你去抱抱孩子吧，去了武汉就有很长一段时间抱不到他了。”我抱着孩子，看着家里人帮我收拾行李，母亲边收拾边不停地叮嘱我。此刻的我多想时间就停留在这一刻，心中万分不舍。在去机场的路上，看着车外的景色，我突然觉得这一刻的南昌真美，同时我也暗暗对自己许诺“南昌，我一定会平安回来的”。

团队合影

出征前合影

加油

郭莉媛

南昌市第三医院

支援武汉市江汉开发区方舱医院，担任护理第六组组长

我心坚定

2月15日，清脆的电话铃声在凌晨两点多响起，我拿起手机，是医院的电话号码。我看了看身边的丈夫，蹑手蹑脚地拿起电话，一边轻声回应一边走向门口，再回头便看见丈夫不安的眼神。我挣扎了几秒，还是给了他一个坚定且短暂的眼神，转头回应着："好的，我坚决服从组织的安排，去武汉支援，请组织放心，不用商量了。"

挂了电话，我躺在丈夫身边，仰望天花板，我知道他听见了。我轻声说："医院安排我去武汉，今天就要走。"一阵沉默后，丈夫说："放心去吧！一定要注意防护好，安全归家。家里的事，不要操心。"我的眼泪一下子就淌了下来……

心里一阵阵的不舍，我推开女儿的房门，坐在她床头，突然发现女儿竟然睁着眼好似在抽泣。我俯身一遍遍抚摸着她的脸庞，轻轻吻了一下她的额头，我说："宝贝，妈妈要去武汉，那里更需要我。放心，我会尽快回来的，陪你一起中考！"女儿懂事地点了点头，我怕自己先忍不住，便赶紧离开她房间，开始收拾行李。

出征前，吃了医院给我们准备的一碗壮行面，心里感觉特别温暖，就此踏上征程，毅然奔赴武汉抗疫第一线。

团队合影

吃壮行面

南昌市第三医院援鄂抗疫医疗队员出征

涂美珍

新建区人民医院

支援武汉市江汉开发区方舱医院，担任护理组第八组组长，负责方舱患者的护理工作和本组护理工作的管理等

儿子的骄傲

新年伊始，新冠肺炎疫情日益严峻，来自全国各地的医护人员闻令而动。清晰记得2月15日上午7时许，接到医院的电话。“美珍，你今天下午动身出征武汉，请马上到医院集合。”护理部陈主任在电话里说。“好的，我马上到。”我没有任何犹豫回答。“不要急，你还没有吃早饭呢，赶紧先吃一点！”

听到消息后，丈夫端着一碗热腾腾的面条催我吃掉。此时，我才想起他从国外公休回家，是特意赶回家想与家人过一个团圆年的。我边吃面条边问他有什么意见。“你还知道我在家里啊，我不同意又怎么样呢？你的心不是随着医院第一批队员已经到了抗疫前线吗？家里的爸妈就交给我吧，你就安心去战斗吧！”听着他的话，顿时一股暖流从心底涌上来，感谢爱人支持，成为我坚强的后盾。

2月15日，是我出征的日子，也是儿子14周岁的生日。当丈夫帮我拎行李出门时，儿子强忍眼泪与我打趣说：“妈妈，你去支援武汉可要加油哦！你是我的骄傲，你平安归来就是给我最好的生日礼物。”

带着亲人、同事的鼓励和祝福，我踏上了出征之路，愿以一身白衣，护一方平安！

团队合影

机场合影

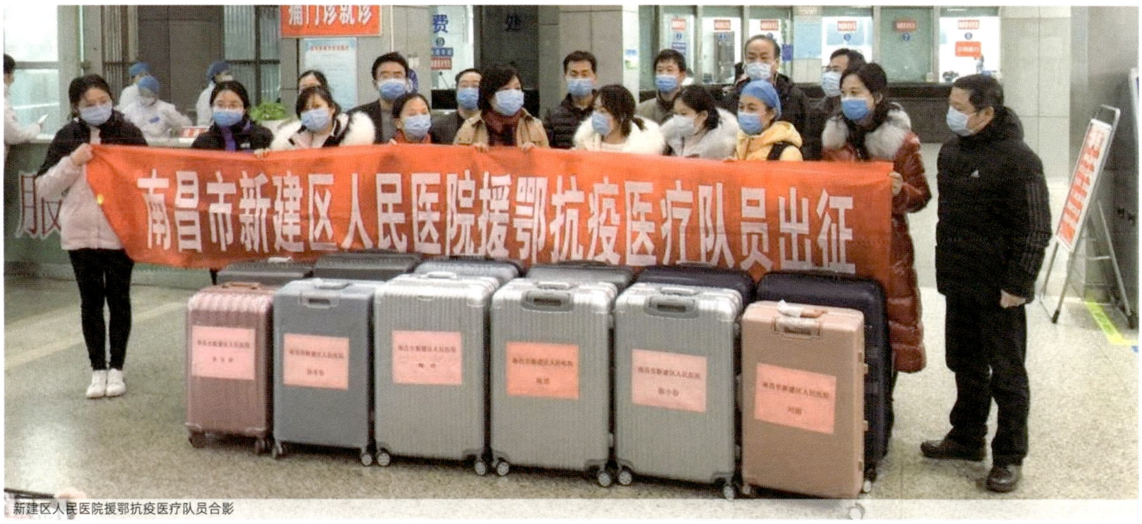

新建区人民医院援鄂抗疫医疗队员合影

涂堃

南昌市第三医院

支援广水市第一人民医院，负责隔离一病区，诊治新冠肺炎患者

入党申请

出征之际，我写下入党申请书，交给医院党办，感到无比的骄傲与自豪。曾有人问我是否感到害怕，我的答案是否定的，在我写下入党申请书的那一刻，我便与千百万共产党员一样，将入党誓词中“随时准备为党和人民牺牲一切”融入我的骨血。

出征前的我，心情久久不能平息。满腔热血涌上心头，想想湖北同胞们此刻正处于水深火热之中，我的护理同仁们正面临巨大的工作压力。我是多么希望自己能立刻出发；多么希望能倾尽自己的微薄之力；多么希望能与湖北的护理同仁们共同承担，如漫漫长夜里发光的星星，照亮黑夜以待黎明的曙光。

临行前，家人再三叮嘱我做好防护，不舍与欣慰的同时，对我援鄂的行为感到无比的骄傲和自豪。我单位的领导与同事，他们关切我的同时，不断为我加油，支持我、鼓舞我。

2月11日，集结、出发，踏上征途。随州，我来了！

团队工作后留念

南昌市卫生健康系统援鄂抗疫医疗队员合影

加油！

龚良国

南昌市第一医院

支援武汉市江汉开发区方舱医院，负责方舱医院病人医疗收治工作

为国驰骋

回想当初出发的日子，历历在目。接到通知紧急集合，准备出发武汉，我瞬间从睡意中醒来。我是一名多年征战在急危重症一线的“老兵”，新冠肺炎疫情逐渐加重时，就曾和家人商量过上一线的事情。虽然父母、爱人有担心与不舍，但他们早已知道骨子里流淌着报效祖国血液的我，铁定已经写过请战书了。

记得有一次和爸妈聊天，老妈感叹会不会没有热血青年。当时我就笑着说：“不是没有，是没到时候！每个时代都不缺热血青年！”现在我将履行我许下的誓言，为国驰骋沙场、奋战一线。

如今，得到消息后，爱人一声不吭开始为我收拾衣物。当疫情来临时，抉择有很多，但我们两个同为医务工作者，深知护佑生命是我们的职业职责和基本素养，我必须去前线支援武汉的战友，保护武汉的人民。

来到医院，发现院领导已经为我们准备了适当的防护和生活物资。经过短暂集合后，在狂风暴雨下，我背上妻子、朋友、同事、医院准备的生活及医疗物资，登上专机，我们105人踏上了赴鄂抗疫的征程。

从机场出发

南昌市第一医院第五批援鄂抗疫医疗队员出征

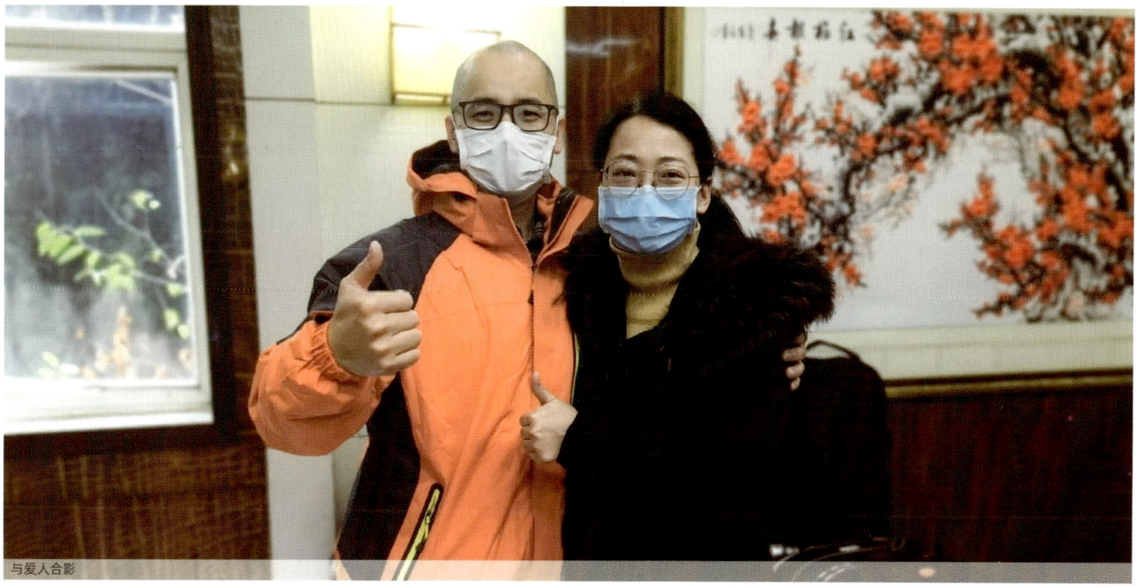

与爱人合影

董双虎

江西省中西医结合医院

支援武汉市江汉开发区方舱医院，担任江西省第七批援鄂医疗队临时党支部宣传委员

无所畏惧

重症医学科的工作性质，让我即使在睡梦中也时刻处于紧绷的状态。凌晨2点，手机响了，莫非又要加班？接通后，医院通知紧急组建援鄂医疗队，时间紧迫，收拾行李，当日出发。

南昌那天夜里狂风呼啸，让人辗转反侧，我披了件衣服站在窗前，把5岁儿子的被子掖了掖。旁边的妻子也醒了，原本以为会有一场婚后最深情的告白，等来的却是相视无言的沉默。妻子也是一位医生，她深知我此去面临的是什么，再看看孩子稚嫩的面孔，我眼眶湿了。

今天儿子起得特别早，吃早餐也比往常要乖很多，在书上玩着“找不同”的游戏。我告诉他：“羊宝，爸爸要出一趟远门，要去打病毒，你在家要乖哦！”“爸比，我想和你一起去打病毒，可以吗？”“宝贝，你在家里多吃米饭，多锻炼就是最好的打病毒的方式了！”孩子似懂非懂“嗯”了一声，然后继续他的“找不同”游戏。

飞机上，我和旁边的顾医生说，大家都说我们在“逆行”，他说：“是的，逆行也许是我们的代名词了。”我笑一笑说：“也不全对，在其他人眼中，也许我们是逆行，但在我们眼中，疾病之所在，吾辈之所往矣。”

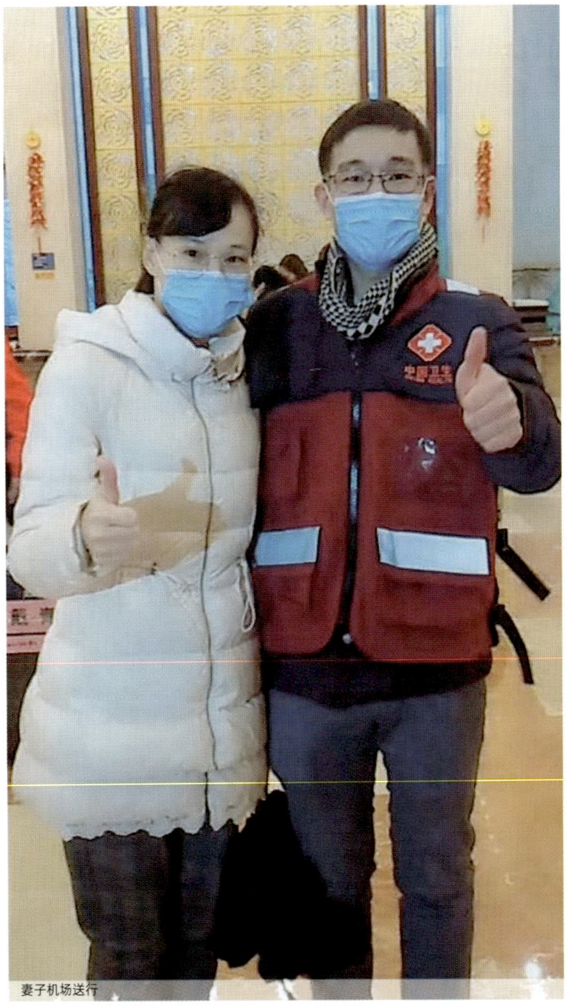

妻子机场送行

同事合影

团队出征仪式上合影

童旭芳
南昌市第一医院
支援武汉市江汉开发区方舱医院，负责医疗工作

战必胜

2月15日上午，天很冷，外面狂风大作，我在家休息接到医院电话，通知我当天下午集合，赶赴武汉。虽然有心理准备，但时间太仓促了，有些措手不及。

儿子得知消息后有些愕然。我说："我是医务工作者，救死扶伤是我的职责。我去武汉，一定会照顾好自己安全回来。这次去，是人生中的一次重要经历，我会为此感动和自豪，我虽已不年轻，但心中仍有热血和激情。你作为年轻人，相信你碰到这样的事件，也会做出正确的选择。"他点点头，赶紧把我的高血压药、护腰、关节止痛膏放进我的拉杆箱中。

丈夫是军人，因为疫情需要，两周前他就回到工作岗位了。他单位的领导听说我要去湖北支援，特意安排公车送我去医院集合，让我很感动。儿子帮我把行李放入车后备箱，我从后视镜里看到他朝车离开的方向一直用力挥着手。

我突然体会到了"白衣战士"这个称呼的真正含义，我们是一支"召之即来、来之能战、战之必胜"的英雄队伍。让我们身着白色铠甲，为战胜疫情筑起坚固的城墙。

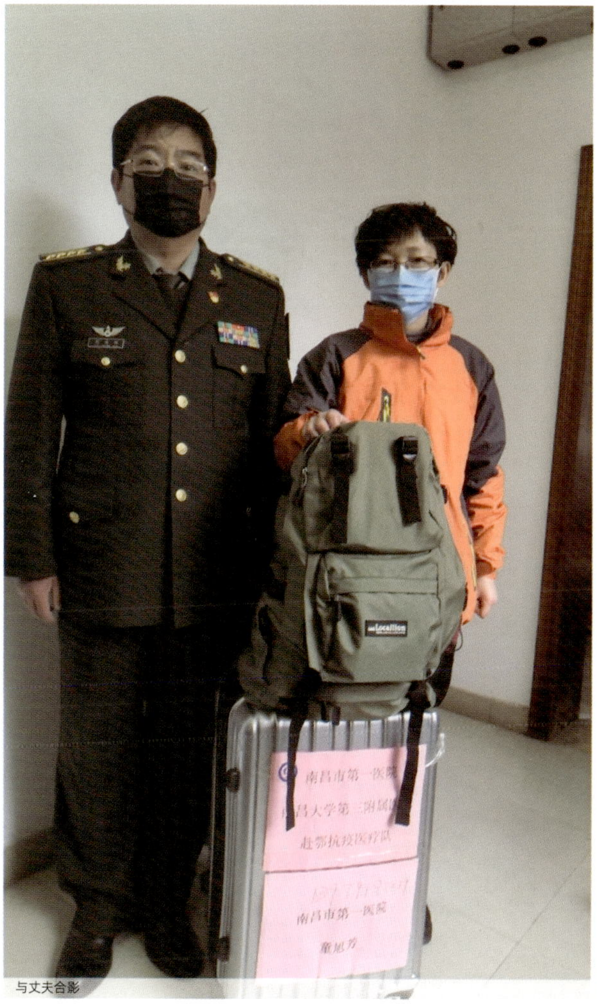

与丈夫合影

登机等待出发

熊华苓

南昌市第一医院

支援武汉市江汉开发区方舱医院，负责患者的管护工作

并肩战斗

疫情发生时，我的心每天都是悬着的，也希望自己能去前线贡献一份力量。一开始由于专业不对口，没能报名成功，但是我不想放弃，所以我申请到医院的发热门诊上班。

上班期间，我以医院为家，晚上就在值班房睡觉，终于2月14日接到医院通知，说我被选中了。听到消息后我马上告诉丈夫，本以为丈夫会反对，但出乎我的意料，他说如果武汉那边需要电网人员他也想报名。

晚上丈夫陪我去超市买好出征前的东西，回到家后还给我煮了一碗爱心面条，突然觉得丈夫特别地温柔。

医院领导、同事们听说我们要去武汉驰援，都开始忙碌起来，帮我们整理物资，各种叮嘱与祝福的话让我感动泪目。出征之前丈夫由于工作的原因要坚守在保电一线没能前来送行，他发微信说："老婆，我这里几处线路没有电，我要在现场保电，不能去送你。对不起，你到了武汉好好注意身体，适当锻炼，我和两个宝贝等你回来。"

我知道这饱含了他太多的担心与不舍，而我作为一名中共党员、一名护士、一名志愿者，我有义务有责任去驰援武汉，疫情就是命令。所以，武汉，我来了！

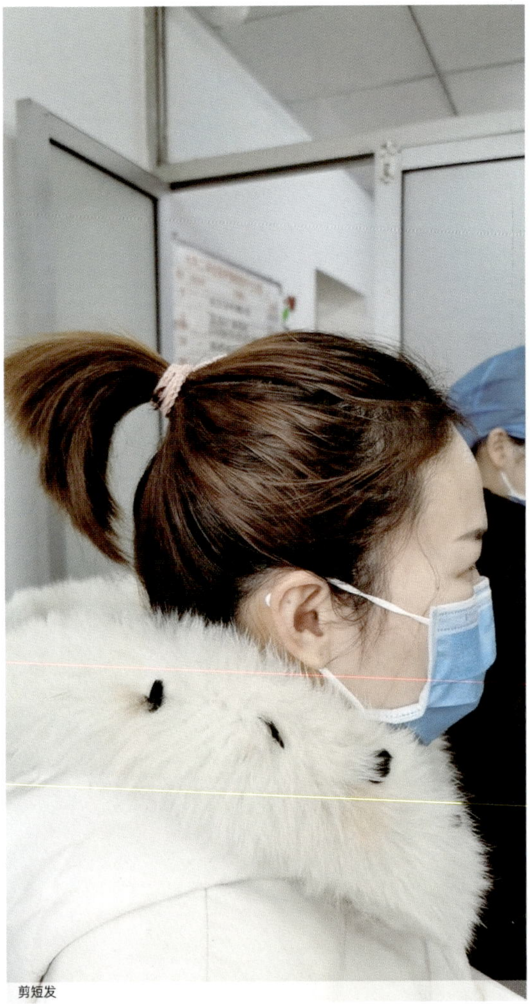

剪短发

出征仪式

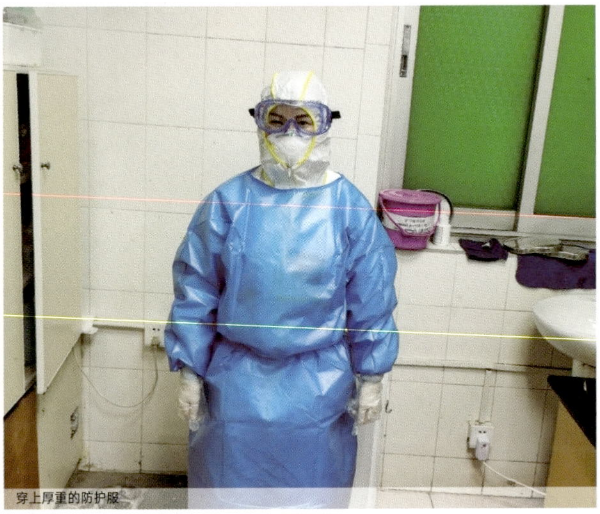

穿上厚重的防护服

王玥

南昌市洪都中医院

支援武汉市江汉开发区方舱医院，负责医疗救治工作

滕王阁来了！

接到支援湖北的通知后，我立即出发去妈妈那儿拿行李箱。我骗妈妈说：“我要去外省进修，时间不确定，大概一到两个月，看我们学习的情况。”说这些话的时候，我故意面对孩子，从未对妈妈撒过谎的我，实在不敢看她的眼睛。妈妈说：“好的，出门在外，自己注意安全，每天给我报个平安。”我不敢多逗留，拿着箱子就出门了。关门的那一刻，眼泪再也控制不住。老公对我说：“放心，爸妈我会照顾好。”

作为独生女的我，从未离开父母这么远、这么久。我的内心充满愧疚，没能好好照顾父母，但是此时此刻，有更多人需要我。

收拾好东西到达医院，看到一张张熟悉的面孔。此时此刻，我们将融为一体，朝着同一个方向，为同一个使命出发。我浑身充满力量，只是没有想到，人生第一次去武汉，会是以“战斗”的方式去，以“逆行者”的身份去。出发时，南昌飘起了雪，但依然不能阻挡我们前进的步伐。

在机场，医院领导们跟我们告别时说：“你们照顾好病人的同时，千万要保护好自己，我们等着你们凯旋。”武汉是个英雄的城市，我相信，武汉人民也会是勇敢、坚强的。黄鹤楼别怕，滕王阁来了，让我们携起手来，一起加油！

初达武汉

机场出发前留影

与战友合影，准备出发

戴莉璟

南昌市第一医院

支援广水市第一人民医院，担任感染科护士

空中“表白”

随着武汉、黄冈等城市相继因为疫情封城，作为医务人员的我，内心不断有个声音告诉自己：如果有需要，我一定要去支援湖北！

终于，2月9日，我接到医院的电话：准备行李，随时出发！挂电话的那一刻，我的情绪极为亢奋，想帮助湖北人民的心愿终于要实现了！

出发那天，不让任何一位家人送我出门，因为我怕之前在他们面前表现的坚强功亏一篑。下午登机时，机舱内响起机长和乘务人员对医护人员的“表白”：尊敬的白衣天使们，我是本次机长王飞，我与何跃机长都是武汉籍，因为疫情比较严重，我们的家人和亲朋好友都困在武汉，这次我们主动请缨为大家保驾护航。在我眼里，你们就是最大的正能量，有了你们，疫情何以不除？国家何以不强？感谢你们为武汉作的贡献，感谢你们！最美逆行者，我向你们致以崇高的敬意，冬天已经过去，春天已然来临，感谢你们，等疫情结束，我愿再迎接你们凯旋！

这一番话让大家热泪盈眶，让我们感受到了使命和担当！带着家人、同事的嘱托，带着武汉机长的拜托！我们出发！

机场单人照

出发前的行李

整装出发

南昌市卫生健康系统第四批援鄂抗疫医疗队员合影

戴燕灵

南昌市安义县人民医院

支援武汉市江汉开发区方舱医院，负责B组护理工作，为病人测生命体征，采血化验，采集鼻咽拭子

疫情如令

2月15日凌晨3点，被一阵电话铃声惊醒，看到手机上的来电显示，心里已明白，病毒肆虐的特殊时期，唯有调令电话才会这个时候打来。果真，接起电话:戴燕灵，卫健委已确定你参加江西省医疗队去武汉支援……心跳加速，后面的内容我几乎都没有听到。

在床上辗转难眠，又怕吵醒两岁多的儿子，一早上便收拾好行李，拍了一张全家福，简单向爱人交代好家里的事，便匆匆上了接送我们的车。离开家时，正下着大雨，我没勇气向父母道别，也没敢看爱人的眼睛，生怕会泪流不止。可上车后，眼泪还是不争气地流了下来，心里万分不舍，也不知道还能不能回到这里，还能不能再看到这熟悉的景象。

心情很复杂，毕竟这不是普通的出行，是奉命去武汉抗疫前线。我肩负着使命去救人，以命救命，生死未知。选择逆行并非生而强大，只因怀揣使命担当和医者仁心。

从走出家门那一刻，我已下定誓死报国的决心。大疫当前，我身袭白衣，应有医者担当。国家选择了我，我定逆向前行，绝不退缩。大有“风萧萧兮易水寒，壮士一去兮不复还”的悲壮。

安义县人民医院援鄂抗疫医疗队员合影

等待出征

出征前与家人合影

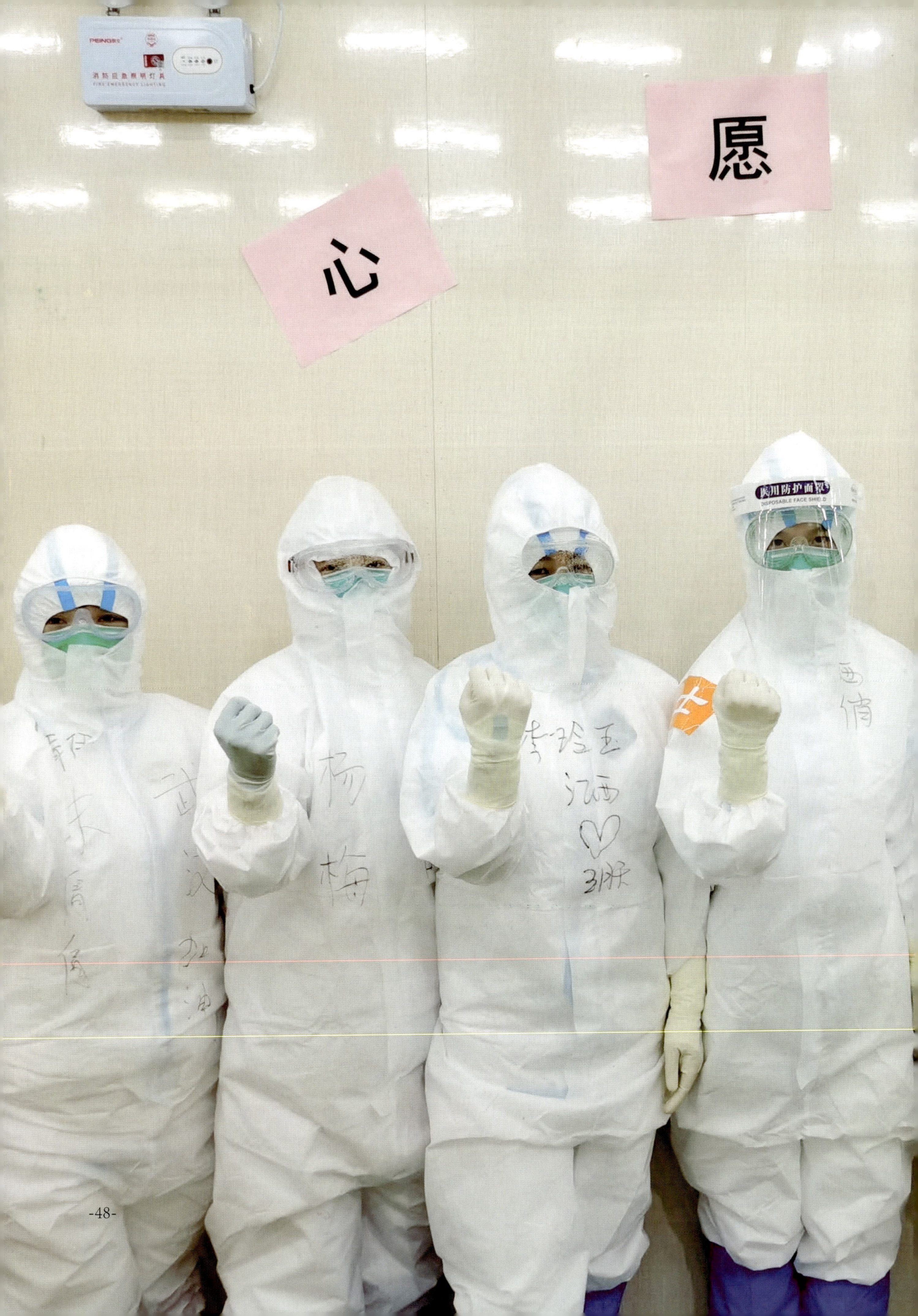
消防应急照明灯具
FIRE EMERGENCY LIGHTING
心
愿
医用防护面罩
DISPOSABLE FACE SHIELD
武汉加油
杨梅
李玲玉
江西

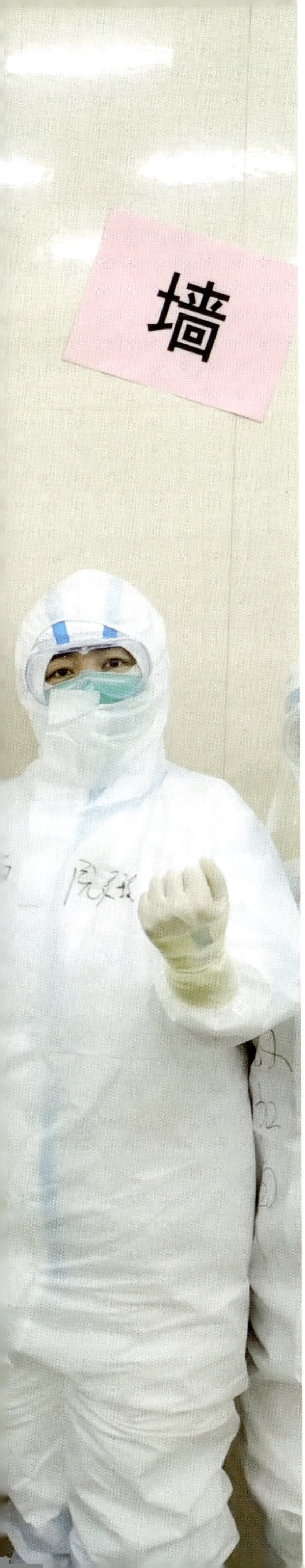

第三章

CHAPTER3

入 阵

踏上荆楚大地那一刻，方能理解使命与担当的意义。如若要问最难忘的是什么，其实一切都很难忘，更多的是温暖。

当在机场遇见来自全国各地的医疗队员，当接机的大巴车司机拿出自己的口罩送给他人，当驻地工作人员凌晨三点送上热饭热菜时说：“辛苦啦，谢谢你们！”

感动、激动、自豪……所有的温暖，汇聚成前行的力量。

有过焦虑，有过害怕，有过失眠……可穿上防护服那一刻，所有人都无所畏惧。来吧！将拳头握紧，一遍遍、一次次不停地练习穿脱，从适应到熟练，只要整个流程快一点，再快一点，哪怕快一分一秒，病人就多一份希望。

入阵！且将白衣当战袍，投身荆楚战疫魔。

丁健
南昌市第一医院
支援武汉市江汉开发区方舱医院，负责医疗工作，担任医疗小组组长

乐观者

大地白茫茫一片，车子在空旷的公路上快速行驶，长江大桥边上的建筑闪烁着彩灯，组成“武汉加油、中国加油”字样，这让我的心变得越发坚定。我们将置身于病毒风暴之眼，但我深知应该做什么，应该怎么做。对我而言，出发时便是冲着救治危重而来。

为了打赢这场战役，全国上下劲往一处使，来自各地捐赠的生活物资源源不断，我们医院更是不断将重要的医疗防护物资星夜兼程送至武汉，可谓兵马未动，粮草先行。

培训期间，我不断练习穿脱隔离衣、学习方舱医院的制度与流程。或许这只是一次预演，但有战争就会有牺牲，我必须做好防护，只有保护好自己，才能救治更多的患者！

2月26日，终于等到入舱！我们秩序井然抵达方舱缓冲区，所有的医护人员此时都会在防护服上做点记号，我防护服上写的是“江西 丁骨头”。

“你好，丁骨头！为什么叫丁骨头呀？”有人问我。

我是骨科医师，我希望这个外号能让看到的人记住，更重要的是会心一笑。微笑着去面对疾病，微笑着面对我们……或许这比他们记住我叫什么名字更重要吧！

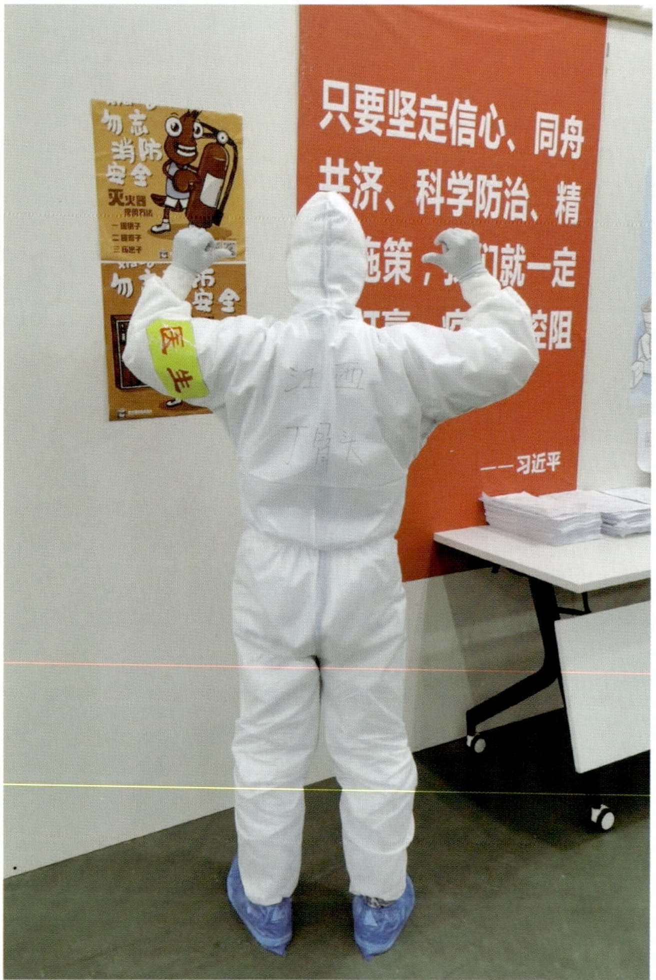

坚定信心

工作时刻

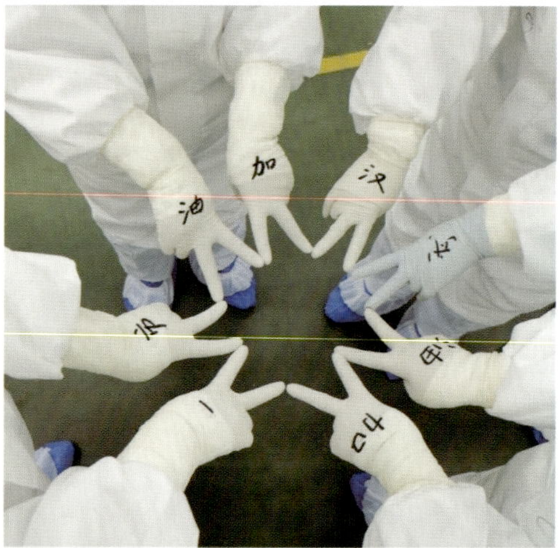
为武汉加油

万慧敏
南昌市第一医院

支援武汉市江汉开发区方舱医院，负责护理工作

严以待

2020年2月15日，我和亲爱的同事们在风雨中一起踏上了援鄂的征程。走出武汉天河机场航站楼的那一刻，我看到道路上的冰雪，突然想起“风雨同舟”这四个字。

作为一名护士，我觉得自己对得起这份职业；作为女儿，我对爸妈感到抱歉。拖着行李箱，我跟着队伍一路向前，心想却想着出发前妈妈的哭声。其实，偷偷报名后，我一直都没有跟家人说。当接到出发通知后，我收拾好行李才敢告诉爸妈这个消息。没想到话音刚落，妈妈就哭了，而爸爸虽然担心我却支持我，还帮忙安慰着妈妈。看着窗外的武汉，我告诉自己，勇往直前，一定要平安回家！

从集体培训开始，每一个人都严阵以待。“坚定信心，不辱使命，敢打必胜!”大家目光坚定，声音铿锵有力，信心满满。不知不觉，训练就从早上到了吃晚饭的时间，领队“赶”我们去休息，赶了三四次才把大家撵回去吃饭。到了自己屋里，我脑子里还是一遍遍地回忆穿脱隔离衣的步骤和技巧。

身为医务人员，既然来到了疫情一线,就要去克服一切困难，担心与恐惧反而消失了，取而代之的是使命与责任。大家一起加油！我相信真正的春天很快就会来临！

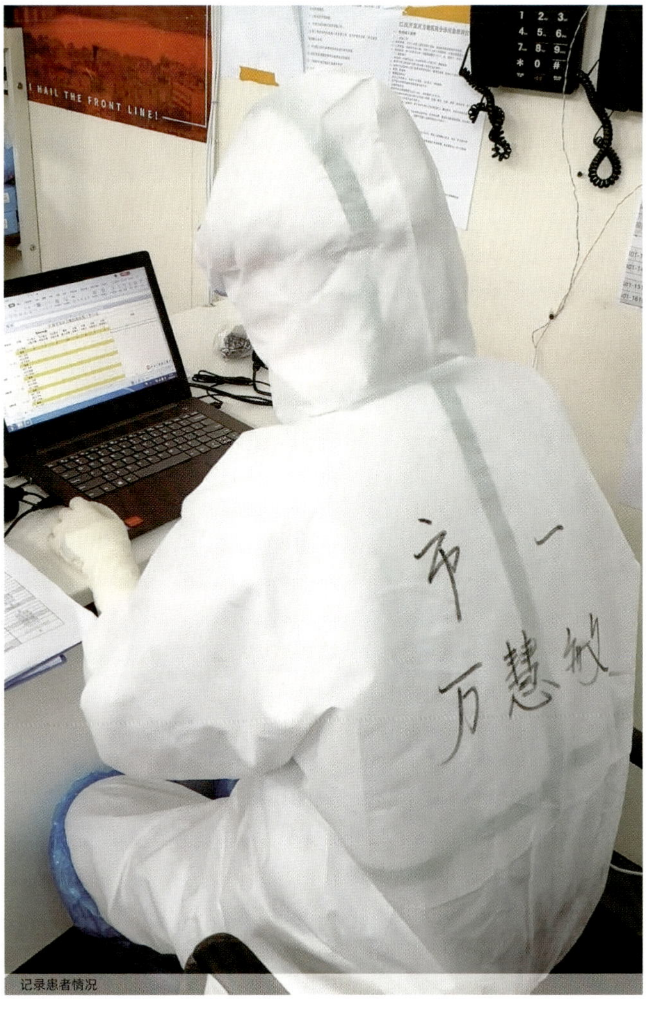

记录患者情况

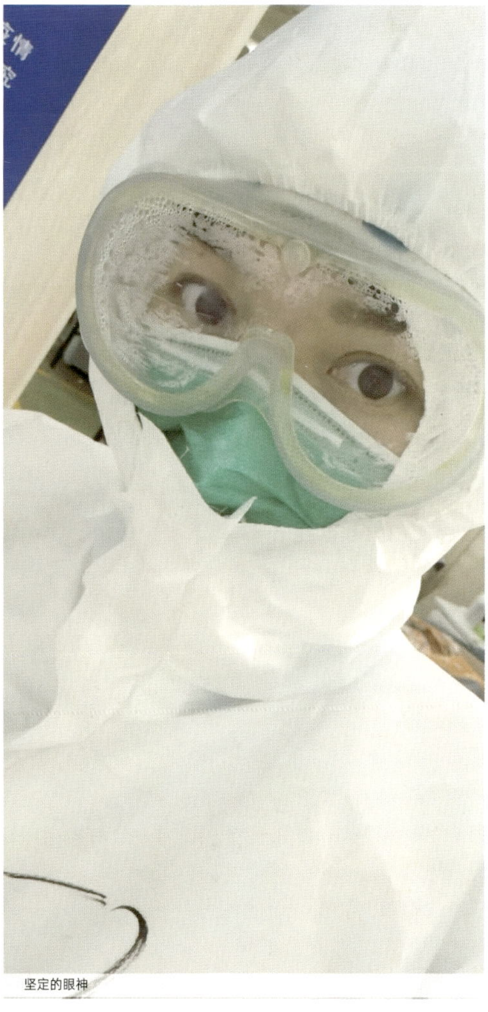
坚定的眼神

付正芳
南昌县人民医院
支援随州高新区医院，负责护理工作

平静心

连夜驰援！当飞机落地的那一刻，我知道了目的地是随州。我是感染科的护士，对于这次疫情，我是最合适的人选。

从南昌紧急出发的时候是凌晨2点，女儿还在熟睡。凌晨五点到达随州后，我本不安静的心在这一夜出奇地平静。看着酒店外的风景，心想这么好的城市，就被这“病毒”耽误了，而我们来的意义就是“扫荡”病毒，让这座美丽的城市恢复生机。

我没有那么多的担忧和害怕，疫情面前让我感悟：人生除了生死，一切都是小事；人除了健康，一切都是浮云。活在当下，珍惜拥有！此时此刻，我要做的就是在最短的时间内掌握最多的技能。培训、练习、培训、练习……我和战友们分秒必争刻苦练习，相互监督彼此的不足。

看着冬日里累得满头大汗的战友们，我脑袋里全都是“不能被感染，一定要平安健康回家”的信念。我身边都是来自江西各个地区的优秀战友，相信我们定能战胜这次困难，早日凯旋。说不紧张是假的，但更多的是与日俱增的责任感与使命感。入阵前，我心平静。既然来了，穿上白衣我就是战士，一定能很好地完成工作，不负芳华，不辱使命。

出征合影

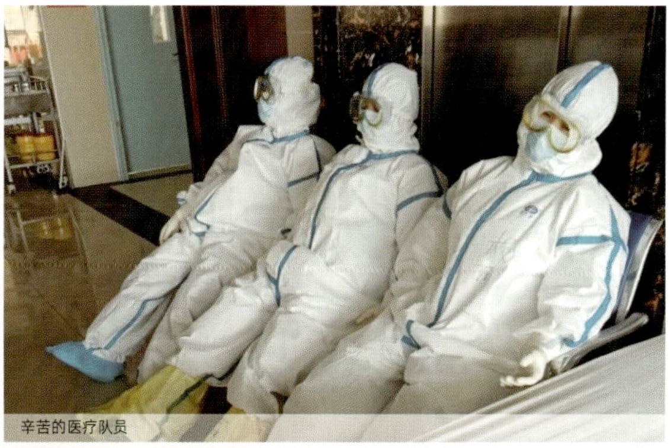
辛苦的医疗队员

为医疗队加油

吁慧娜

南昌市第三医院

支援武汉市第五医院，担任发热十一病区副护士长，负责治疗护理新冠肺炎患者

心相伴

从南昌到武汉，很快。我给家人发了一条微信报平安，虽然知道他们从此一定会日日牵挂，但只能靠一条条微信来宽慰父母。

行走在这片孕育过无数英雄的土地上时，我便知道自己脚下的路将通往何方。微信朋友圈，出发前发的一条微信下密密麻麻都是点赞和留言。细细看过，被温暖包围。有人问我："家里有什么困难，我可以帮忙的？"有人说："娜娜，我离你家很近，你爸妈有什么需要，我可以随时去帮忙。"如此坚强的我，没有因为疫情而流泪，却因为大家的关爱，忍不住在机场哭了。

不熟悉的环境，不熟悉的同事，不熟悉的物品，不熟悉的工作流程……对病毒的本能恐惧、对高危风险操作的恐惧，让我心里多多少少都有点犯怵。

同行的战友们相互鼓励打气，领队为我们做心理调整，我渐渐平复下来。第二天即刻与队友全身心投入到培训工作中，一切的付出都是为了更好地投入战斗。

我想，患者跟我一样，需要信心和希望。我已经想好了鼓励他们的话，我要在白色战袍上画笑脸，我要用笑声传递希望，我要告诉他们："别怕，有我们在！"

学习如何戴护目镜

医疗队探讨方案

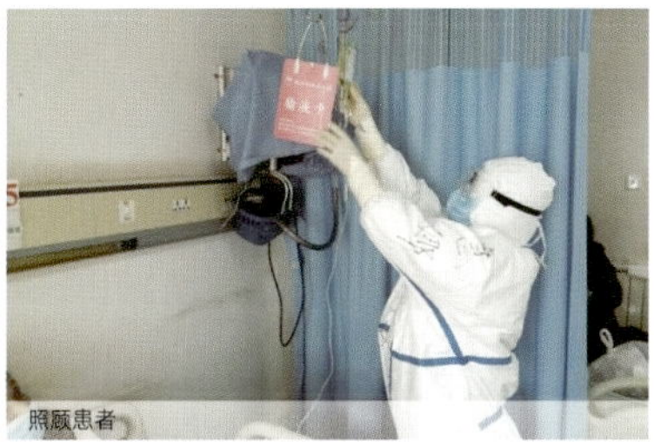
照顾患者

抵达医院

吕品
江西省精神卫生中心
支援武汉市江汉开发区方舱医院，负责心理干预与治疗

守生命

飞机的高度缓缓下降，舱内的光线也随之变暗，各种抢救的画面在我脑海中浮现。此时，机舱内很安静，除了发动机的轰鸣声外，无人说话。我朝窗外望去，云层下是漆黑沉默的荆楚大地，虽然灯火辉煌，但路上只有路灯，不见车辆。如果把城市比作人，那么此时的武汉便像血管里没有了血液的流动——这座城市停了。

出机舱前，我看见有人在一次性口罩外加戴了一层，有人将医用外科口罩更换为更高防护级别的N95口罩，有人将头上的冲锋衣风帽扎得更紧……即将面对无形的敌人，我们想把自己包裹得严实更严实一些。有句诗是“壮志未酬身先死”，我和所有人一样，都不想刚到武汉，还没来得及上战场就让别人来救我。随着舱门打开，一股浓烈的消毒水味伴随着凛冽的寒风迎面扑来，在走廊里我们碰到了身着不同颜色制服的医疗队伍正前赴后继地聚集，这是来自全国的医疗力量，也是当晚机场唯一的一批乘客。

所有人都安静地顺着通道前行着，虽一言不发，却坚定向前。在驶向驻地的大巴上，所见之处皆是风雪，接下来会遇见与发生什么？没有人能够准确回答，但我们每个人都真切感受到从此时开始，一切都必须被认真严肃地对待。我们是风雪夜归人，我们是生命守护者！

学习护理知识

刘丽

南昌市新建区人民医院

支援武汉市江汉开发区方舱医院,负责护理工作

齐心战

“武汉好美啊！” 这是我对武汉的第一印象。下了飞机，见到了今年的第一场雪，好像所有的害怕，所有的疲惫都随着这场雪消失殆尽。

因为冷，大家不约而同戴起了帽子，黑夜中，看着同伴们的背影，我脑海里浮现出那幅在网上广为流传的“白衣逆行者”海报。

在武汉休整培训期间，让我感动的是源源不断来自全国各地的物资，走到哪里都能看到贴着“武汉加油 中国加油”的横幅。在这里，有深夜坚守的司机师傅，有默默值守的门卫小哥，有勤劳朴实的保洁阿姨，有守护巡逻的警察兄弟，有体贴耐心的管家大哥……所有人都在齐心协力。

在进驻方舱前，领队和护士长们的表情比较凝重，看着身边那么多年轻的妹妹们，我想大家都拧着一股劲，即使直面生死也一定要整整齐齐地回去。

最后一次练习穿脱防护服，我已经可以熟练完成防护服穿脱，可以更好地为患者服务了。望着队友，我们微笑着深呼吸。在这场没有硝烟的战斗中，每个人都在奉献着自己的力量。武汉加油，你很快会好起来，迎八方客，悦四海宾。让我们一起看最美的樱花，一起迎接最绿的春天！

为武汉加油

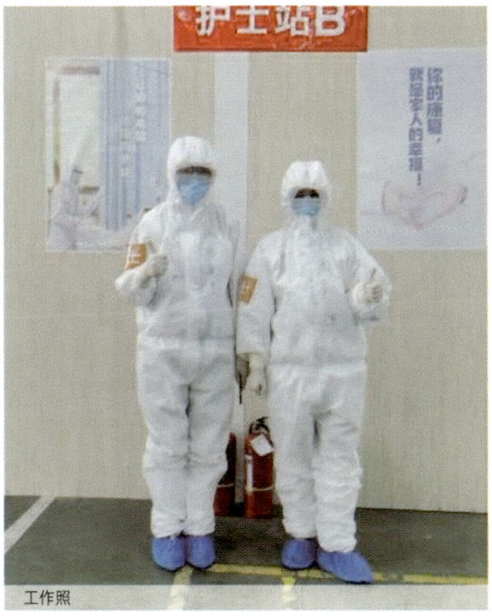

工作照

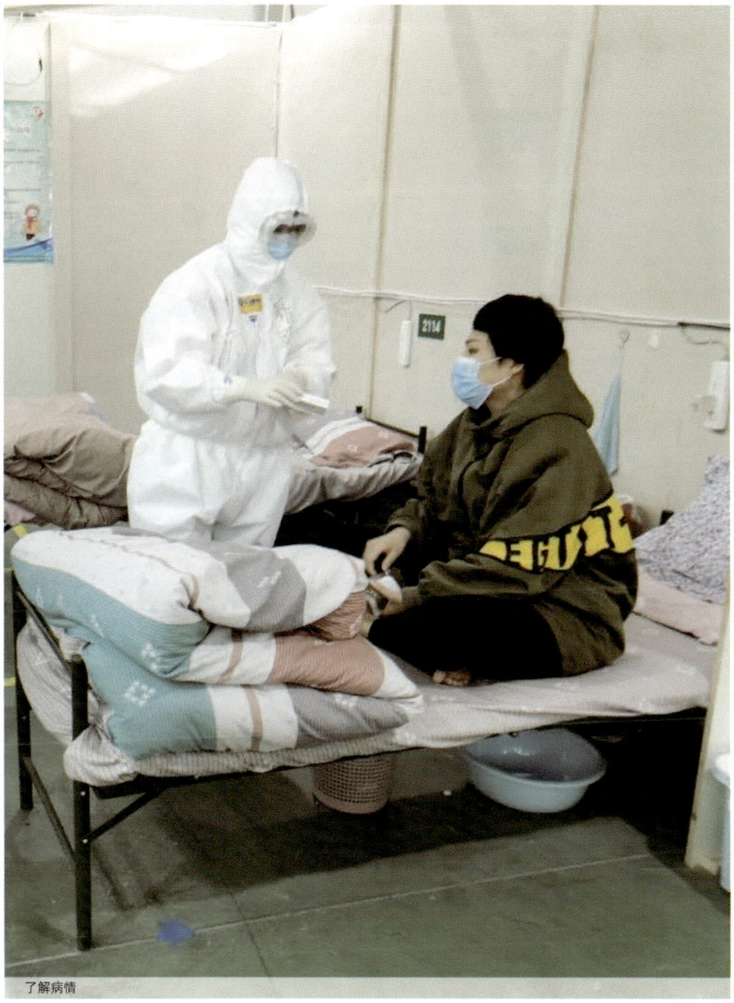

了解病情

李帆

南昌市第九医院

支援武汉市江汉开发区方舱医院，负责护理工作

把关人

满载着105名医疗队员的航班抵达武汉驰援，压力巨大，但我们是“白衣逆行者”，肩负使命、刻不容缓，必须往前冲。

医疗队里，每个人都有自己的分工，因为工作繁多、琐碎，实际上都要身兼多职。之前在九医院，我就接受过严格的穿脱防护服训练，可来到这里还是不能放松警惕。组长们总是严格再严格，要求每个人每个环节务必过关。一些从来没有接触过传染病的年轻队友，院感意识相对薄弱，对防护用品也比较陌生，组长们就手把手地一个个示范，一遍遍反复讲授。我们九医院的胡敏华主任嗓子都哑了，说话时不得不用手不断地比划，吃力而又尽可能清晰地表达她的意思。我看在眼里感动在心里，正是因为有着无数像她一样较真的“把关人”，才能让年轻的我们更加安心有底气进入方舱。

防护服下浸湿的衣服，护目镜下的雾水，布满脸庞的勒痕都无法浇灭我们必胜的斗志。春天已经悄悄来了，祈愿大家一起平安渡过疫情，去享受这世间的美好。武汉加油！

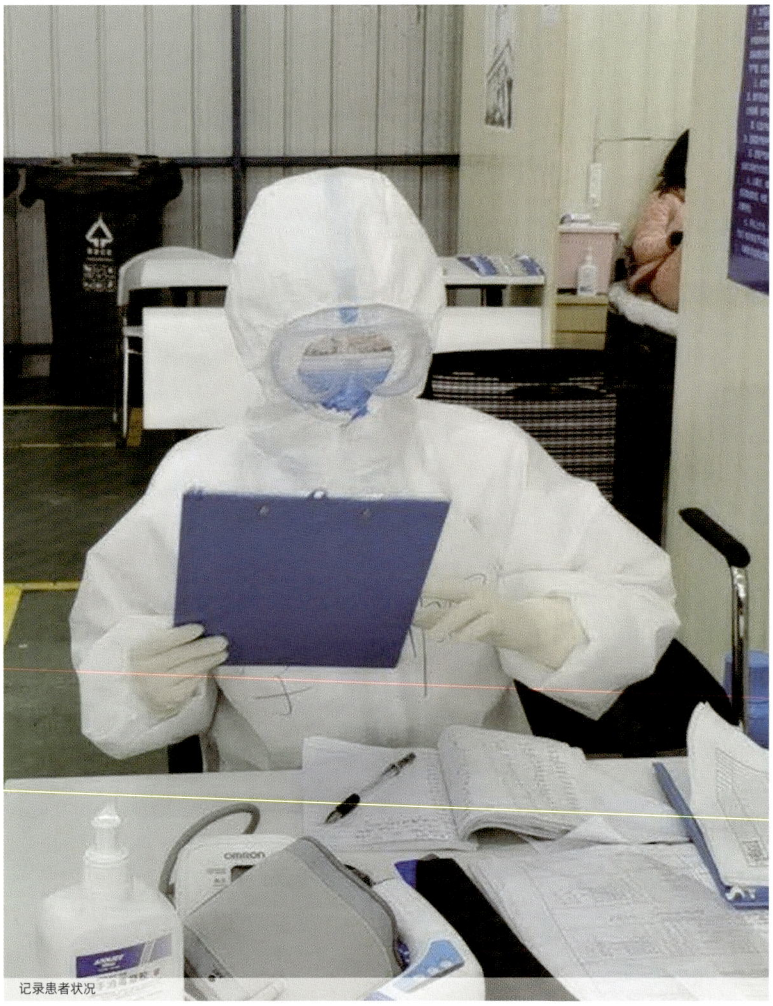

记录患者状况

示范如何穿防护服

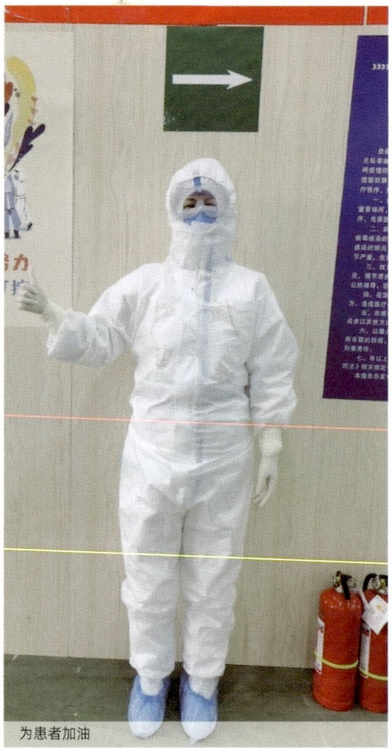

为患者加油

李芳萍
南昌市新建区人民医院
支援武汉市江汉开发区方舱医院，负责接诊新冠肺炎患者，制定治疗方案等

培训场

抵达武汉时，已是深夜。看着安静、空无一人的大街，我突然有些难过。这本来是一座多么热闹的城市，如今变得悄无声息。

特别荣幸，由江西省首批援鄂医疗队领队祝新根院长和经验丰富的赵琳护士长为我们传授宝贵经验。来自国家卫健委的专家、北京大学第一医院感染科主任李六亿主任则耐心地回复我们提出的各种问题。

看着我们，李六亿主任笑着说这是最简陋的讲课场地，但这也是最让我感动一辈子的培训场。

当休整培训到第五天时，我终于等到了任务——进方舱、布置区域、准备接收病人。

眼前的江汉方舱医院，虽然设施简单，可特别整齐、干净，被子、洗漱用品、电热毯等生活用品一应俱全。除了医护行业，此时各行各业都在加班加点支持湖北人民，强大的后盾让我们心安，而墙角一盆盆鲜花则让我看到了新希望。

很幸运，身处和平年代的我们，在祖国护佑下，没有经历过真正的战争。如今新冠肺炎疫情来了，这是一场守护亿万人民生命和健康的战争，这一次轮到身披白衣铠甲的我们上场了！我已经准备好了！

医院环境

方舱医院内景

杨梅

南昌市第一医院

支援武汉市江汉开发区方舱医院，负责方舱医院的协调工作

我愿意

抵达武汉的第一夜，我跟爸爸妈妈视频。看到我的那一刻，妈妈愣住了，她没想到女儿会变成光头！

那一瞬间，妈妈落泪了，从没有看过妈妈哭，这是第一次，我心里也很难过。等妈妈心情平复了，就开始各种提问各种叮嘱，问我吃的怎么样，住的怎么样，最主要的要做好自身防护，让我保证每天一个视频报平安，还说她会每天关注新闻……以前听妈妈的唠叨，我都会不耐烦，可这一次我只会点头，使劲眨眼睛把眼泪眨回去，表现出很坚强的样子。

妈妈问了很多，唯独没有问我怎么把头发都剃了，因为她知道我很爱美，怕我难过。我为了逗她开心，主动打趣说：“老妈，你看我现在这样多帅，又省水又省力。”还故意凑近镜头，摸了一把光溜溜的脑袋给她看。妈妈笑了，带着哭腔骂我：“本来就找不到男朋友，现在这样更难找了。”

看见她终于笑了，我的心也放下了，我知道妈妈心里是支持我的，也更加坚定了我一往无前的决心。我告诉她剃光头是为了减少感染，减少麻烦，安慰她不要担心。

如果说能用这一头秀发，换我亲爱的祖国山河无恙，我愿意！

抵达方舱医院

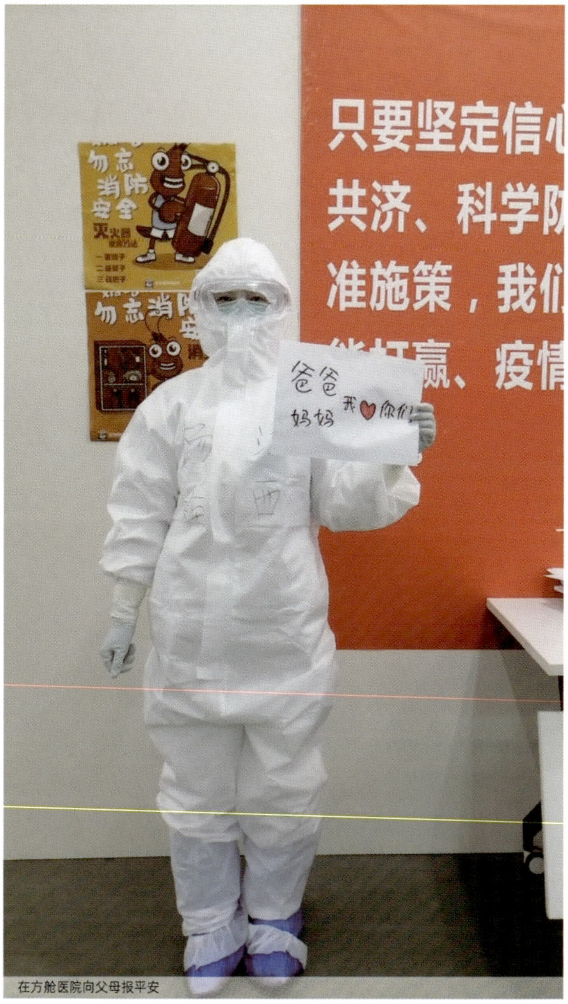

在方舱医院向父母报平安

张明华
南昌市第一医院
支援武汉市江汉开发区方舱医院
负责咽拭子采集、发药、测体温

战鼓擂

抵达武汉时，印象最深的就是漫天大雪。大巴车的司机师傅说了一句很有诗意的话——这是庚子年江城的首场降雪。江城，一听这个名字，就觉得有种穿越时空的美，也让我更愿意为了她的平安，付出所有。

大雪过后的城市显得美且宁静，我没有给家人打电话也没有发任何信息，因为此时的我，不知道该和家人说些什么，怕他们为我担心，怕看到他们泛红的眼，最怕面对9个多月小女儿的呼唤。

既然来了，就心无杂念去抗击疫情，让自己尽快熟悉岗位，让自己披上铠甲出征，这是我目前唯一能想到的不让家人担心的最好方法。

培训过程中，穿脱防护服的繁琐加上双层口罩下的缺氧，让我的体力和脑子都有点不听使唤，整个人显得非常焦虑。怕自己在舱内坚持不了6小时，我一次又一次给自己打气，告诉自己一定要坚持下去，也给自己不断"加量"。我试着穿练习的装备拖地、打扫卫生，没有丝毫懈怠，也记不清楚每天训练了多少次。

做好防护才能保护自己平安，做好防护才能帮助更多病患。战鼓擂，心中唯一的信念就是"不负众望"。

抵达方舱医院

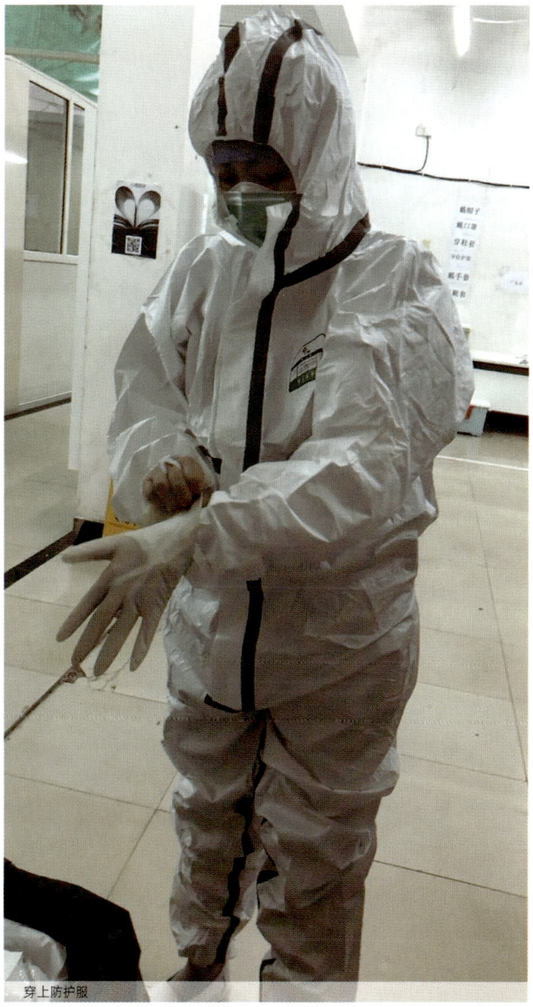

穿上防护服

张微
江西省中西医结合医院
支援武汉市江汉开发区方舱医院，负责护理工作

斗志昂

伴随着飞机的轰鸣声，我们降落在武汉天河机场，下飞机那一刻，我的内心既激动又忐忑，激动的是能用我的专业知识去帮助武汉同胞，忐忑的是接下来不知道自己面对的是什么。队长说，我们是一起扛过枪的战友，一定会一起来，一起平安归。厉害了，队长！几句话瞬间让我斗志昂扬！

踏上开往驻地的大巴，透着窗看着路上寥寥无几的车辆，我能感受到武汉正在经历着什么。不过，武汉请放心，我们这些来自全国各地的亲人都来了，只要我们劲往一处使，没有什么是不能战胜的。

在模拟演练环节，没有一丝“差不多”，大家都想知道哪一步做得不对、有没有问题。大家都清楚，即将要和病毒真正接触，面对传染病，保护好自己有多重要。如果因为粗心大意、业务能力不过关引起感染，这既是对自己不负责，也是对团队不负责。

在操场、在房间、在走廊……都能看到练习中的战友。视频上的穿脱步骤，我一步一步写下来，加强记忆方便练习。也许我微不足道，但正是有了千千万万个医务人员，一遍遍，一次次不停地去适应、去磨合、去战斗，我们才会迎来希望的春天！

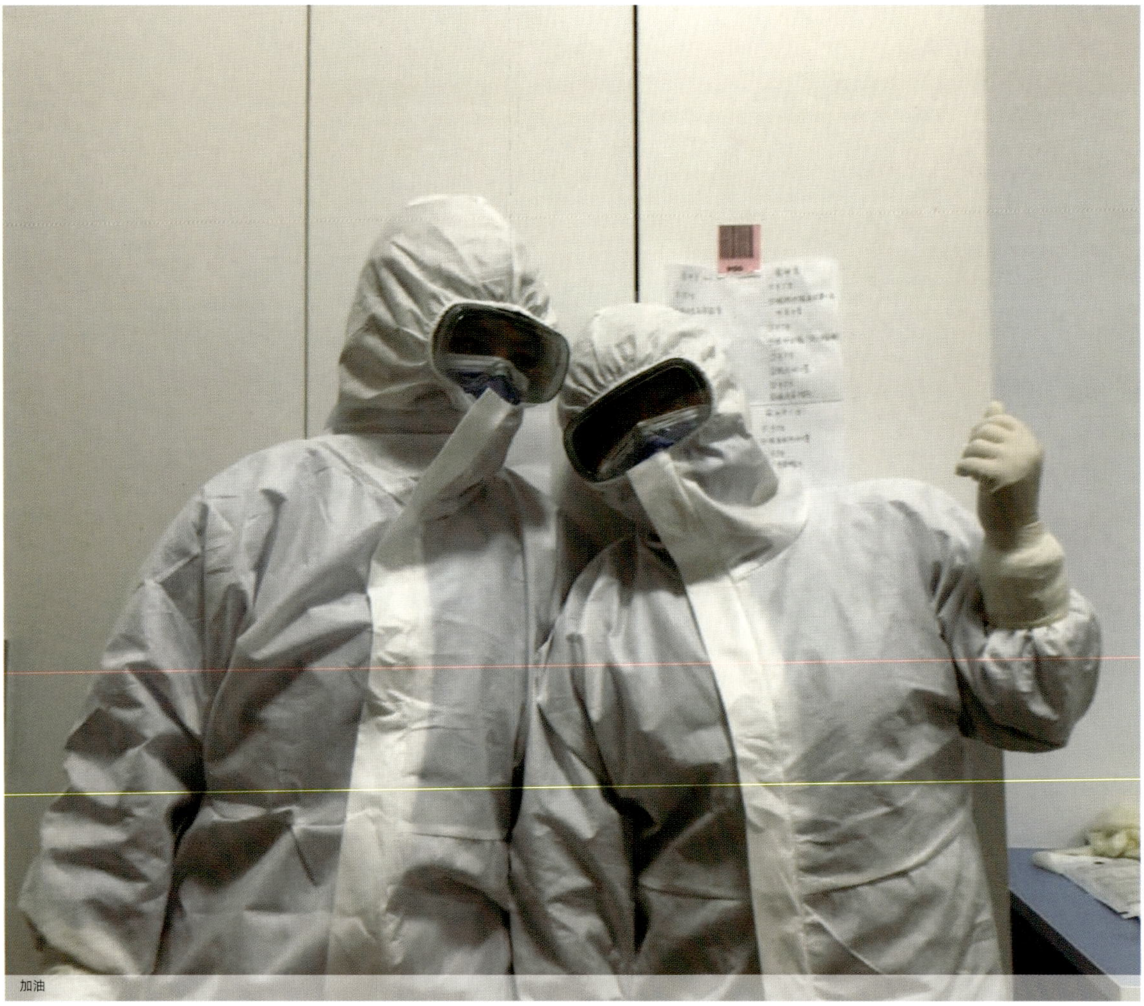

加油

易丽平
南昌市第一医院
支援武汉市江汉开发区方舱医院，负责护理工作

生死墙

作为一名护士，哪里需要我，就到哪里去，我们就是要在患者的生与死之间筑起一道墙！

抵达武汉后，就开始了作战前的最后一项准备——防护培训。其实，对于医护工作者来说，如何戴口罩和护目镜，如何穿脱防护服和鞋套，这些都是以往日常工作中平常得不能再平常的动作。可面对新冠肺炎疫情，培训却格外严格，厚厚的防护服，紧箍的口罩，双层橡胶手套，水汽蒙蒙的护目镜……很笨重、很憋气，但每个人都一丝不苟，争取做到熟练再熟练。每个人也都知道，要抓紧时间，才能真正奔赴抗击疫情的第一线。

尽管白天很累，但晚上躺在床上却无法入眠。由于心里压力太大，进舱前的每一晚我都会失眠，做梦都在跟病毒赛跑。我很焦虑，如果一直是这种状态，怎么进舱为病患提供最好的救治工作？我找了很多前辈和队友沟通，这才发现不止我一个，很多队友甚至都靠吃安眠药入睡。

战鼓已经敲响，前进的步伐从未停歇。前方纵有千难万险，我们也要去攀爬，前方纵有泥泞沟壑，我们也要去涉足。因为内心有爱，所以无所畏惧。我只想疫情早些结束，我可爱的宝宝们，等妈妈从武汉凯旋，一定紧紧拥抱你们！

温馨的一家

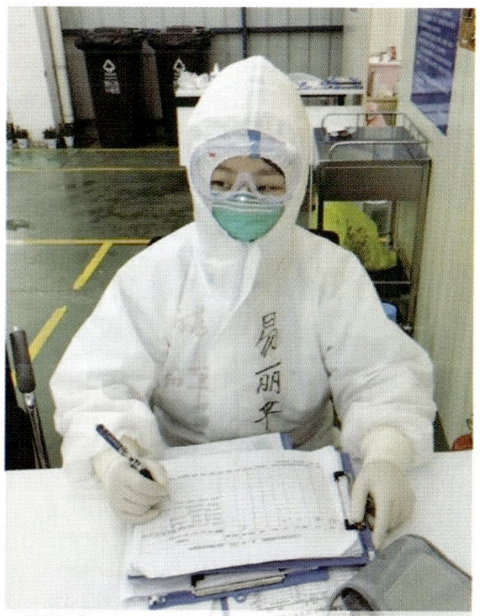

记录工作

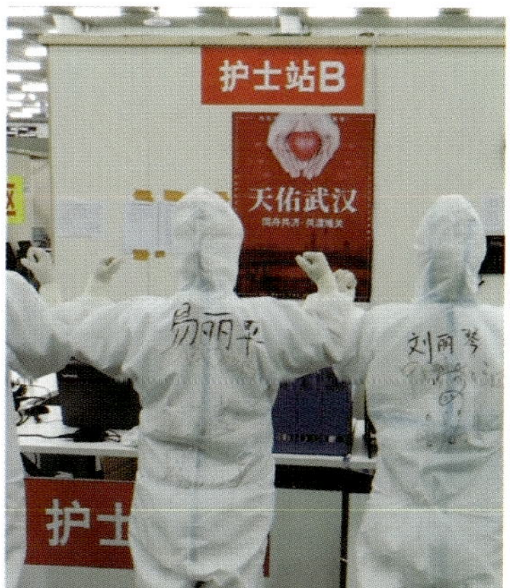

为队友打气

罗宇
南昌县人民医院
支援武昌区方舱医院,负责护理工作

民族魂

隔着窗户玻璃，我看到远处的建筑上挂着“武汉加油”四个字。那一刻，我的心很痛，眼睛很酸。我不怕辛苦也不怕累，我只希望尽自己最大的努力和力量，让武汉变回曾经的模样。当手机收到武昌方舱医院即将收住200名病患的紧急消息后，我们立刻进入战斗状态，可第一批入舱25位医护人员名单公布后，我却没看到自己的名字，赶紧去询问原因，被告知有经验的党员先上。为了能够第二批上阵，培训阶段我们每个人都非常认真，真是连眨眼的时间都不敢有，必须让自己时刻在战。

在此期间，和我们肩并肩作战的，还有无数工作人员。 每一次上班时，门口的大叔都会叮嘱我们：“注意安全！”每一次下班时，大门的守卫人员都会同我们敬礼，大声说：“你们辛苦了！”每一次用餐时，酒店工作人员都会尽力准备符合我们口味的饭菜。疫情面前，每一位工作人员都在自己的岗位上尽职尽责，发光发热。无论是何种职业，无论是哪里人，这就是我们的民族精神，这就是我们的民族魂。

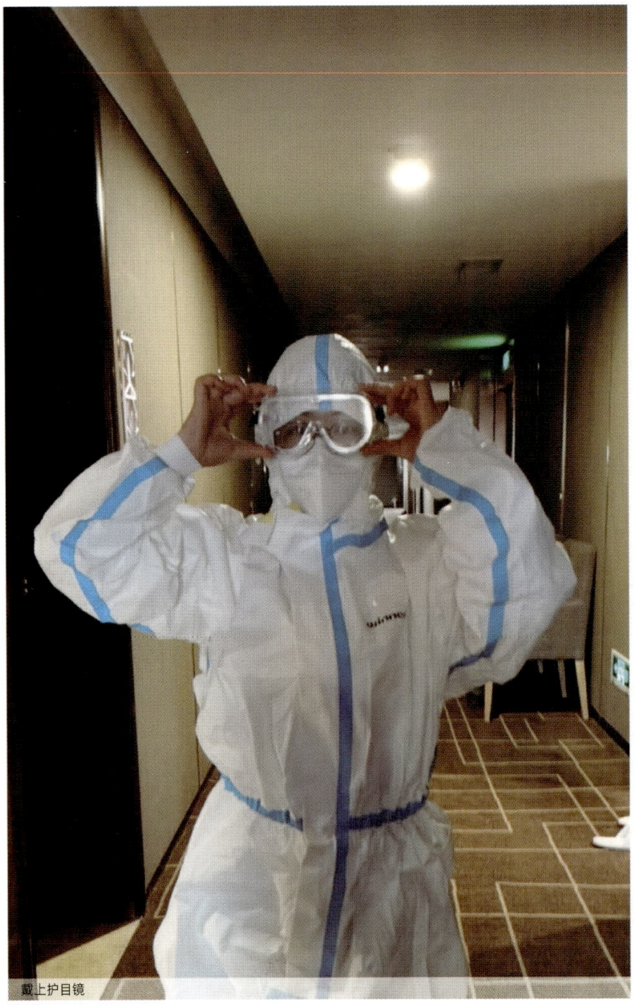
戴上护目镜

医疗队队友手挽着手加油鼓劲

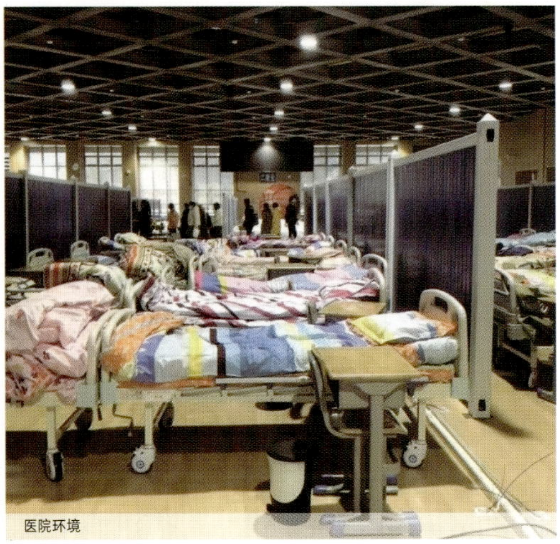
医院环境

周颖婷

南昌市第一医院

支援随州市中心医院龙门院区，担任重症医学科江西队龙门院区护理副组长

“防弹衣”

登上开往随州的大巴，路上看不到任何的车和人，晚上八点多的街头就像凌晨两三点。不过，我却看到了随州人民家里的点点灯光，这便是万家灯火。

此时此刻，我想整个城市只是累了需要休息。第二天一早，当太阳冉冉升起，沐浴在阳光下，我心里不由地想，这就是希望。随州人民把希望寄托在我们身上，我们定不负他们的希望。

正式进入医院前，我们必须接受全套严谨培训。我看了看周围，和我一起的战友们来自全省不同的医院，昨天的我们还不相识，今天的我们就因为这场战疫变成了战友、亲人！

有一种爱叫“逼着”练习穿脱防护服，防护服就是我们上战场穿的防弹衣，它是保护我们的铠甲，但如果没穿脱好防护服就像在战场上将自己暴露在枪林弹雨中。当领队宣布训练不合格就“不准上岗”后，我们都不想成为那个最晚进战场的人，所以每一天我和同组战友都练习到错过饭点，吃完饭后又接着练习，我想这就是废寝忘食。

加油！每一天我要对自己喊三遍！因为我知道有备而来，必打胜仗！

进入作战状态

郑静文
南昌市第一医院
支援武汉市江汉开发区方舱医院，护理组长，负责医疗组宣传工作

守住城

疫情发生以来，网上、朋友圈有很多关于新冠肺炎的报道。面对病毒，说不怕是假的，我也是普通人，也会有焦虑和担心，甚至失眠。

女儿用她稚嫩的声音告诉我："妈妈，我相信，你一定能战胜病毒，长大后我也要像你一样当医生，当白衣战士。"

父亲是一名老党员，也是一名军人，他说："孩子，保护好自己，你是我们家的骄傲。"

在驻地，保洁阿姨、门口的保安哥哥，总把"谢谢你们"放在嘴边。

和我们打交道最多的管家小杨，每日做的三餐都是荤素搭配、营养均衡。对我们她总是有求必应，跑前跑后，不管有多么疲惫，嘴里永远是那句暖人的"有事找小杨"。我们变成了小杨的责任和担当呀！

作为一名医务人员，救死扶伤是天职；疫情面前，抗击疫情是使命！我在分配给我的珍贵防护服上，写上自己的名字和"中国加油"，希望它被赋予特殊含义后能发挥最大的作用，这也是给自己的安慰和鼓励。

加油，中国！大家一起努力，定能守住一座城！

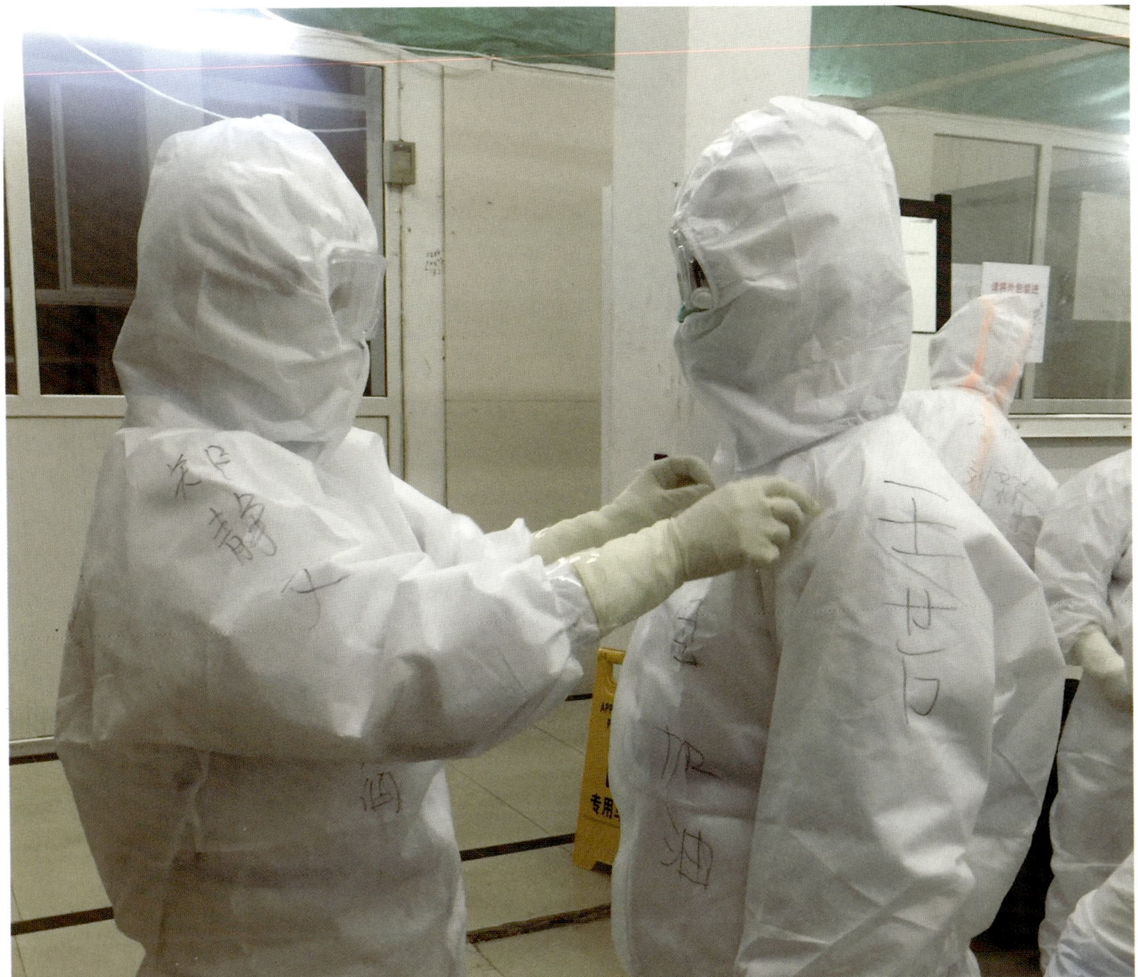

为队友整理防护服

胡玲

江西省中西医结合医院

支援武汉市江汉开发区方舱医院，负责护理工作

强迫症

方舱医院病人多，个人防护不容忽视，防护服就是我们的“战袍”，而穿脱防护服、隔离衣，便是感染防控的关键所在。只要小组任何一个人出现了纰漏，极有可能导致全组医务人员发生感染。因此，大家格外重视，两人一组练习穿脱防护服。可我没想到看起来很简单的一件事，做起来真不容易，甚至手指的一个小小动作不到位都会前功尽弃。

“没包住手，污染了，重来；衣领没包进去，污染了，重来；前面的衣服没卷进去，污染了，重来；脱袖子时手碰到了自己的衣服，污染了，重来；脱裤腿时脚抬的太高，不行……”只要有一个小细节出错，就重新开始，练习到熟练为止，队友一声声提醒，一次次指正，虽然感觉很严厉，但我知道这种“强迫”是为了下一步的“万无一失”。

虽然整套防护装备穿脱一次至少半个小时，但是所有人都坚信“只有千锤百炼，才能打胜仗，只有做到零失误，越熟练越能节省时间救治更多的人”。

从早到晚，一个动作重复十遍、二十遍，我们坚信熟能生巧，我们坚信一遍又一遍的练习后，我们才能保护好自己，保护好战友，才能更好地救治病人。有备而来，必打胜仗!

示范如何穿防护服

穿上了防护服

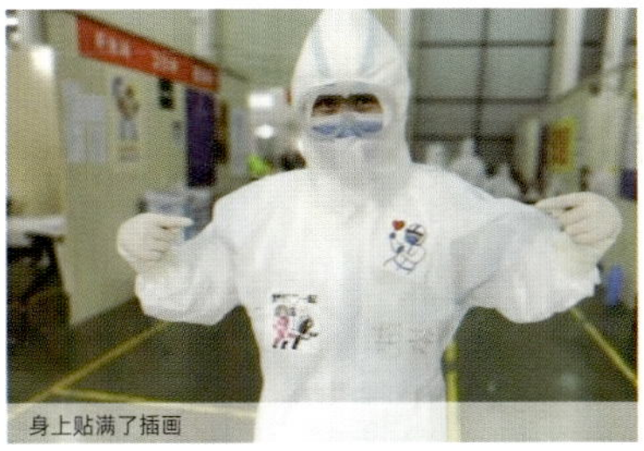

身上贴满了插画

与病人交流

涂琳
江西省中西医结合医院
支援武昌方舱医院，负责新冠肺炎患者救治护理

断发义

傍晚时分，武汉街头空无一人，只有救护车偶尔穿梭而过，紧迫感扑面而来。时不我待，每个人都绷紧了神经，期待早一日能够上战场。

奉命入舱的我们时间紧、任务重，所有人都在一遍一遍、反反复复、认认真真地穿脱防护服练习。

时间过得很快，夜已深。一天的训练让我有些疲惫，但走进驻地酒店，却发现大堂人头攒动。原来为了更方便地开展救援工作，避免头发残留污染，大家都在集体理发。如果是以前，想要爱美的我剪掉长发，那是万万舍不得。可此时此刻，在这个氛围下，能够剪短我的发，成为人生的一种骄傲。

只有两位理发师傅，人手不够，那我们就自己动手。扎起马尾，拿起剪刀，我和队员相视一笑。队友拿起剪刀给我剪发时，居然比我还舍不得，嘴里念念叨叨，迟迟不敢下手。我鼓励队友说："没事，剪吧！抗疫更重要，不难看，都说我们是最美'逆行者'！"

面对疫情我们义无反顾，地上一簇簇被剪断的是我们的青丝，剪不断的是中华儿女互帮互助的爱。武汉，我们来了！

剪短发，为抗疫

陶玉茹

江西省中西医结合医院

支援湖北省随州市随县人民医院，负责隔离病房二病区护理及院感工作

情难忘

2月11日20时10分，我们从武汉机场换乘大巴前往随州。登车后，司机师傅突然拿出一个盒子，问道：“大家需不需要换口罩？”有人问：“师傅，您发口罩啊？”司机师傅说：“不是，这是我自己的口罩。”包括我在内，很多人觉得奇怪，问他为什么把自己的口罩让给我们。

司机师傅说：“你们刚下飞机，行李箱又不在身边，可能有人很长时间没换口罩，我也不多就这半盒了，但给你们先用。”我看着那半盒口罩愣住了，突然很想哭，心里的激动和感动无法言语。众所周知，武汉的物资有多紧缺，他只是萍水相逢的一位司机师傅，可他的举动太暖心。我辗转奔波的疲劳都在那一瞬间消除了。他不善言辞，他想表达感谢，而这就是坚强的、朴实的湖北人民表达谢意的最直接方式。

到达随州，下车时我向司机师傅说：“谢谢！您辛苦了！”他说：“要谢谢你们，一定注意安全啊！”一个人的力量渺如尘埃，而国家的毅力，全社会的支持，当所有人在这次疫情中都做着自己力所能及的事，奉献着自己的力量，我们必能度过这次疫情。突然忆起左远庆在《若我归来》中写的那句诗：“时代让平常的我遭遇了疫情，杏林中人责无旁贷，我无悔地走上前线，敬业、救人、报国，这是父之言训，母之叨爱，一切都是理所应该。”身为医务工作者，救死扶伤是我的使命，国家危难，义不容辞。

出征合影

抵达随州

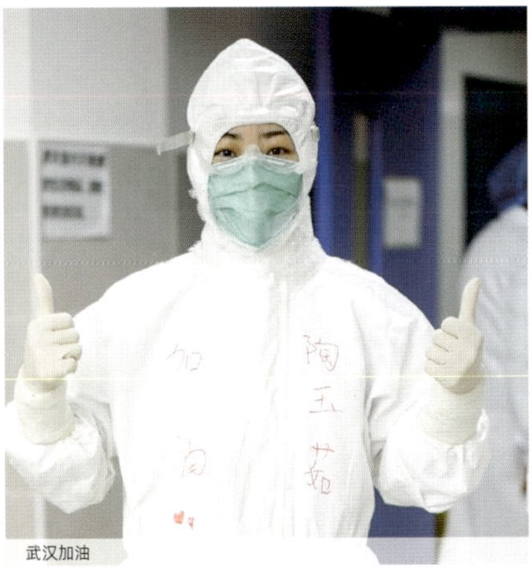

武汉加油

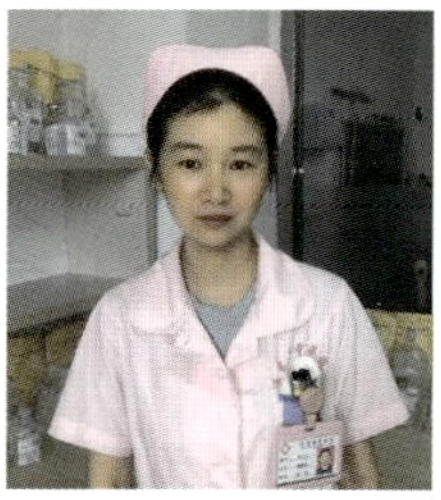

陶丽玲

进贤县中医院

支援随州地区县级市广水市，负责医护援助工作

忐忑心

飞机抵达武汉天河机场，当我看到接机的武汉人民饱含热泪的双眼，我被深深感动了。

坐着大巴，两个多小时后到达湖北随州市。我们此次出征的八名队员分成了四组，我所在的医疗组负责支援随州地区县级市广水市。抵达医院时，我们不断给当地医护人员鼓劲打气说：“请放心，无论条件怎样，我们有绝对的信心战胜疫情，一定不辜负广水人民的期望！”

正式上岗前一天晚上，我久久不能入睡，想到要正面迎击病毒了，我起身望着镜子中的自己，感觉有些忐忑。经过层层程序，我终于到了上战场的最后一道门，能清楚听到自己的心跳。

想到从递交请战书到出征湖北的这些日子里，单位领导、同事和家人们的嘱托和关心，想到湖北人民对我们的热情接待和生活上的细致关怀，想到病床上湖北同胞们对我们的殷切期盼，我暗自下定决心，一定要竭尽全力为湖北同胞奉献一切，以最饱满的热情对待每一位病患！

医疗队合影

龚敏
南昌市第一医院

支援武汉市江汉开发区方舱医院，负责方舱患者护理工作

长技能

即将向病毒宣战，只有提升战斗技能才能让自己和战友们平安！我担心在舱内戴两层口罩会胸闷气短，护目镜起雾导致眼睛看不清，上厕所会浪费防护服……我向前辈们请教入舱调解呼吸的技巧，记下一个个小诀窍，反复练习穿脱防护服。

训练后，脱去层层保护，我发现手是泛白的，秋衣秋裤全是汗迹，脸、耳廓和鼻子有几条深深的印迹。一天的训练结束后，手机里有200多条来自朋友、同事、领导及家人的问候信息未读取，我告诉他们不要担心，我很好，也让他们在家做好防护，等我回家。

其实，人在灾难前面都是很脆弱的，我知道武汉人民很需要我们去关心和问候，口罩和防护服阻挡的只是疫情的扩散，但人与人的关心与交流能让我们在这个春天迎来“春暖花开”。翻看前方战友传来的照片和短信，我曾经无数次泪流满面，因为坚强的武汉人民每一声“谢谢”都让我们看到了患者的信任和支持，认可及鼓励。作为一名医务人员，我能做的就是尽我所能让每一位患者痊愈，让他们在患病时能感到安心，让他们的脸上绽放出灿烂笑容。

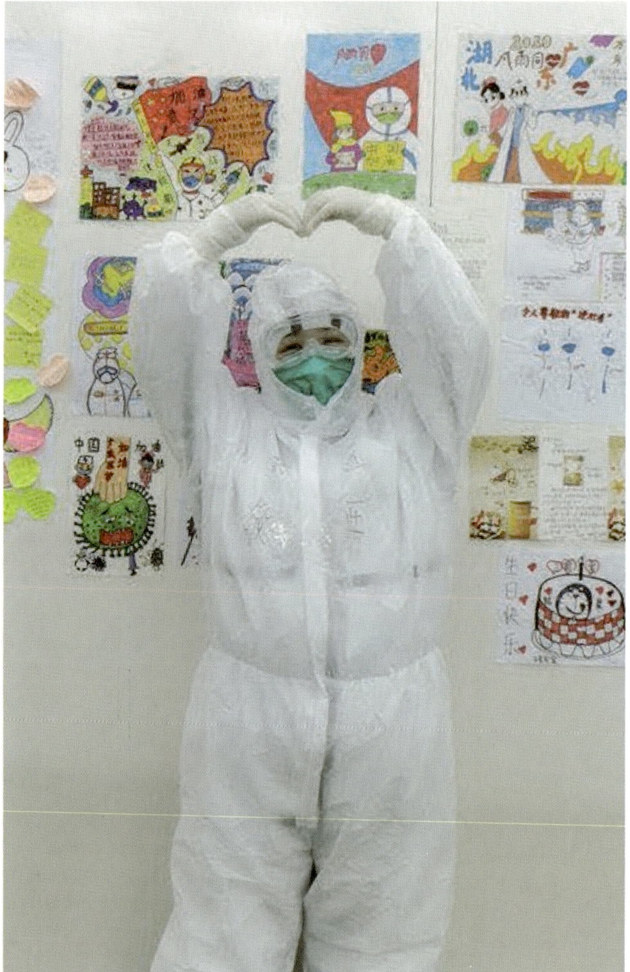

武汉加油

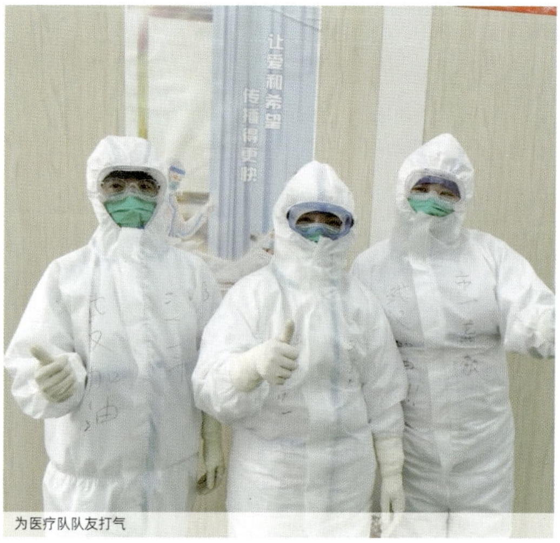

为医疗队队友打气

共同战疫

龚毅

南昌市第一医院

支援武汉市江汉开发区方舱医院医生,负责患者诊治工作

雪夜行

2020年2月15日，武汉大雪纷飞。晚上10时，我们这支105人的队伍抵达了武汉天河机场。漆黑的夜里，除了一闪而过的风，路上看不到几束车行的光，印象中喧闹繁华的武汉似乎被按下了暂停键。

车内，大多数人都靠在座位上小憩或看着车窗外的雪景想着心事。我们都没有经历过类似疫情，面对即将到来的挑战，我想大家还是有一些紧张。

当疲惫的我们终于抵达江夏区驻地后，司机师傅却告诉我们还要等待，因为车子太多进不去。车子太多？我有些奇怪，直到被通知可以下车后，我才发现并不只是我们星夜驰援，来自天津、宁夏、四川、甘肃、云南、广东的医疗队都刚刚抵达准备入驻。

尽管武汉此时冰天雪地，尽管凌晨的我们蓬头垢面，但看到他们后，我心里绽放出了喜悦和温暖。“武汉，别怕，我们都来了！”我在心里说。

第二天的武汉阳光明媚，楼下路边的白雪正慢慢融化。新闻里播报着来自12省的22支医疗队雪夜驰援湖北时的消息，我顿时充满力量。作为这22支医疗队中的一员，作为南昌医疗队的队员，我正是雪夜战士，身边都是一起战斗的战友！新冠肺炎疫情，我们一定能够战胜！

出征仪式

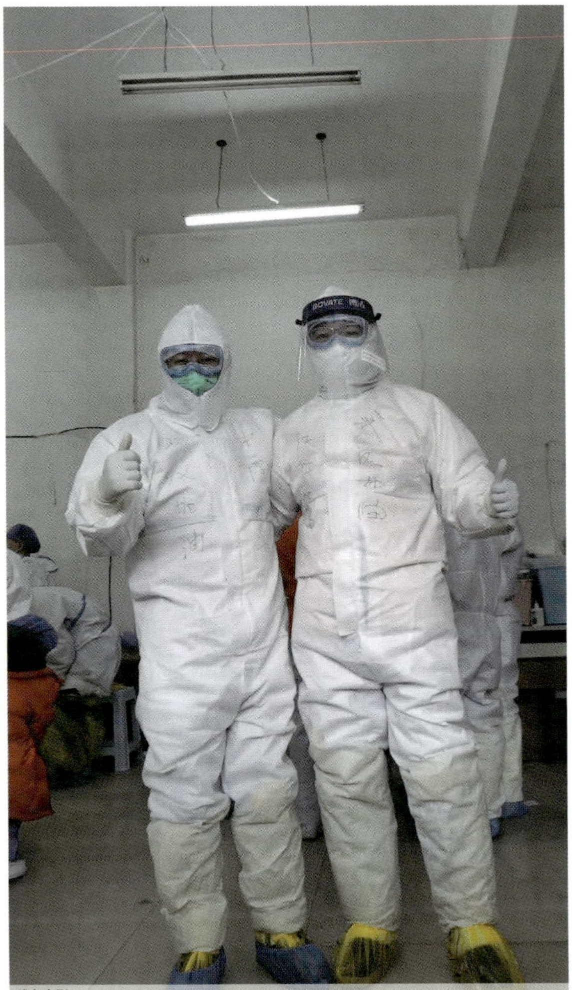

战友合影

章玉琼
南昌市第一医院
支援武汉市江汉开发区方舱医院，负责患者的护理工作

众志坚

抵达当天，武汉银装素裹很漂亮，只是太安静了。我想，这个城市病了，它在休息。

虽不知接下来我们要面临怎么样的挑战，但进入培训后，所有人无论是表情还是心情都变得极为凝重，毕竟这是关系到每一个人的生命安全，我绝对不能拖团队后腿。

防护服穿脱培训堪称最严格训练，还必须分组进行考核。刚开始两天，我脑子里一遍遍回忆老师教给我的穿脱步骤和技巧，昔日熟悉的动作如今变得遥不可及，于是心里一直不踏实，问其他人也都是这种感觉。我和队友们彼此在群里打气加油，而家中也传来了医院领导前往我家里承诺有任何困难都可以找医院，医院就是“家”，是我最强大的后盾，我听后心里一股暖流涌上心头。

2月21日接到通知要去“战场”，我很是激动！看到前方战友发来的照片，里面很多穿防护服的同事，还有执勤的警察，心里就越发有底气了！我不是一个人战斗，我是在和我的同事们还有病人一起对抗病毒。

我们携手共克困难，虽然厚重的防护服会让我行动有点笨拙，但是阻挡不了我们前进的脚步。没有一个冬天不可逾越，没有一个春天不会来临。

加油！我们一定行

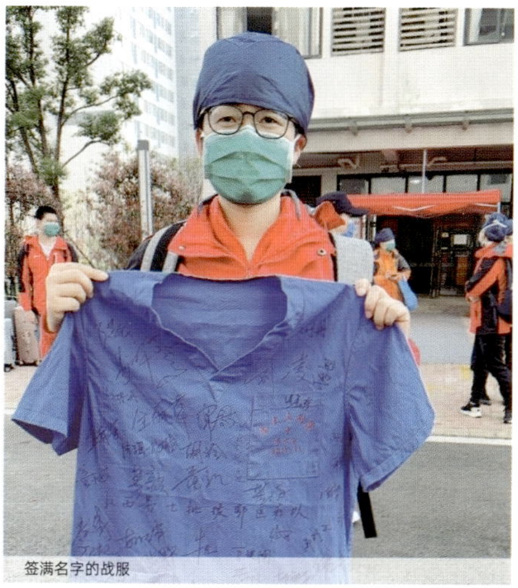

签满名字的战服

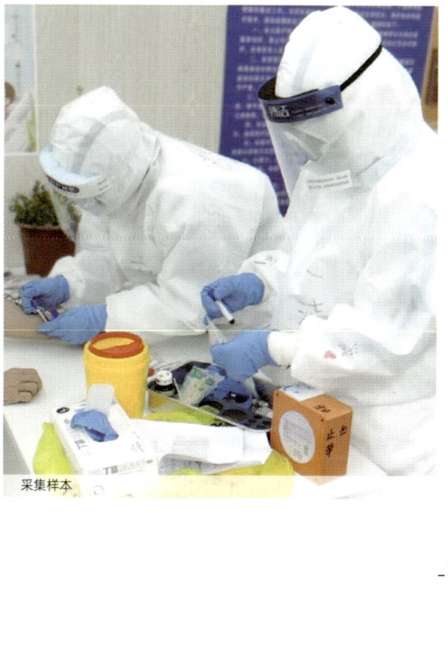

采集样本

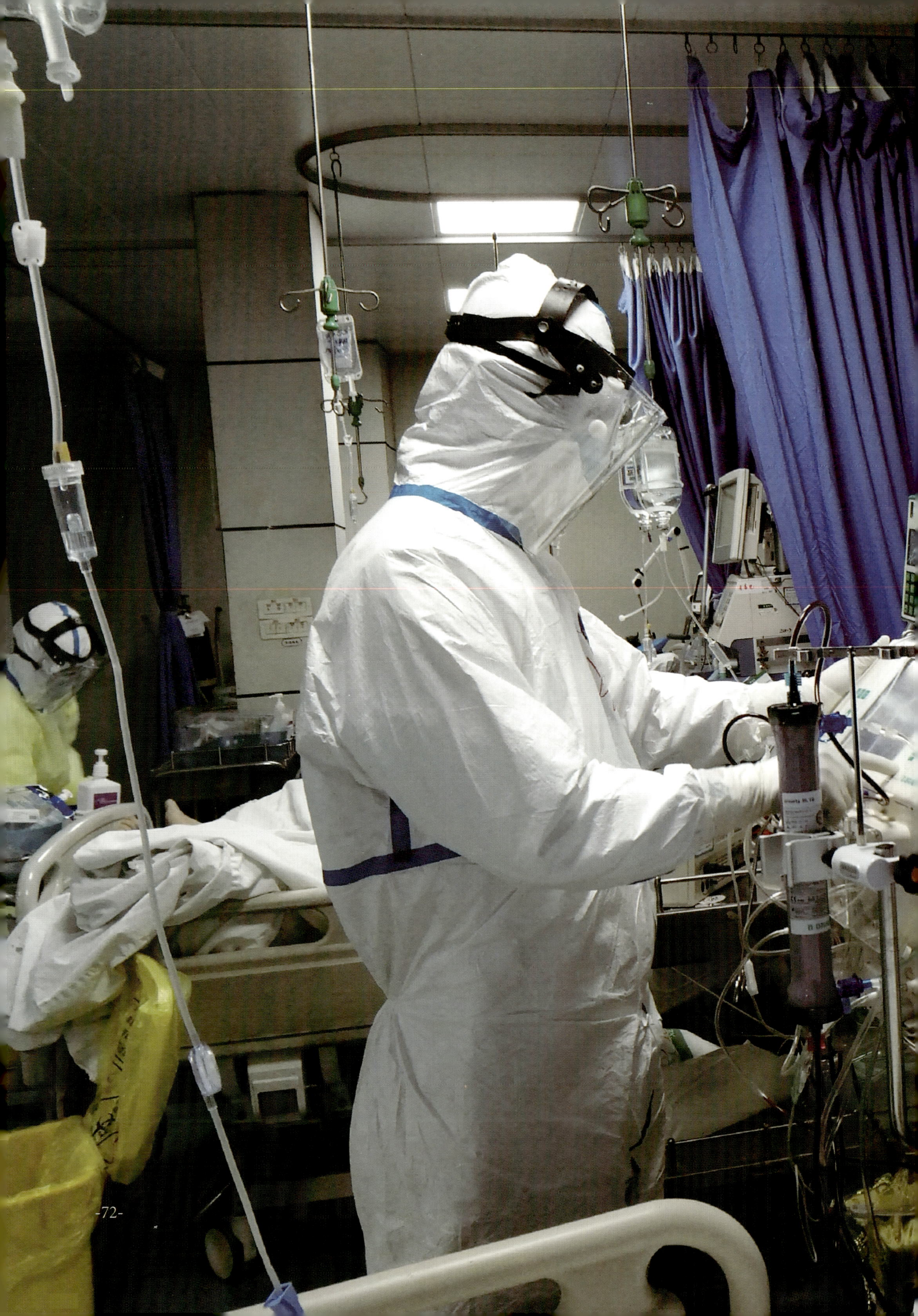

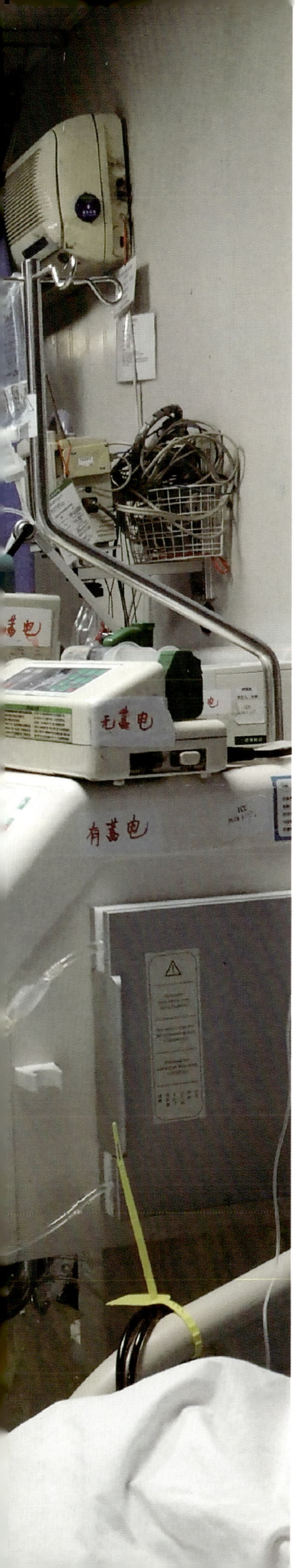

第四章

CHAPTER4

战　斗

疫情如战场，而医护人员，就是冲锋在前线的士兵。

全身武装，穿大码的雨靴在病房步行太艰难了；戴上护目镜和面罩，配药换药都看不清，要把东西凑到眼睛前辨认；一个班下来，抢救配液、换药抽血、翻身拍背等治疗及基础护理全套轮番做，一分钟也不得停；下班时，防护服里的衣服已湿透，腰感觉直不起来了……他们是母亲眼中的孩子，妻子眼中的丈夫，孩子眼中的母亲，更是战"疫"场上的白衣天使、勇猛战士。他们心里充满了希望，像朵朵绽放的迎春花，于无声处凝聚起战"疫"必胜的力量。

"不负重托，不胜不还！"在荆楚大地，南昌154名白衣战士用行动践行医者誓言。2020年，武汉的春天，最美的不是樱花，而是一个个身着防护服的身影。幸而有你，山河无恙！

王圆媛

南昌市第三医院

支援武汉市江汉开发区方舱医院，担任新冠肺炎患者责任护士

永不放弃

如果把方舱比作生命之舱，护士就是那聪慧的精灵。医院从无到有，从收治首例患者到大批患者出院，我们秉承着南丁格尔誓言，用一片爱心，一个眼神，一副笨拙的身躯撑起了方舱，践行着职业的使命和天使的担当。

方舱医院内有位热心肠的杨阿姨，经常跑前跑后帮助我们做些力所能及的事情，正能量满满，可是看着身边越来越多病友出舱，她也变得沉默少语了，行动的步伐明显沉重了。我了解到她的担心，想着要为阿姨做点什么，于是在休息时组织小组成员编排了一段“不放弃”的手语操，为她振奋精神，加油打气。她靠在床头看着我们穿着厚厚的防护服跟着视频比划着时，眼泪不由自主地就流了下来。很快的，她擦干眼泪，握着我的手说：“有你们在，我不怕！”

3月2日是杨阿姨出舱的日子，她特意写了一封感谢信，感谢我们在她治疗期间给予的帮助与鼓励，并和我们合影留念。我由衷地为杨阿姨感到高兴。武汉人民是如此的淳朴，一句暖心的话，一个贴心的问候就能坚定病人对抗疾病的信念，这世界没有被禁锢的城，只有不放弃的爱，我只想为武汉的亲人们尽自己的微薄之力！

患者送来致谢信

王省堂
江西省心理康复中心

负责湖北援助期间医疗队的心理救援工作

此战必胜

在湖北随州曾都医院援助期间，与其他医务人员工作不一样的，我们工作内容更多的是关注医疗队员的心理状态，同时解决患者和家属的心理问题，提高心理应激干预。

每周三天在医院心理科门诊，为医院和医疗队的工作人员，以及患者和家属提供相关的心理咨询服务。因为疫情的原因，我们同时利用微信视频等工具，为在当地医院执行任务的武警队员开展线上心理咨询与干预服务。因为他们同样存在许多的压力，也面临着相关的情绪问题。

他们本身也是普通凡人，也需要有自己的情绪宣泄，他们的不良情绪也同样需要有一定的疏导途径。为此，我们定期安排时间给予他人心理测试和心理疏导，建议他们合理排班，凡事计划在前，让每个战士对自己的工作都要有充分的心理预期，避免临时安排工作。保持适当休息，保证充分的睡眠和合理饮食，做好自我防护。鼓励平时休整时候多与家人联系，从家庭支持中汲取力量和温暖。做好充足物质保障，发放一些科普宣传资料，引导战士掌握心理疏导的科学知识，开始心理自助。

我们都知道，没有从天而降的英雄，只有挺身而出的凡人。战“疫”路上，感恩有你。我们共同前行，此战必胜！

工作照

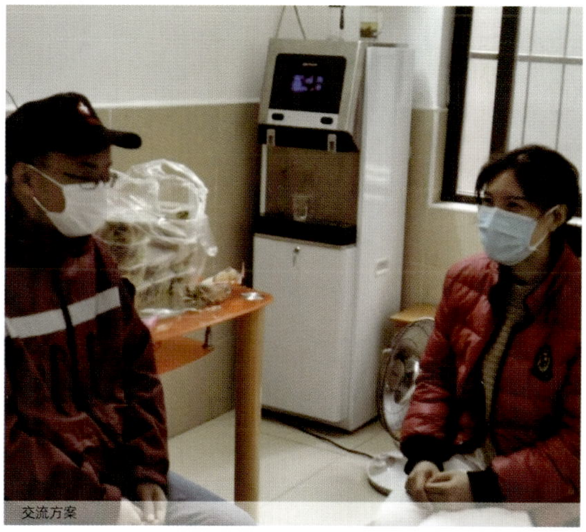
交流方案

视频会议

邓小香

进贤县人民医院

支援随州市中心医院新冠ICU，与队友全面接管新冠重症患者监护治疗、抢救

全力以赴

这次疫情淋漓尽致地把团结展现在每一个角落，记得进监护室第一天的那场心肺复苏，当你心里还在想“我需要换手的时候”，接力的老师就已经伸出了双手。病人心跳回来了，大家欢呼的时候，却发现谁也叫不出谁的名字。

我们江西援随重症医疗队邹颋队长，别看她小小身量，却给了我们强大的安全感。那天给6床患者行气管插管，邹主任大手一挥，“姑娘们，你们都站远点，我需要帮忙时，会叫你们的。”只见她利索地利用左手固定患者头部，右手放入喉镜打开气道，换左手，插管，拔内芯导丝，固定，吸痰，一气呵成。她说：“这么高风险的暴露，我也害怕，如果是我一个人能完成，那我不希望有第二个你们参与。”简单的一句话，瞬间让我们热泪盈眶。

还记得刚管理CRRT新冠患者时，我压力很大，邹颋主任知道后第一时间找我谈话，从原理、技巧到常见的警报处理，仔细地给我讲了一遍，并鼓励我要对自己有信心，叮嘱我有困难随时打电话给她。我完成工作，邹主任功不可没。

有一群人，感动别人的同时，也感动着自己。随州人民感谢我们为他们拼过命，而我感谢我的队友们，让我在陌生的城市倍感温暖。

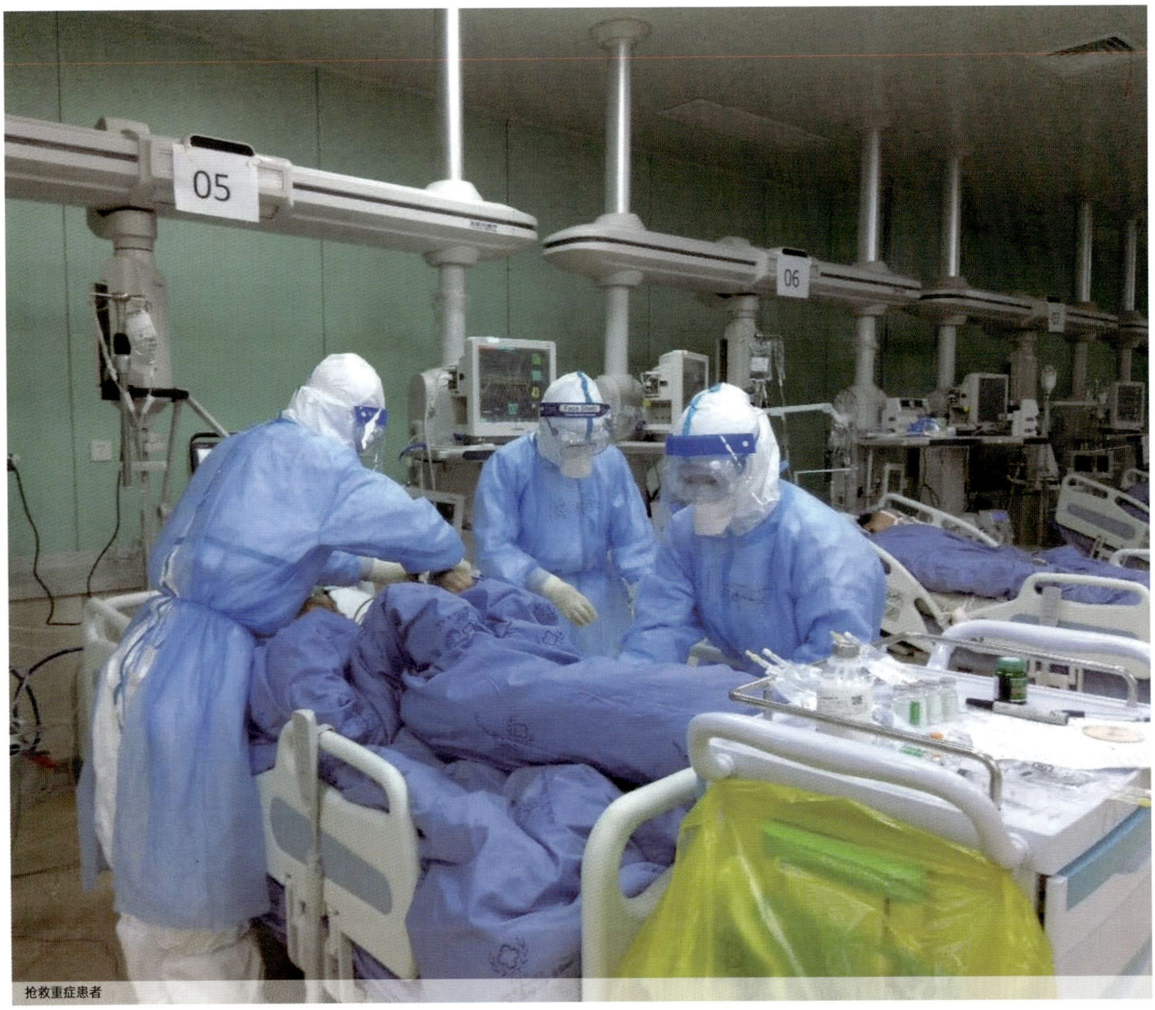

抢救重症患者

叶仁江
南昌县人民医院

支援随洲市曾都医院。分配在曾都医院感染一病区，担任医疗组小组长，负责43–48号床位之间的重症患者及小组内所有病人的诊疗工作

贴心守护

2020年2月27日19点，我和组上的战友一起晚间查房，查到35床肖奶奶时，发现患者没有吃晚餐。经过旁边床病友翻译，原来肖奶奶喜欢吃甜食，对医院的饭菜无胃口。奶奶的事情，我已放在心上，第二天上午9点下班，我走路到可以营业的小卖部及大型商场，想替奶奶购买甜食，可因为疫情的原因，不接受个人购买物品，我只能空手而归。我想，食堂应该有甜食。最终我拿到了半斤白沙糖和一壶温开水。我把糖和温水送到奶奶床边，把糖融化成水，倒入奶奶的饭中，看着奶奶把饭吃完，我才安心地离开病房。

三八妇女节这天，我值白班，19床徐大姐出现腹痛，经过交流后得知，徐大姐有痛经病史，每次来大姨妈时，都会肚子痛。徐大姐说："今天来大姨妈了，来住院时，没想到这点，没带卫生巾，在医院没家里洗澡方便。"我说："没关系，我带了尿不湿，先用着，我会想办法的。"下班后，我回到酒店，与护士长商量，护士长听说后，立即从"三八慰问品"中，拿了两包卫生巾给我。第二天，徐大姐看到我手上拿了两包卫生巾，激动地说："谢谢你们，没想到你们这么细心，好暖心。"

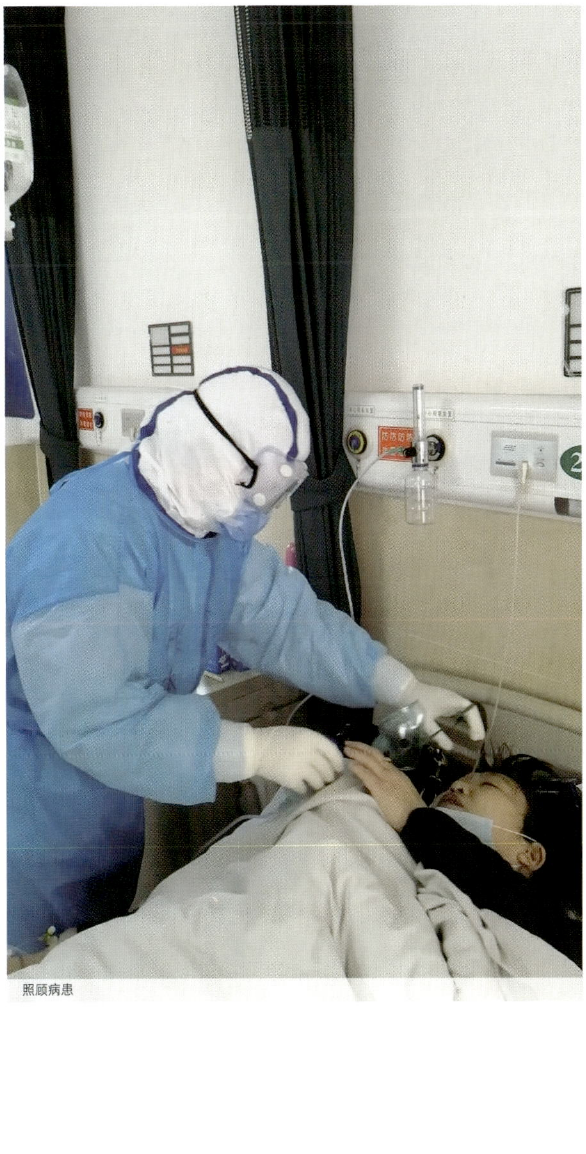
照顾病患

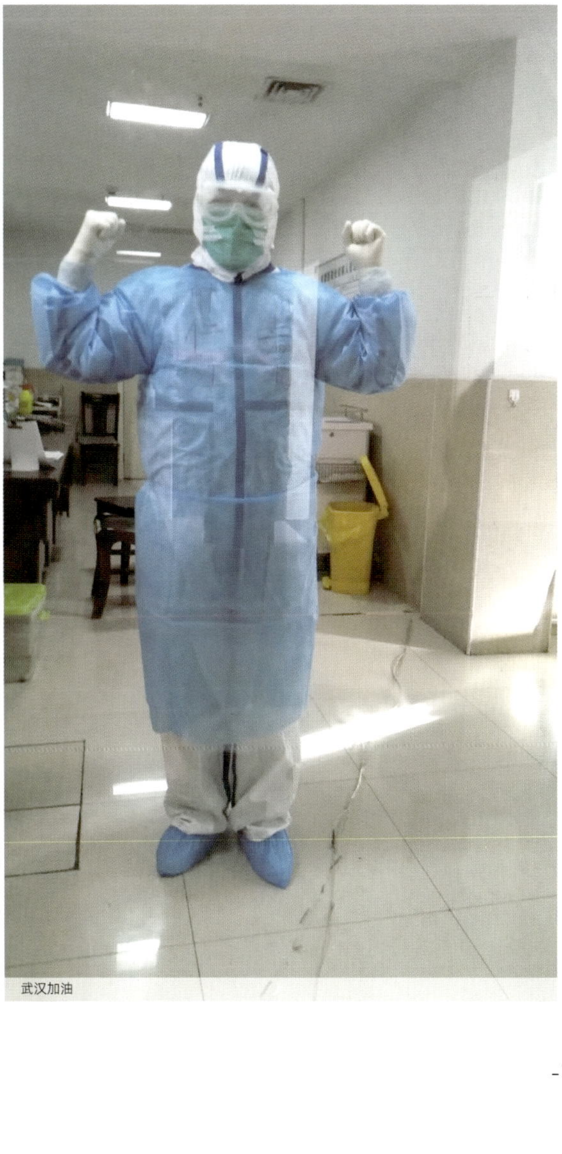
武汉加油

吕红梅

南昌市洪都中医院

支援武汉市江汉开发区方舱医院，负责护理B组方舱患者

迎接春天

尽管方舱医院的条件不如正规医院，只有简单的设备，但仍让我感到非常温暖。进入方舱工作几天后，发现有许多患者都有失眠的症状，我想到能利用我们中医专有的技术耳穴压豆来帮助他们改善睡眠，并教他们如何按压刺激穴位。没想到第二天，大部分患者都开心地反映说：“昨晚我没吃安眠药，结果一觉睡到大天亮！谢谢你们！”

休息时，我们时刻会关注患者健康教育群，有一次看到群里有患者随手拍的照片，其中有一张我趴在桌上伏案写护理记录的照片。那时我刚接班，连续接了8个病人，忙碌了一阵，大汗淋漓，眼镜起雾滴水，已经看字都不是很清楚，为了不记录错误，靠得很近。还有其他平常工作的照片，记录着我们一起努力战胜疫情的瞬间。在提供健康咨询时，一位出舱的病友留言说：“虽然看不见你们的像貌，但我会永远记住你们温暖感人的忙碌身影。”还有一位出院患者说：“我可以申请回去吗？”我赶紧回答道：“不收，方舱要准备‘倒闭’了，大家都出院。”看着大家对方舱的怀念，让我们感动不已。谢谢你们对我们工作的肯定，你们的康复就是我们奋斗的动力。

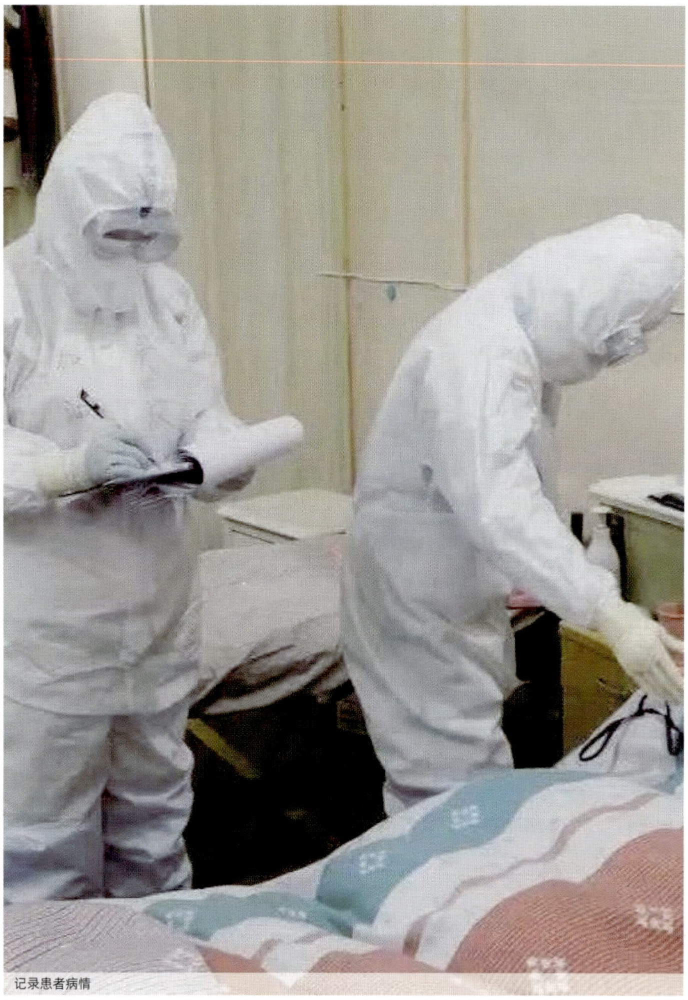

记录患者病情

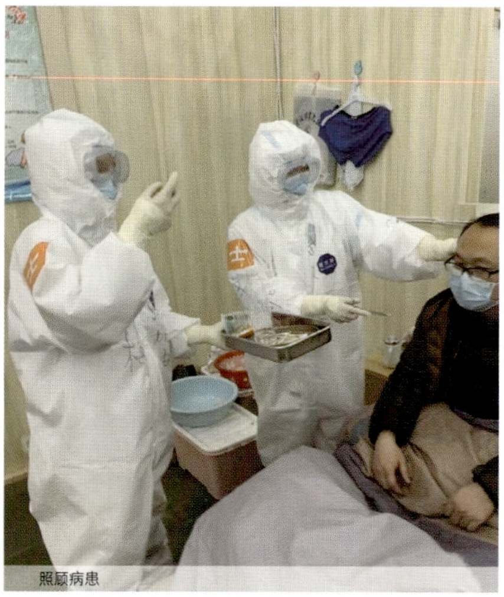

照顾病患

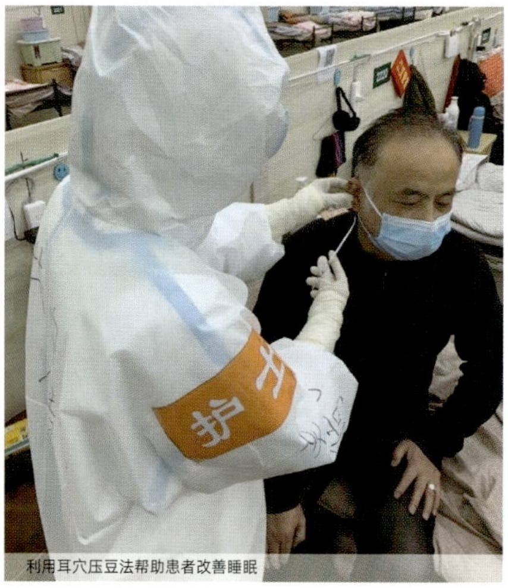

利用耳穴压豆法帮助患者改善睡眠

华伟

南昌市洪都中医院

支援武汉市江汉开发区方舱医院，负责医疗救治工作

众志成城

夜晚的江汉开发区方舱医院，有高三学子在积极复习准备高考，有中年病友在关注手机时事信息，有热恋青年在“煲电话粥”。巡视到一位中年女性病友时，她询问我当天下午的取样核酸检测结果，隔壁床的大姐就告诉她，不要担心，阳性没什么，还是要看自己的症状和医生的诊断，就像乙肝病毒携带者，也不是一定就会肝硬化。一路上查看病友情况，和患者交流，我深受教育，大家可以聊到达尔文的进化论；可以聊到抗击疫情用毛主席的“敌进我退”的十六字方针。我体会到“自古荆楚多才俊,其艳直教百花零”这句话的另一层意思。在交流中，尽管有转阴患者的释然，也有阳性患者的期待，但我能感受到更多的是患者眉宇扬起与额头舒展开来的笑意，能体会到方舱内积极、乐观、相互扶持的氛围。

有一种感动叫信任，有一种付出叫扶持，有一种等待叫希望。方舱医院不再是冷冰冰的钢铁水泥建筑，也不再是简易医疗设施的临时诊疗场所，“楚地风韵今犹胜，众志成城佑乾坤”，正是有了众人无惧坦然、无畏勇敢、无私奉献的付出，让方舱医院充满活力生机，在因时制宜的“硬件”上装上了满载希望的“软件”。

中国加油

与患者交流

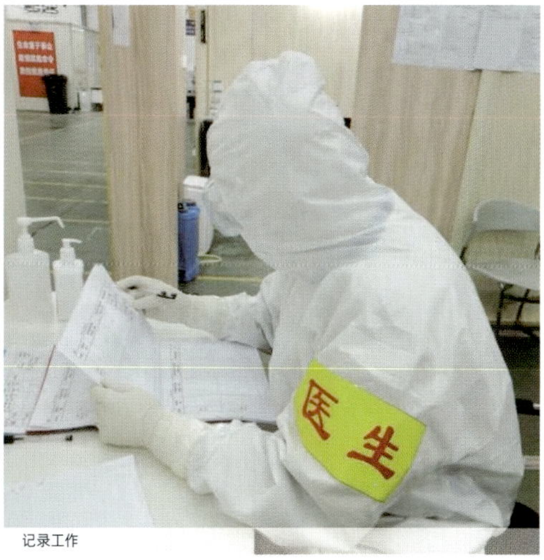

记录工作

刘桥生

江西省精神卫生中心

支援湖北省随州市随县人民医院；主要工作是对援随医疗队所有队员进行心理辅导，同时，也为随县当地的医务人员以及患者提供心理援助服务

坚守初心

在随县支援期间，除了要为医务人员提供心理援助服务，还要对随县人民医院的住院患者、隔离观察点的患者进行心理疏导。

记得刚到随县人民医院，就遇到一次非常紧急的心理干预。一位患者住院后发热症状消失，但胸部CT改善不明显，对于医生需要她继续住院观察表示不理解，情绪失控，甚至在病房扬言要跳楼。我用心理热线电话联系患者，可刚接到我的电话时，患者的情绪还是非常激动，我给予倾听和共情，让患者宣泄了不良情绪，之后又给予鼓励和解释，坚定了患者战胜疾病的信心。经过长时间的心理疏导，患者的情绪逐渐稳定下来，危机得到解除！

很多人不理解为何战"疫"需要心理医生上战场，那是因为在封闭的隔离环境，时间长，而且有些患者核酸检测结果经常反复，出现"复阳"，对患者的情绪影响很大。曾经有一位患者，出院后在隔离观察点出现"复阳"，情绪瞬间失控，拒绝医护人员的访视，也拒绝治疗，这时心理精神科医生就起作用了。经过一个多小时的心理疏导，我让患者慢慢接受现状，树立战胜病魔的信心。

患者心理出现问题时，我们能帮他们渡过这个难关，就是我们心理援助人员最为欣慰的！

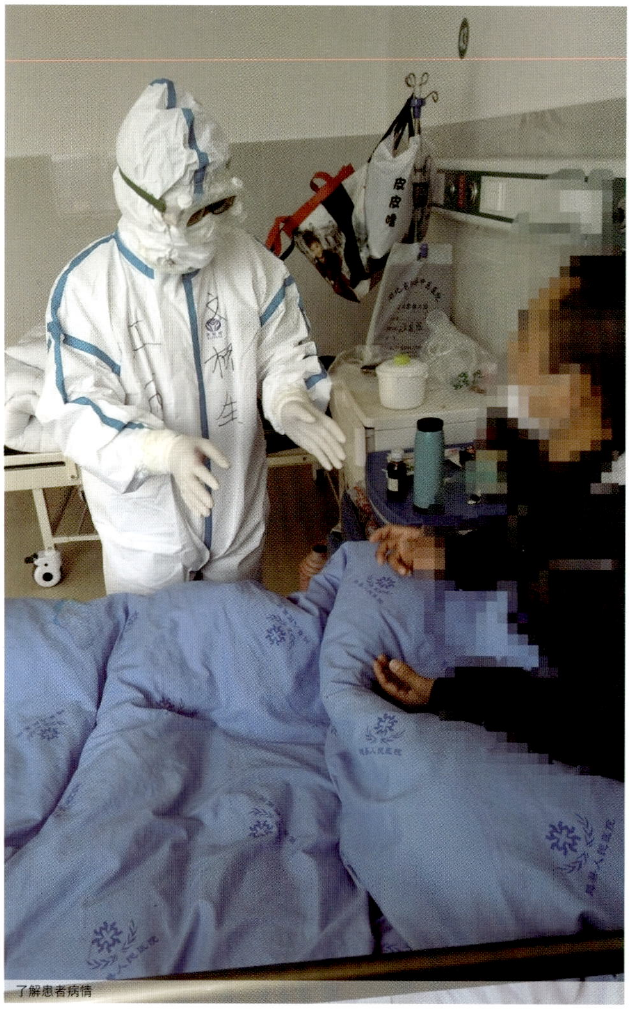

了解患者病情

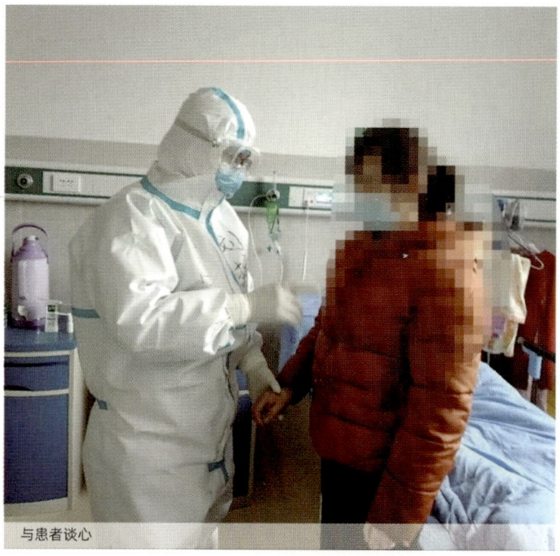

与患者谈心

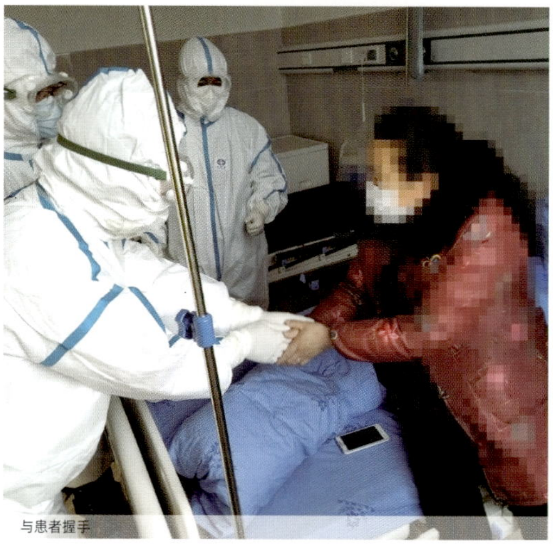

与患者握手

李中静

安义县人民医院

支援武汉市江汉开发区方舱医院，主要工作是接待新患者和办理患者出院手续

别样战疫

抗疫一线，每一天都是紧张忙碌的。0点闹钟起床，准备2:30至8:30的班。

进到方舱内，每过一个小时我会到病房巡视，看病人有没有异常情况。有一次大概在凌晨三点，我身上的对讲机开始响起，呼叫总台，说C区有位患者出现幻想，说有家属在大门口等他。这时我和协调班的护士、民警立刻赶到C区，帮这位患者做思想工作。大概30分钟后，病人才到病床上休息。在方舱内上班总是会担心突发事件的发生，我所分管的B区，只要一位患者去上了厕所，我就会留意几分钟，患者会不会返回到病床睡觉。病人回来了，我的心里也就踏实了。

早上7点开始为患者测量生命体征及血氧并登记，忙完刚刚坐下，护理组长呼叫我，说有一位糖尿病患者想咨询糖尿病这一块的知识，听后我连忙来到这位患者的床边，询问这位患者的用药方法，还得知这位患者曾经有过几次低血糖病史。我向这位患者讲解低血糖的症状，告诉他避免低血糖的方法。讲解糖尿病饮食这块的相关知识，叮嘱他不要过多焦虑。这位糖尿病患者与我交谈后，觉得放心多了，连忙对我说谢谢。

只要全国人民同心协力，一定能够战胜疫情。加油！武汉！

众志成城，抗击疫情！

李超琴
南昌市洪都中医院

支援随州市中心医院新冠ICU，与队友全面负责重症新冠肺炎患者监护治疗、护理、抢救、CRRT管理及病区消杀工作

点燃希望

为了全面迎接战斗，每天上班前一小时我们准时到达科室，仔细地穿戴好战斗盔甲（防护装备），和同组的老师们总是互相反复仔细检查，才能踏入战斗的地方。在新冠重症监护室工作时，因为处于一个密闭的环境，而且患者多数由于病情危重限制活动，只能卧床休息，患者未知、恐惧、焦虑的情绪时而有之。心理疏导，也是护理必须尽心做好的工作。

战“疫”中，有这样一位患者，令我印象深刻。一位85岁的老奶奶，入院安置以后，她伤心焦虑，一直吵闹着要打电话给她的儿子。不幸的是她儿子一家也确诊感染新冠肺炎病毒，全部在接受治疗。我耐心开导，为了治疗的需要，我撒下了一个“善意的谎言”安慰奶奶。经过细心开导，成功带奶奶走出了焦虑的情绪。

在转战龙门院区ICU时，我分管了一位新冠肺炎合并肾衰竭的患者，因为出现极度口渴，但每日又需限制入量，口渴地只能轻轻地抿一口水在嘴巴里。看我正在帮病患做治疗时，他总是想自己起身去端水喝，当我制止他时，他总说看到我们在忙，不好意思麻烦我们，还说希望我能够离他远一点，怕传染我。在这异地他乡，我们守护的这一群人们，总是让我的心一次次被温暖。

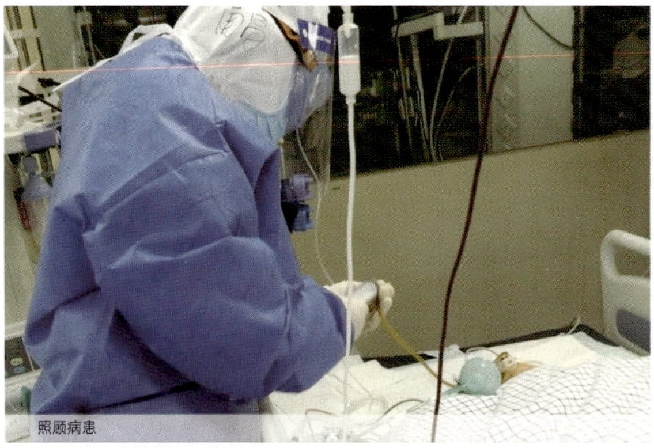
照顾病患

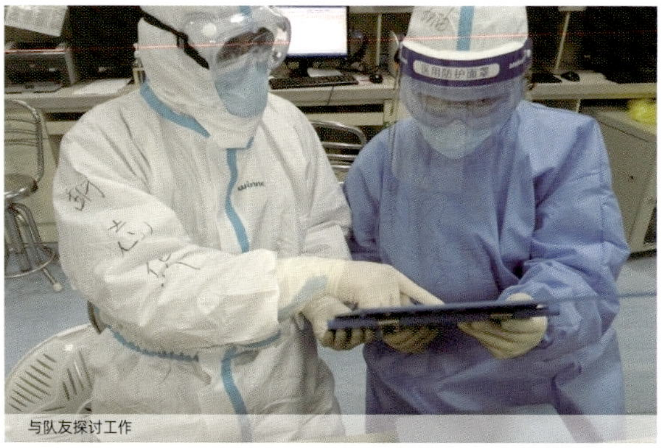
与队友探讨工作

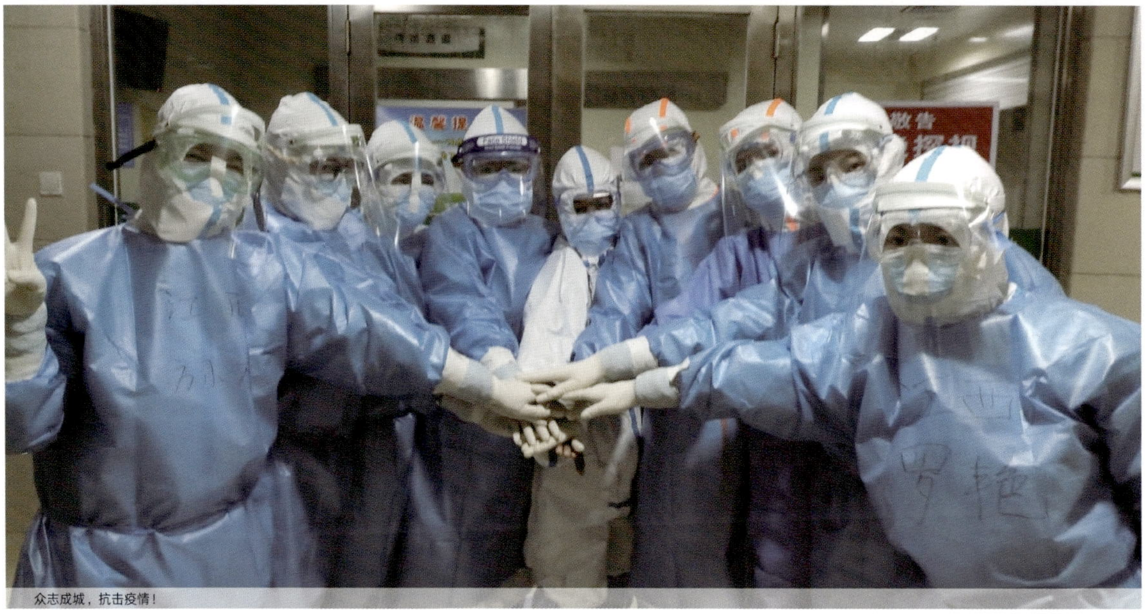
众志成城，抗击疫情！

杨娜
江西省中西医结合医院
支援武汉市第五医院，担任重症医学科护理组第四小组组长

生死时速

农历正月十五，ICU病房里仍然紧张忙碌，看到接班的同事防护服上写着元宵节快乐，才恍然大悟今天是元宵节。

元宵佳节倍思亲，一位家属思念重症监护室里的亲人，递给我们一封信，上面写到“白衣天使，你们好，我是五床某某的亲人，感谢你们对他无微不至的关怀，你们辛苦了！我们是58年的同学情，50年的夫妻爱。我唯有再次恳请你们用精湛的医技，抢救我亲人的生命，我们会终身感恩！”这是一个年近八旬老奶奶撕心裂肺的哀求！信中的老爷爷是一位病情非常危重的新冠肺炎患者，一直在使用有创呼吸机。每一次的吸痰、抽血等护理操作我们都有被感染的可能，但是病人在悬崖边，我们稍一松手，生命就有可能消逝，我们唯有尽职尽责，才能对得起这个职业所赋予我们的责任！

每日老爷爷被唤醒时都很配合，我把奶奶惦记他的心思告诉他，他瞬间热泪盈眶。经过20多天的努力，我们从死神手里抢回一条生命。老爷爷成功拔管，转出重症病房时，他激动地伸出大拇指说：“感谢江西人民！”听到他说的感谢，我感觉再苦再累都是值得的，在这里，生命是崇高的，职责是神圣的，我感受到了一位医者的天职。

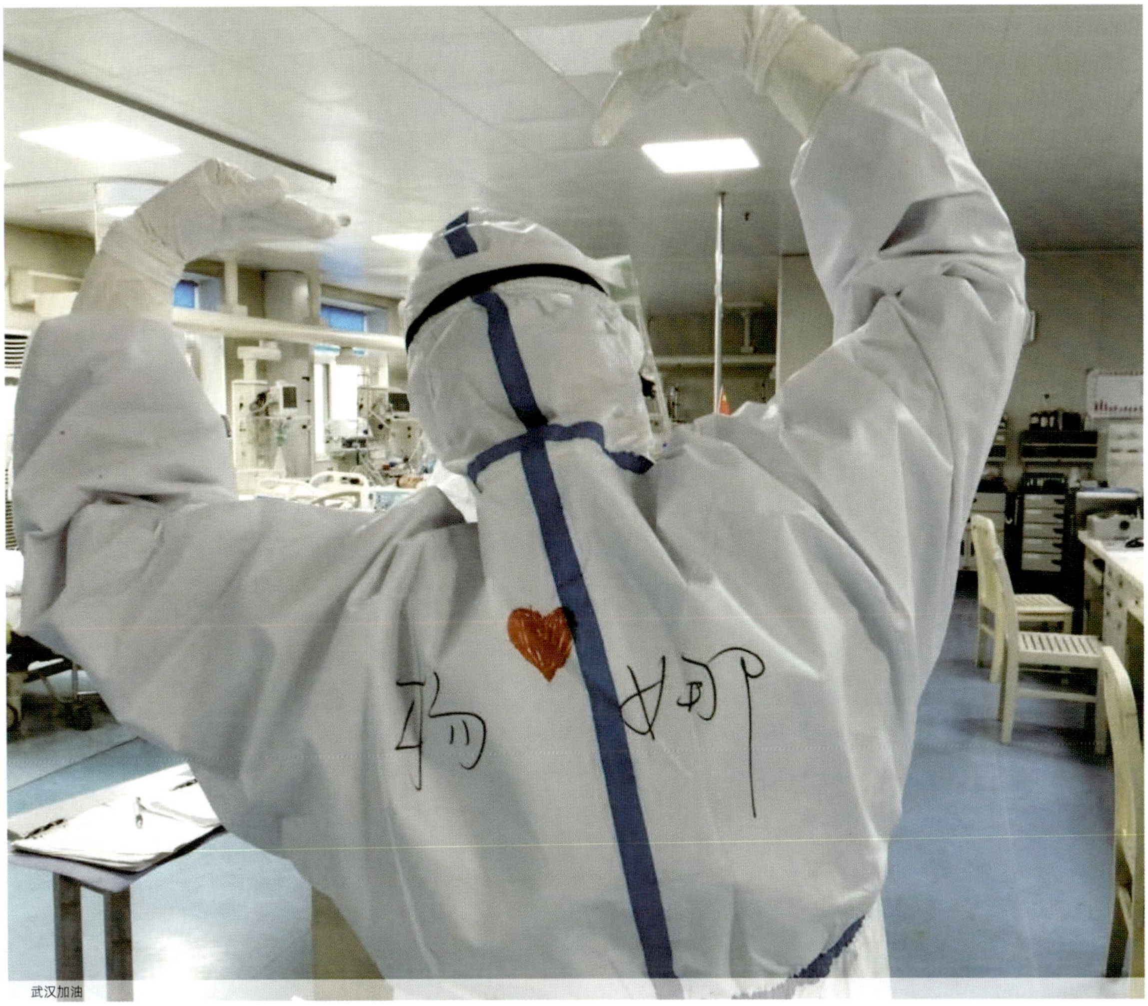

武汉加油

杨辉利

南昌市新建区人民医院

支援武汉武昌方舱医院，观察患者病情变化、监测生命体征，采集咽拭子、基础护理，被授予“全国抗击新冠肺炎疫情先进个人”荣誉称号

医者诺

初到武昌方舱医院，这里和“正常”的医院有着很大的差别，患者数量多且普遍存在焦虑与恐惧心理，如何让患者树立信心，积极治疗，对我们来说是一个挑战。因此除了日常的护理及治疗外，我们最重视的就是患者的心理健康。

在我护理过的患者中有一位年轻患者让我印象深刻，他的父亲以及多位家人被确诊新冠肺炎。他和父亲被接到了武昌方舱医院进行治疗。通过和他交流，体会到他内心的恐惧、对病毒迅速扩散的焦虑与无助，所以我想要鼓励眼前这个年轻人，让他树立信心，战胜病魔。我安慰他说：“小伙子，不要怕。你很年轻，抵抗力很好，相信自己一定没事的，我们一定会竭尽全力救治。”

经过数天的精心治疗与护理，这位小伙子和父亲康复出院。2月28日央视《新闻联播》以《寻找杨护士》为题，以新闻特写的方式对这个故事进行了报道，这是患者对我们医务人员付出的肯定，也是对希望的肯定。全心全意服务患者、诚心诚意鼓励患者，这是我们的责任和义务。“杨护士”的故事每天都在上演，他们穿着厚重的防护服，戴着厚厚的口罩，匆忙穿梭于病区内，哪里有需要哪里就有他们坚定的背影。

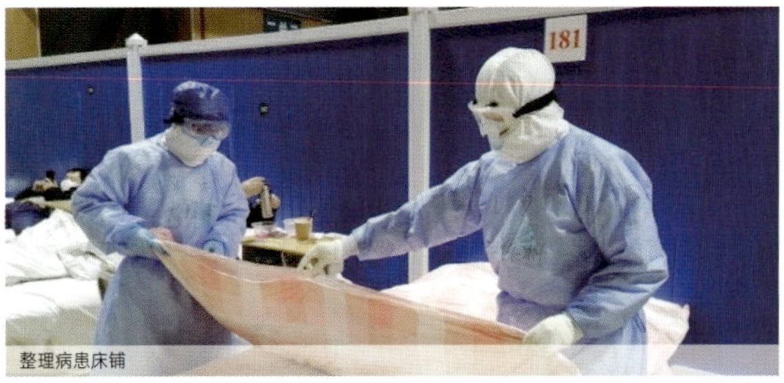

整理病患床铺

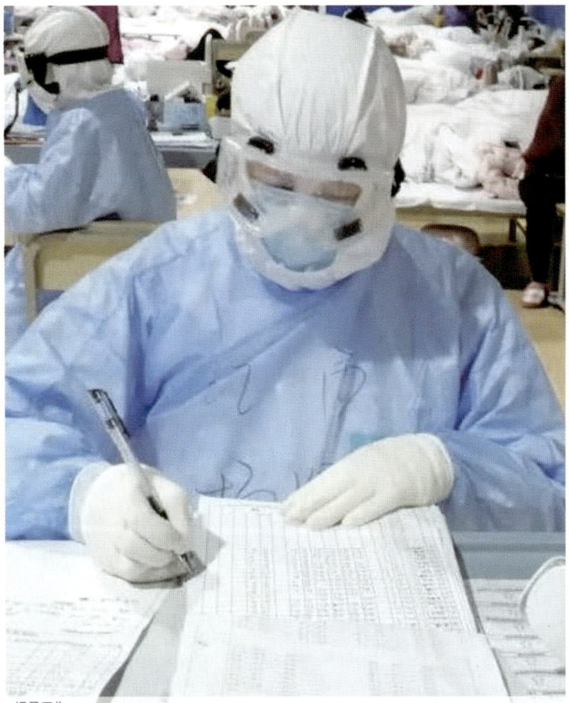

记录工作

被授予“全国抗击新冠肺炎疫情先进个人”荣誉称号

吴芳
南昌市第三医院
支援随州市高新区医院，担任护理小组副组长

力战到底

有位89岁的老奶奶情绪很不好，我靠近她的耳旁，告诉她不用害怕，相信我们一定可以好起来的。在病房，为了能够进一步缓解患者的焦虑情绪，提升患者的身体免疫力，更好地达到治疗效果，我们每天带领患者进行跳操。虽然穿着厚厚的防护服，戴着厚厚的口罩，一场操跳下来，全身几乎湿透了，呼吸都有些困难，但是看到患者开心的笑容，就觉得一切都是值得的。工作过程中，为了节省防护服，进病房前，我们都坚持不喝水，连续在病房工作超过五个小时。出病房时，全身湿透，人几乎虚脱。可稍做休息一个小时，身上的汗水被吸干后又重新披挂上阵。89岁的老奶奶在出院的时候抓着我的手说：谢谢江西人民，我一定去江西看望你们这些恩人！我们用爱心和技术给病人带来了希望和温暖，也收获了更多的感动。

病毒不除，我们决不收兵，这是我们的坚守，也是我们的承诺，我坚信我们一定能够取得最后的胜利！

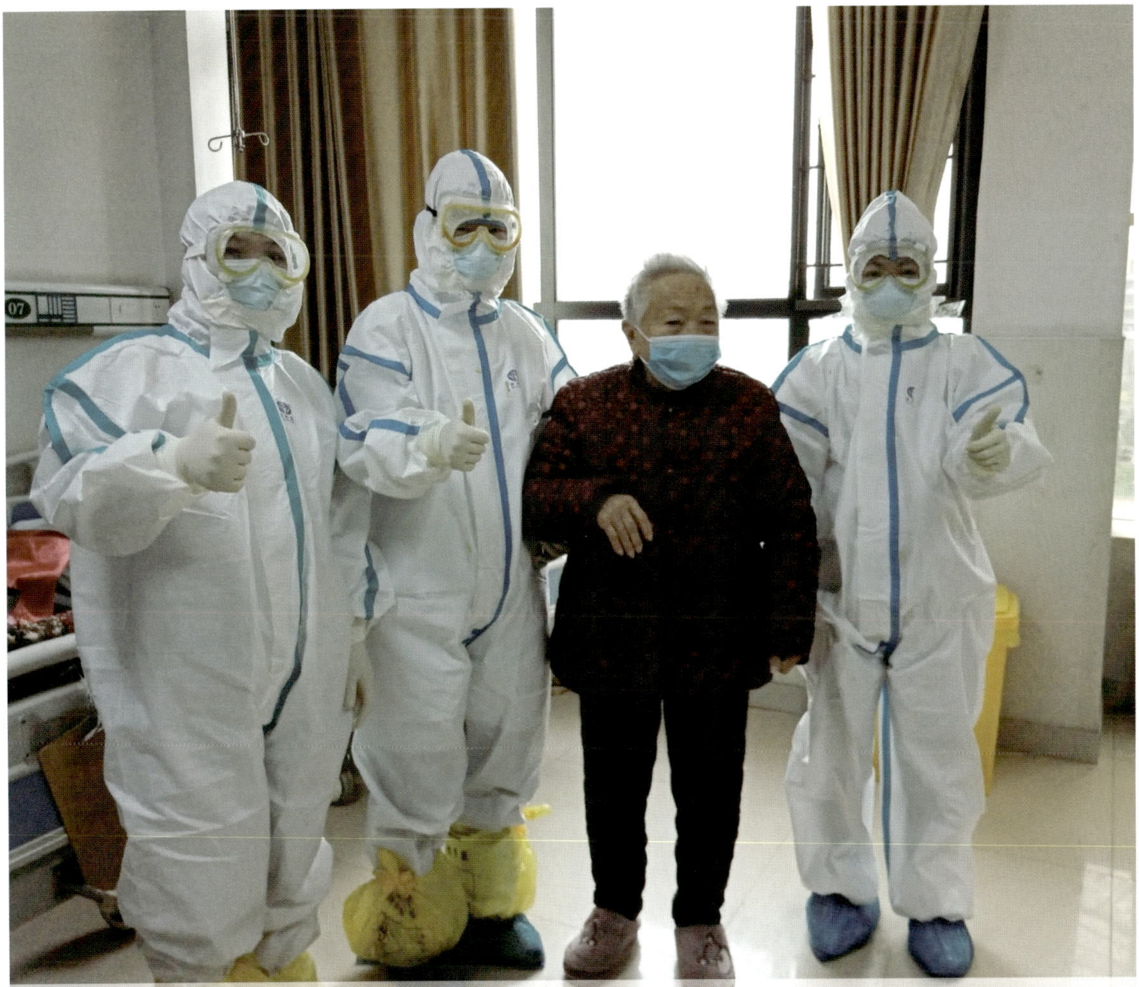

与患者合影

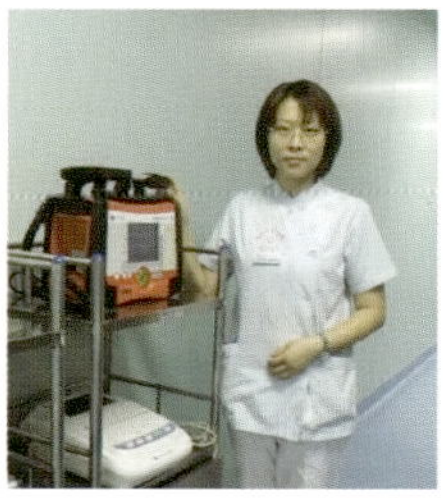

吴莹
南昌市第三医院
支援武汉市武昌洪山方舱医院，担任第二护理小组院感护士

竭尽所能

2020年2月29日，我像往日一样，穿戴整齐后把病人的晚饭送进舱内，和管床护士一起分发晚餐，在准备出舱时，发现华山医院一位医生的防护服破了一个洞，我赶紧叫住那名医生，按照紧急暴露流程进行了处理。首先拿酒精对着破洞口进行喷洒，再拿胶带把破洞的地方粘住。在舱内简单处理后，立即带着他出舱，我叮嘱他脱了防护服后要立即将身上衣服全部都换下，再用含氯的消毒液浸泡，浓度2000mg/L,出舱之后还要立即洗澡，再回酒店休息。处理过程中，我告诉他别担心，只要按照流程做，不会感染病毒的。他点头说："放心！我会按照流程做的，今后会再小心谨慎些，谢谢你！"庆幸的是，因为处理及时得当，该名医生未出现感染。

一个温暖的眼神，一个细小的动作，一句轻柔的关心。这些不光病人需要，医护人员也同样缺少不了。在抗疫一线的医护人员除了身体上做好严密的防护，心理上更需要关怀。因为只有保持积极乐观的心态，才能带动激活身体里的免疫系统，增强抵抗力，防止感染的发生。你们负责守护好患者，而它负责守护好你们。当春暖花开，疫情散去，我们一起携手归家！

为患者打气

邹程燕
江西省进贤县人民医院

支援随州市广水市第一人民医院感染科，担任护理组副组长，负责协助组长完成整个科室运行工作，进隔离病房做基础护理及心理护理，及时准确做好各项治疗工作

赣鄂情

2月9日，我们正式对接广水市第一人民医院感染科，我除了要协助组长完成科室所有事宜外，还要担任病房护理工作，打针、换药、雾化、发药、消杀、基础护理及心理护理等等。当我穿上那厚厚的连正常说话都很费力的防护服时，才感觉到，人可以正常呼吸是多么可贵。我们还要在护目镜起雾的情况下，进行穿刺，而且必须打中，可想而知，我们工作是多么艰难。

广水人民很纯朴，每次给他们做护理治疗，他们都会感谢我们来广水支援，感谢我们给他们带来了好运。我们建立了本病区医患群，方便病友咨询病情，大多数病友都很乐观，我们还有病友“开心果”，带动病区病人一起做运动，“八段锦”“五禽戏”练得不亦乐乎，气氛很活跃，我们的工作也变得充实而愉快。

在我们的战友和广水市人民医院感染科老师的精心护理下，病人开始陆续出院。23床78岁的婆婆出院当天，一大早就高兴得合不拢嘴，硬是拉着我的手不放，说着感谢江西的话，我被她的快乐感染，答应跟她一起合影，她才放开我的手。尚先生是我来广水的第一批病人，很多照片是他帮我拍摄的，我们成了朋友，相互鼓舞，结成了深厚的医患友谊。

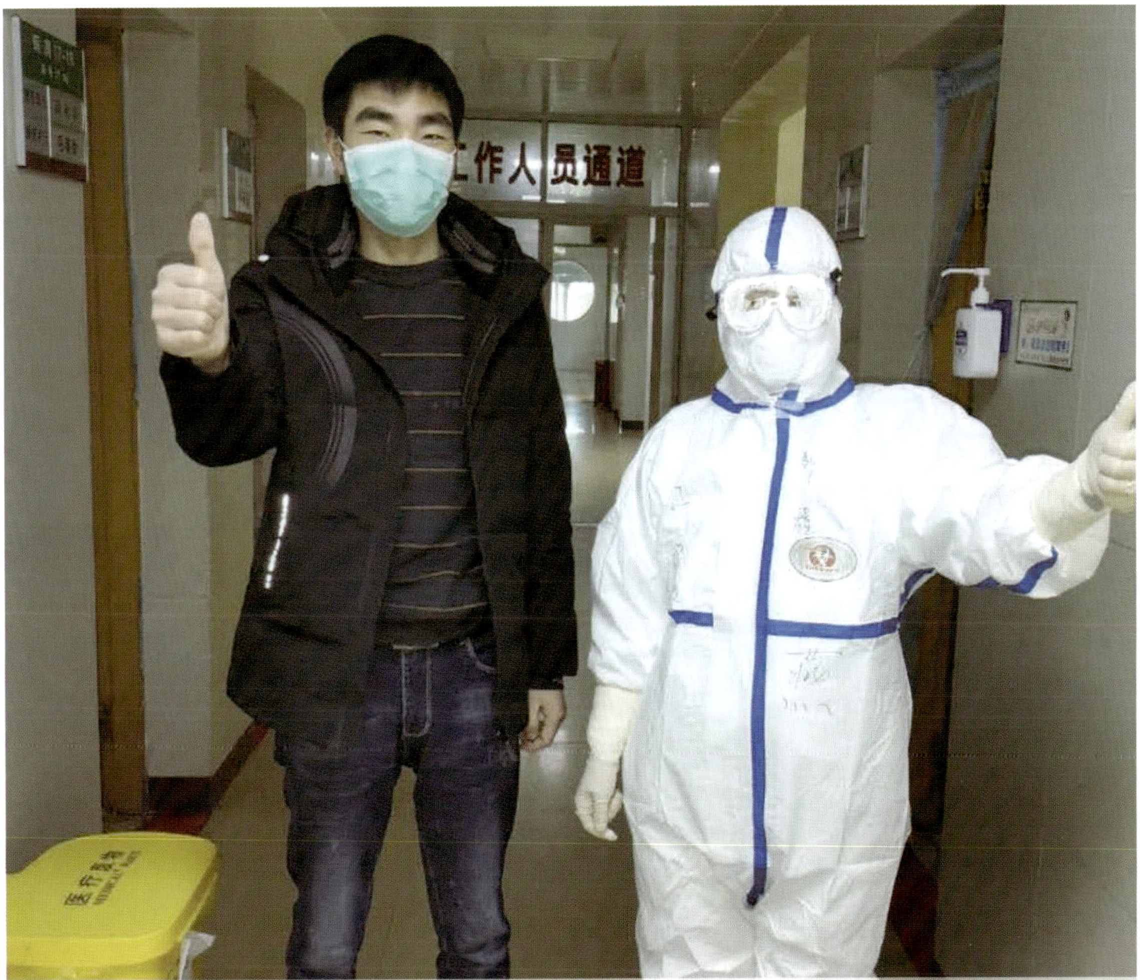

加油！逆行者们

辛倩
南昌市洪都中医院
支援武汉市江汉开发区方舱医院，负责新冠肺炎患者救治工作

生命之光

2月15日，我随同江西省第七批、南昌市第五批医疗队整装出发奔赴武汉抗疫一线。天使之责，使命在肩，想让自己能成为照亮武汉人民心中希望的微光。

在为B2116床的阿姨送餐时，发现她眼睛红红的，而且问我有没有助眠的药。我和她聊了几句，得知她的爱人在这次疫情中刚刚离开。B2225床大姐，沉默少言不思饮食，通过询问得知，她的妈妈是重症患者，不知送往了哪家医院治疗，也不知情况怎样，弟弟也被收治在别的医院，一家人不能互相照顾，信息也不通畅，焦躁不安困扰着她。

透过病情，他们承受的心理痛苦更让人揪心，这也是方舱内患者存在的共性问题。我们在治疗疾病的同时更加重视患者的心理疏导，用朋友的身份和他们畅谈，并选择了中医耳穴压豆、穴位按摩、呼吸操、制定新冠肺炎患者中药食疗方案等，帮助他们战胜疾病和缓解心理问题。还建立了护患微信群，方便随时了解他们的病情和思想动态。

功夫不负有心人，经过我们的努力，渐渐的，患者们在舱内话多了，脸上的笑容也多了，微信群里也热闹了。他们互相鼓励，打气加油！我想，阴霾已渐渐散去了，他们心中已重新点燃了生命之光。

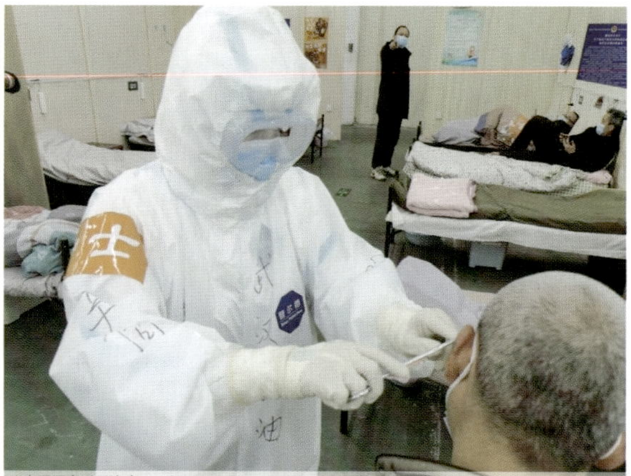

中医耳穴压豆治疗

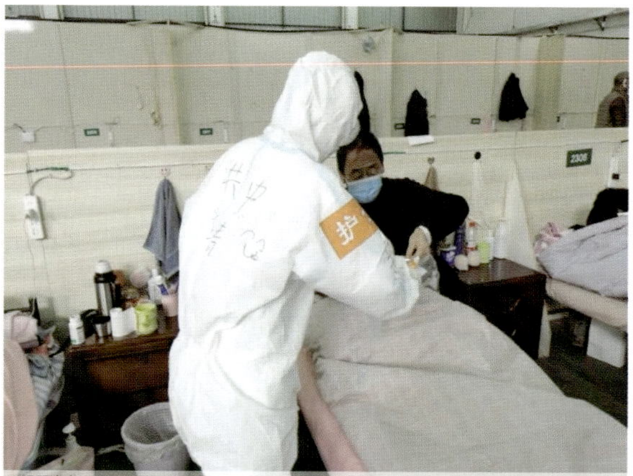

照顾病患

照顾病患

胡敏华

南昌市第九医院

负责江西省第七批援鄂医疗队队友们的院感感控工作培训、护理工作督查和物资管理

爱相随

得知湖北疫情形势日益严峻，早在大年初二我就主动递交了请战书。2月15日我加入江西省第七批援助湖北医疗队，逆风前行，驰援武汉，投入到更加艰巨的战斗中去。

在武汉江汉经济开发区方舱医院驰援期间，我负责医疗队105名队友的院感防控工作和应急物资保障管理，牵头制订了援鄂医疗队感控工作方案并组织队友学习培训，严格要求队友落实各项防护措施，做好自身安全防护。在生活区我负责各类应急物资的接收、入库、记录台账，清点、发放物资，整理仓库，便于每日队友们物资的领取、发放等。

对方舱医院里的患者，需要“既治病又疗心”，每一位即将出院的病友，我都会送上一张自己书写的卡片。这熟悉的卡片，我曾用它鼓励2000多名“艾友”，帮助他们点燃生命的希望。如今，它表达着南昌医护人员对武汉新冠肺炎患者的关心、鼓励和祝福，传递着江西人民对湖北人民的深厚情谊。

康复出舱后的患者，都与我建立了深厚的感情，在我们的积极沟通下，许多康复期患者主动捐献恢复期血浆，为新冠肺炎重症患者的救治贡献自己的力量，成为爱和希望的传播者，让爱在方舱外涌动、蔓延！

为队友打气

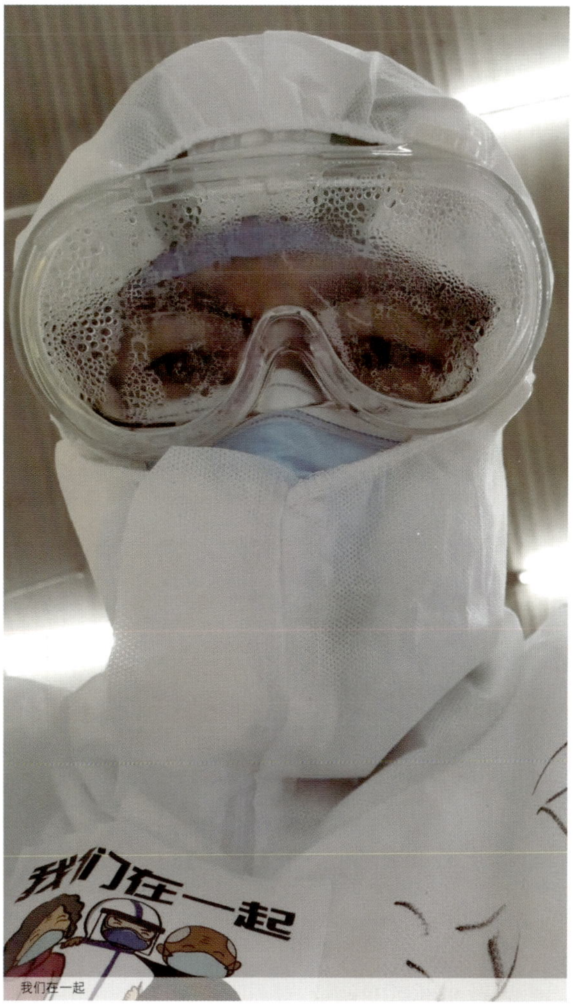

我们在一起

贺雅琳

南昌市第三医院

支援武汉江汉开发区方舱医院，负责新冠肺炎患者的护理工作

并肩作战

2月29日，是我来到武汉工作的第14天，早上6点起床，坐车1个钟头左右到医院，穿好防护服、戴好口罩帽子、护目镜后，我与战友们一起进入方舱，开始了一天的工作，我接班后的第一件事就是要为二十多名新冠肺炎患者采集咽拭子。病房到采集点有点距离，一路上大家都很紧张，气氛很低沉，这时有位患者在旁边开玩笑说：“护士你穿着防护服走在前面，后面跟着一群人，好想唱首歌呀！”说着说着就唱起来了，顿时大家就在玩笑中抵达了采集点。在采集的过程中我都会跟患者说：“一下就好了，不紧张。”有位患者跟我们说：“我不紧张，我都做过几次了，我会忍住不咳嗽，为你们减少感染风险性。”我一下子就鼻酸了，我给患者做护理时听到最多的就是“谢谢”“我自己可以”“不麻烦你了”“你辛苦了”。上班虽然身体很疲惫，但是看到这些可爱可亲的患者，我每天都是好心情。

下班回到宿舍，第一件事情就是去拍一张我吃饭的照片在家庭群内，给家人报平安，一顿都没少，默默就成了武汉盒饭的形象代言人了。

B区的战友们

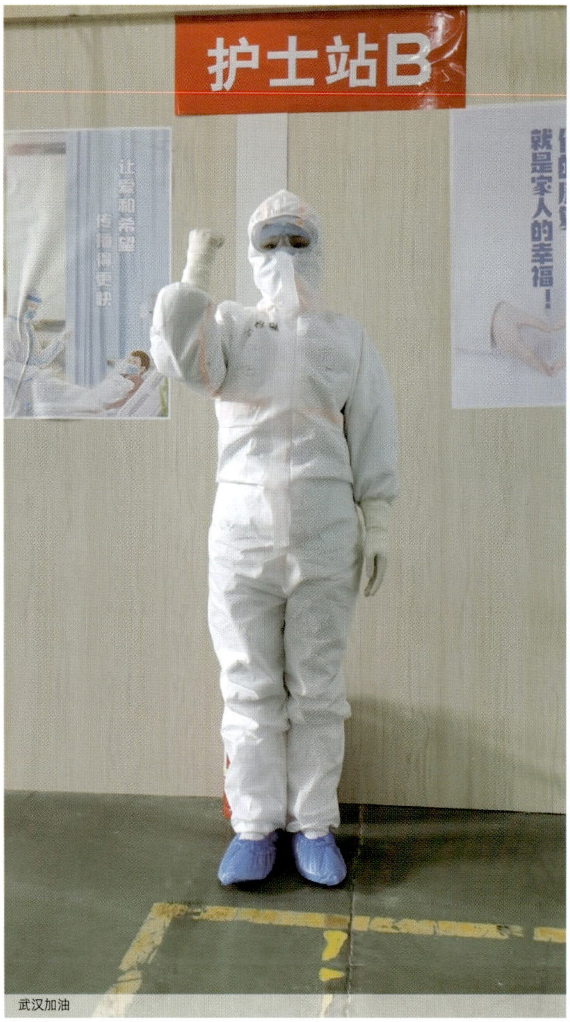

武汉加油

唐海花

南昌市洪都中医院

支援武汉市江汉开发区方舱医院，负责护理工作

全力以赴

回首那些在方舱医院度过的日子，脑海中满满的都是感动与温馨。

方舱医院都是一些轻症患者，病人们总会积极地配合我们的检查，每次给他们测量体温以及血压时，他们都会微笑着和我说一声“谢谢”。虽然只是简单的一句感谢，但这代表着他们对我的工作的尊重与认可。有些病人由于身体的不适以及内心的焦虑会导致失眠，我们也会用中医特色耳穴压豆来帮助他们入睡。只有病人们感到舒适，我们才能真正地感到安心。

我们在照顾他们的同时，他们也在关心着我们。记得有一次早晨六点左右，病人们差不多都已经醒来。其中有一位病人将原本为他们提供温暖的暖风机调整了位置，朝着我们传递温暖，并关心我们说:“天气突然变冷了，你们千万别冷到了。”那一刻，我仿佛感到周围的一切突然全变暖了，暖洋洋直达我的心田。真心希望疫情可以早日结束，善良的武汉人民可以尽早地恢复往日的美好生活。

这是一场没有硝烟的斗争，即使敌人多么的冷酷凶残，但因为有不同岗位的工作者、病人、战友以及社会上其他做出努力的人的陪伴，就感觉不到那么的辛苦与惧怕了！

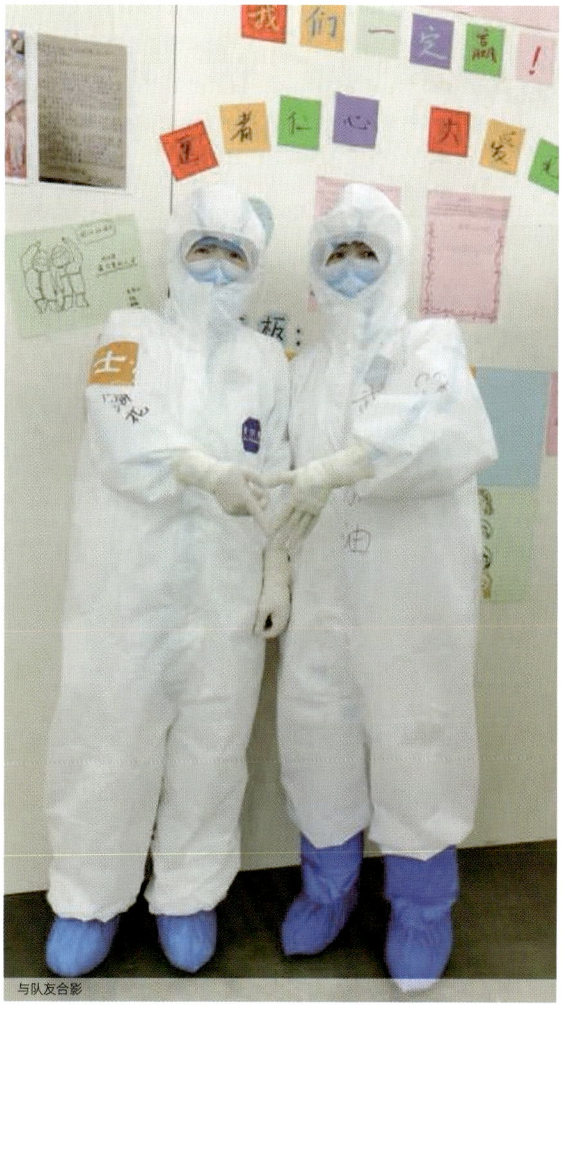

与队友合影

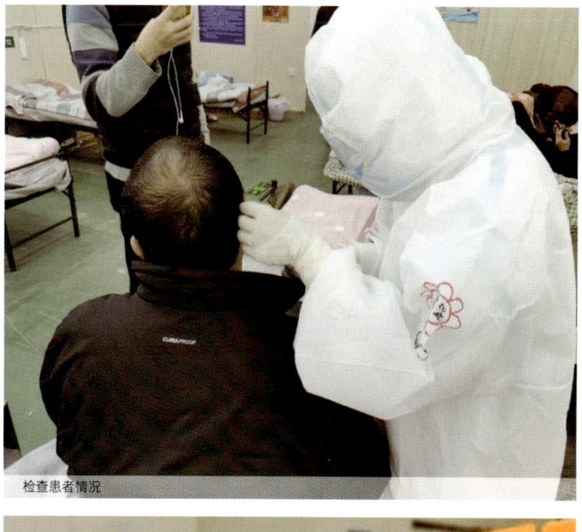
检查患者情况

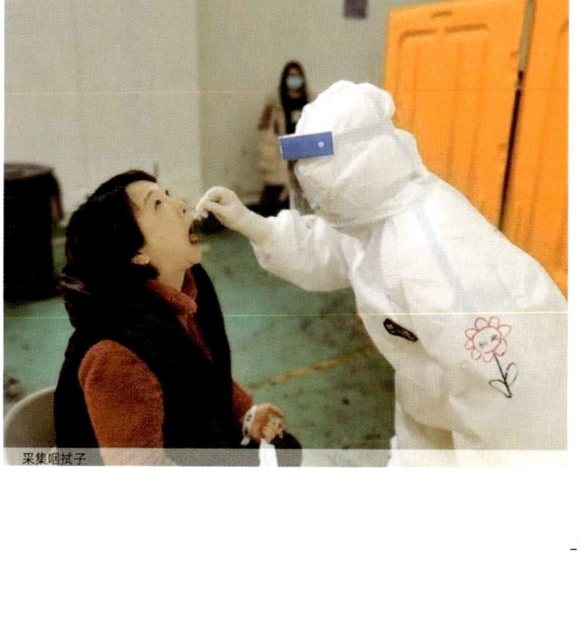
采集咽拭子

唐琬钧

南昌市第三医院

支援武汉市江汉开发区方舱医院，负责诊治新冠肺炎患者

无惧疫魔

2月14日深夜的一声电话铃响，我光荣成为了江西援鄂医疗队的一员，日夜兼程驰援武汉。白衣执甲，奋力逆行！

第一天进舱的场景历历在目，虽然进舱前经过无数次培训演练，但没过一小时，护目镜就被蒸发的汗水弄得模糊不清，又过了半小时，胸口发闷，有点喘不上气……护士长一路小跑地来到我身边，指导我慢慢地调整自己的呼吸，让我更快地适应现在的状态。过一会儿感觉好多了，我又加入了紧张的战斗中，测量生命体征，观察病情变化，进行心理疏导，书写护理文书，整理病区环境。

经过几天的磨合，我慢慢适应了这里的工作。穿脱防护服越来越熟练了，与患者沟通也越来越顺畅了。看着墙上一幅幅饱含美好愿望的手绘画，我和患者一起打气加油，鼓励他们都能早日康复，早日跟家人团聚。看到出院的患者微笑着挥动着双手，向我们隔空拥抱，感觉我们的坚守与付出没有白费，再苦再累都是值得的！

2003年的“非典”，我8岁，年幼的我像没有翅膀的小鸟，被很好地保护着。2020年的新冠肺炎疫情，我25岁，长大的我已经成为一名护士，羽翼丰满可以逆风飞翔去保护他人。我相信，心中有光，无惧黑暗。

武汉加油

舒欣

江西省中西医结合医院

支援随州市高新区医院，负责新冠确诊病区诊疗工作

胜利之光

2月7日凌晨到达湖北随州，仅仅休息了5个小时，我就立即加入到疫情防护、疾病治疗等学习中，之后马不停蹄地到达当地医院开展治疗工作。

刚到达支援的随州市高新区医院，人手严重不足，我们医疗小组立即承担起确诊患者病区的救治工作，作为分管医疗的副组长，必须做到工作细致，把握所有病人的病情及诊治方案。

我主动承担起全病区病人咽拭子的采集工作，对于这项直面病毒的工作，我一直说不需要太多人做，保证组员的安全。对于病人，不光要关心病情，更要关注病人的生活、心理健康。即使隔着防护服、面罩也要让病人感受到温暖。有位89岁患者，她年龄大，我们都特别照顾她。因为行动不便，我会推着轮椅带她去做CT检查，也会和她在房间里晒晒太阳，聊聊天。老人家虽年事已高，但语言思维非常清晰，住在监护病房，还鼓励同病室病友一定会好起来的。

在治疗方面，我们综合考虑在疗效和副作用之间达到最好的平衡，根据诊疗指南，并考虑高龄患者全身总体情况，使用西药结合中药清肺排毒汤、新冠贴敷等综合治疗。人间最美四月天，挥去春寒尽清明。走过黎明前的黑暗，胜利的曙光正在向我们招手。

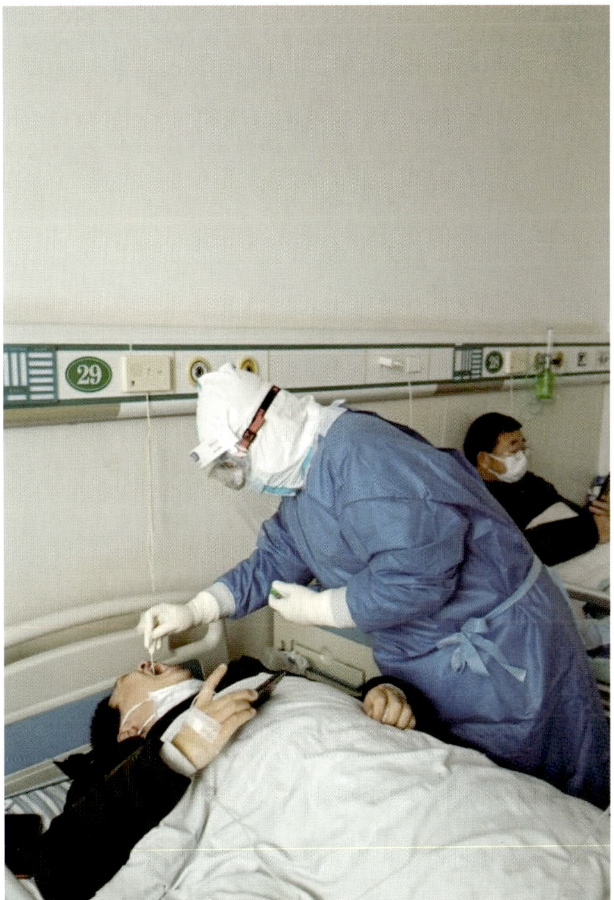

为患者检查

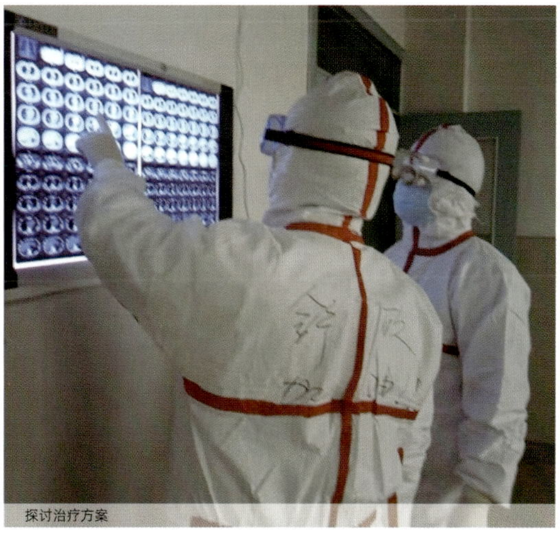

探讨治疗方案

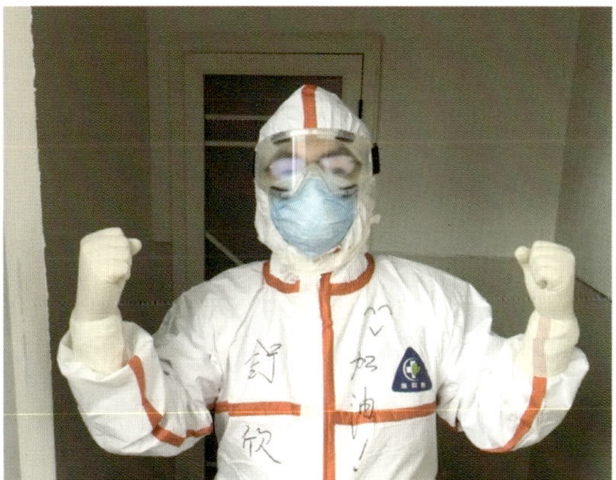

武汉加油

谭佳

南昌市第三医院

支援武汉市江汉开发区方舱医院，担任医疗队护理第六小组队员

共同坚守

3月3日，支援武汉的第17天。武汉天空中笼罩的“雾霾”正在渐渐散去。在进入病区前，换好我的“金箍圈”(口罩、防护服、帽子、护目镜、隔离衣等防护装备)，长时间总结下来的经验：防护服里面不能穿得太多，不然忙上忙下准得汗流浃背。

为了最大限度地节约物资，我们近十个小时没有进食没有喝水。长时间戴护目镜、口罩，超负荷工作，脸颊红肿过敏，压痕深到破溃，等不到它自然消退，又要戴上口罩和护目镜重返战场。每每护士长问要不要先出去，明明已经很难受了却还想在岗位上咬牙坚持，明明防护服内已经湿透了，戴着口罩闷得不行，我们却还是一直说能坚持。现在，烟火气正弥漫在方舱医院的每个角落，这里的患者从寝食难安到现在的唱歌跳舞，泡脚唠嗑。饭菜里冒的热气，病区的家长里短，图书区的翻书声......生活气息在方舱的细节里打开，生活的秩序在这里重建。有的人在跟家人视频，翻转摄像头，让家人看看自己生活的环境；有的人刷起了短视频，跟着摇头晃脑；有的人打着游戏，情不自禁呼出了声。看着这一幕幕的场景，我觉得我所付出的一切都是值得的!

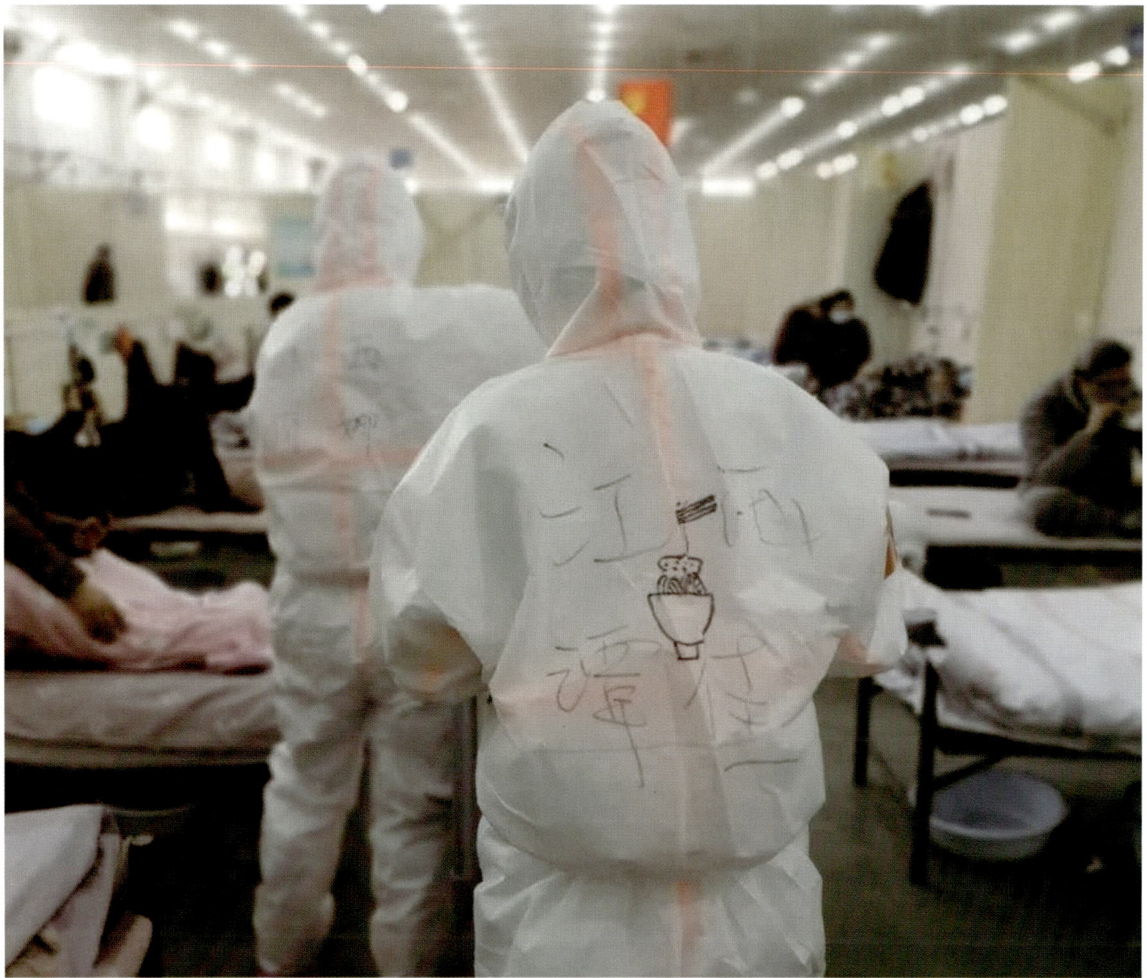

忙碌的背影

黎雯

南昌市洪都中医院

支援武汉市第五医院,负责重症护理工作

战斗力

1月27日，我跟随江西第一批援鄂医疗队出征。经过几天的严格培训，2月1日凌晨四点半，我正式开始了在重症监护室的工作。

我负责的第一个病人是3+床的刘奶奶，她有些意识不清，不停地说话，口唇已经干得脱皮了。我很是心痛，用湿棉签一遍又一遍地为她擦拭口唇，紧紧握着她的手，轻声安抚她：“奶奶，你要乖乖听话哦，多多休息，这样就可以早点回家了。”奶奶似乎听懂了，慢慢平静下来。往后每次上班，我都会和奶奶说说话，给她一个拥抱，虽然因为无创呼吸机的原因，大部分时间奶奶都处于镇静状态，但我知道，奶奶心里是知道的，也能感受到的！

13床黄阿姨唯一的儿子也确诊了新冠肺炎，我鼓励她说：“阿姨，你现在好好配合我们的治疗，等你病情稳定了，就可以转到普通病房，到时你们母子就可以见面了。”每次给阿姨喂饭，她总会关心我有没有吃，咳嗽时她总会让我走远些，说：“姑娘别靠我这么近，我不能传染给你，你们是来帮助我们的，你们每一个人都要平安回家！”

在这场没有硝烟的战疫中，我们在战斗的同时，也被这些病人所感动，这些感动给了我们战斗的力量！

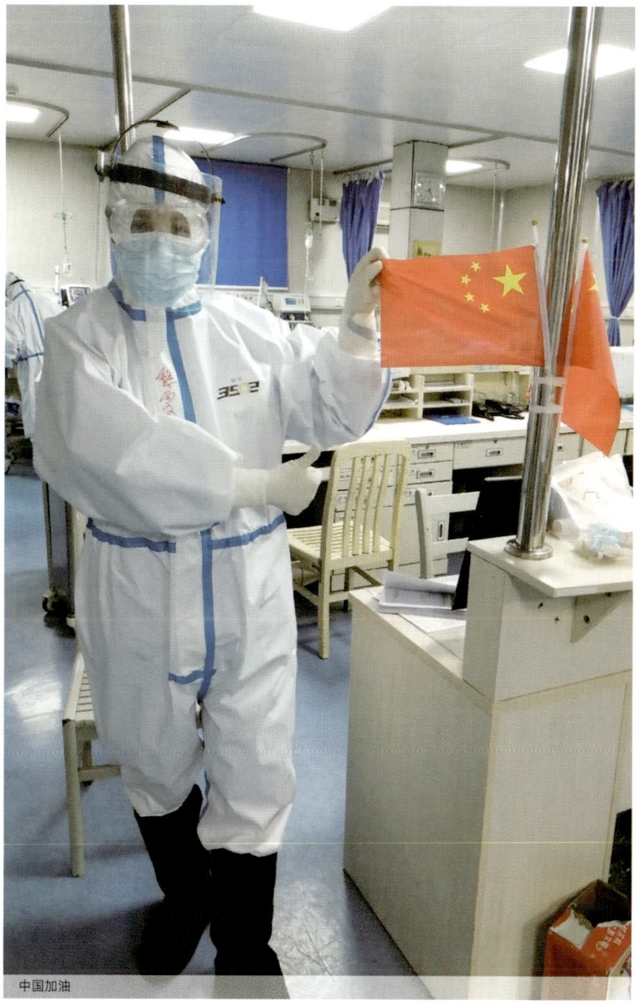

中国加油

记录工作

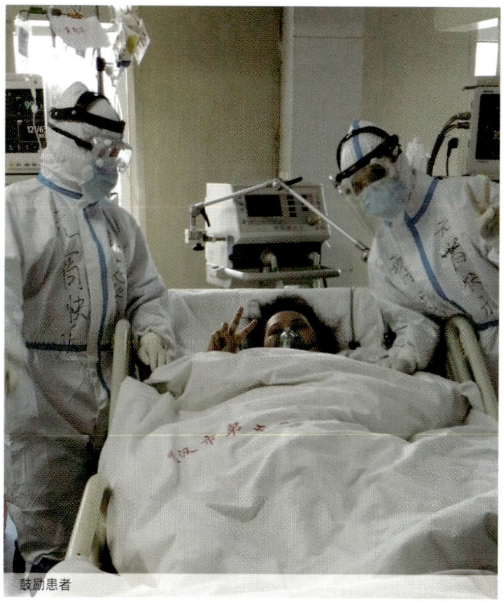

鼓励患者

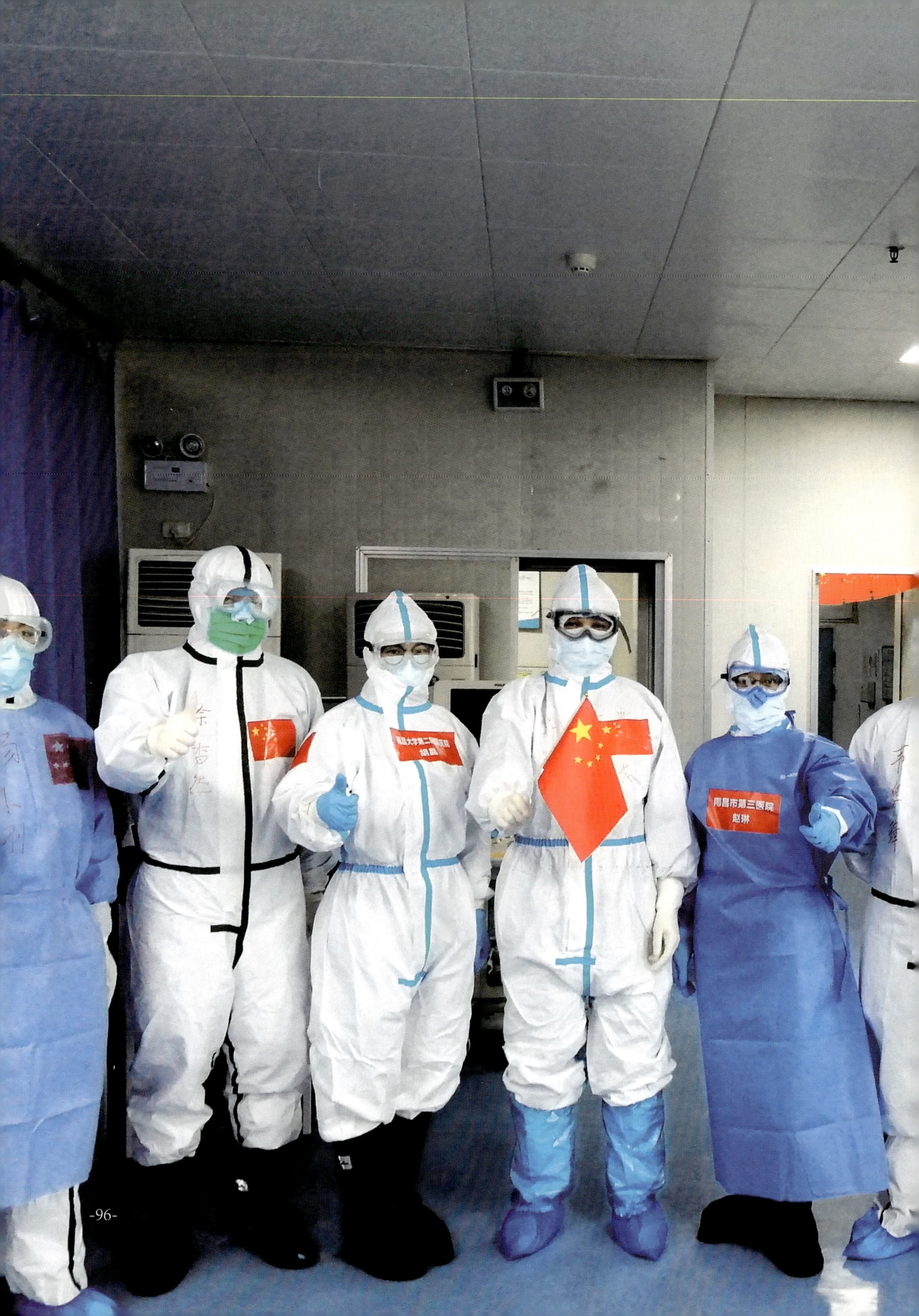
南昌市第三医院
赵琳

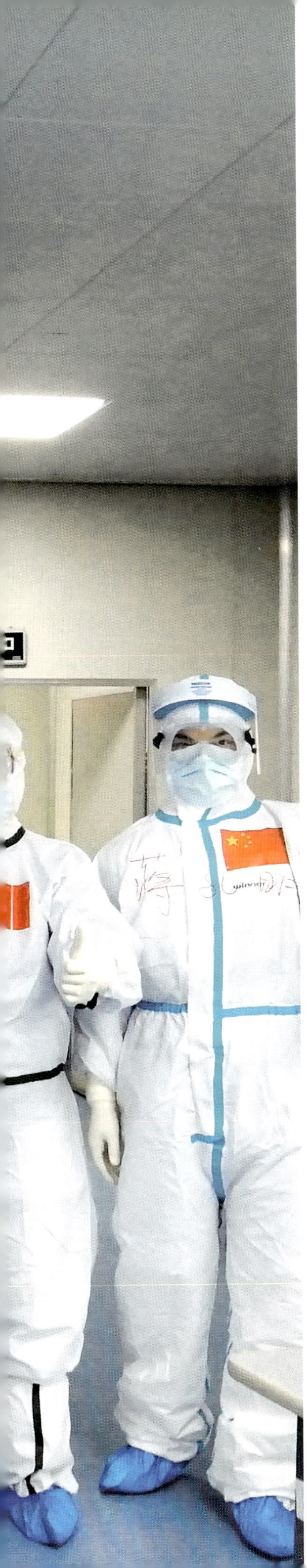

第五章

CHAPTER5

捷　报

从2020年2月15日进驻武汉江汉方舱医院，到3月8日下午方舱医院休舱！数十个日日夜夜的奋战，方舱住院总人数从明显减少到“关门大吉”！住院患者“零死亡”、出院患者“零返院”、医务人员“零感染”，南昌市援助湖北医疗队交出了一份骄傲的答卷。

一份份鼓舞人心的“捷报”，如同一针强心剂，时刻提醒着我们，我们有一个强大的祖国，它正在带领我们冲向胜利。

回首在湖北的日日夜夜，每位医护人员都齐心协力，尽职尽责为抗疫执行着自己的任务，奉献着自己的智慧和灵魂。红肿破皮的鼻梁和脸颊，满是雾水的护目镜，彻夜不熄的灯光……这是值得全体医护人员铭记一生的抗疫历程。

青山一道，同担风雨，此心所系，便是吾乡。中国人民众志成城，同舟共济，必将战无不胜，攻无不克。

当满载医护队员的飞机凯旋时，南昌昌北国际机场为他们举行了寓意“接风洗尘”的民航最高礼遇“过水门”仪式，一缕缕阳光穿透云雾洒落在南昌英雄儿女身上。

牛凡
南昌市第一医院

支援武汉市江汉开发区方舱医院，担任江西省第七批援鄂医疗队队长及武汉江汉开发区方舱医院副院长

闪亮答卷

在2月15日的出征仪式上，作为江西省第七批援鄂队队长，我接过队旗那一刻便深感责任重大，既要践行医务人员职责救死扶伤，也要保障所有队员能平安归来。

经过23天的并肩作战，3月8日，送走最后一批满怀信心与感恩的病友，我们终于顺利完成了舱内所有医疗工作，迎来了武汉江汉开发区方舱医院正式休舱。全体医疗人员恪尽职守、不畏艰险，用自己的专业知识和爱心救治新冠肺炎患者，交出了一份“住院患者‘零死亡’、出院患者‘零返院’、医务人员‘零感染’”的闪亮答卷。

抗疫期间，我们同学习、同生活、共抗疫，构成坚固团结的战斗体。在武汉江汉开发区方舱医院顺利实现休舱后，鉴于在湖北某些地方疫情形势依然严峻、救援工作仍然繁重，还需白衣战士继续奉献和支援，我们作为赣鄱儿女再次积极请战，希望在抗击新冠肺炎疫情路上继续贡献我们的力量。

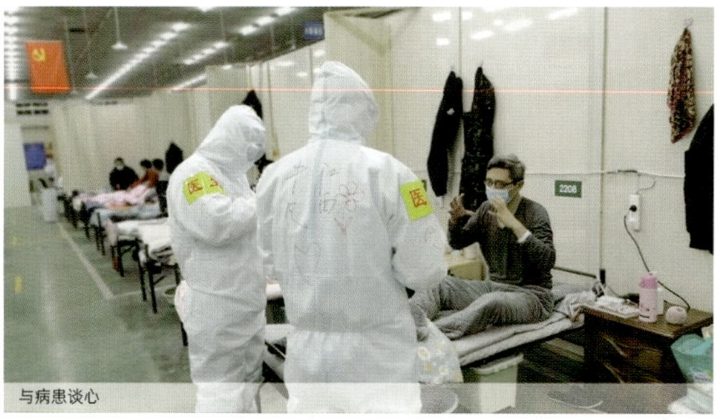

与病患谈心

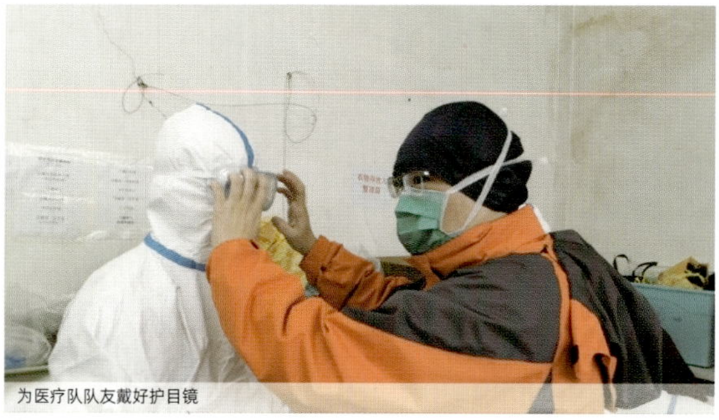
为医疗队队友戴好护目镜

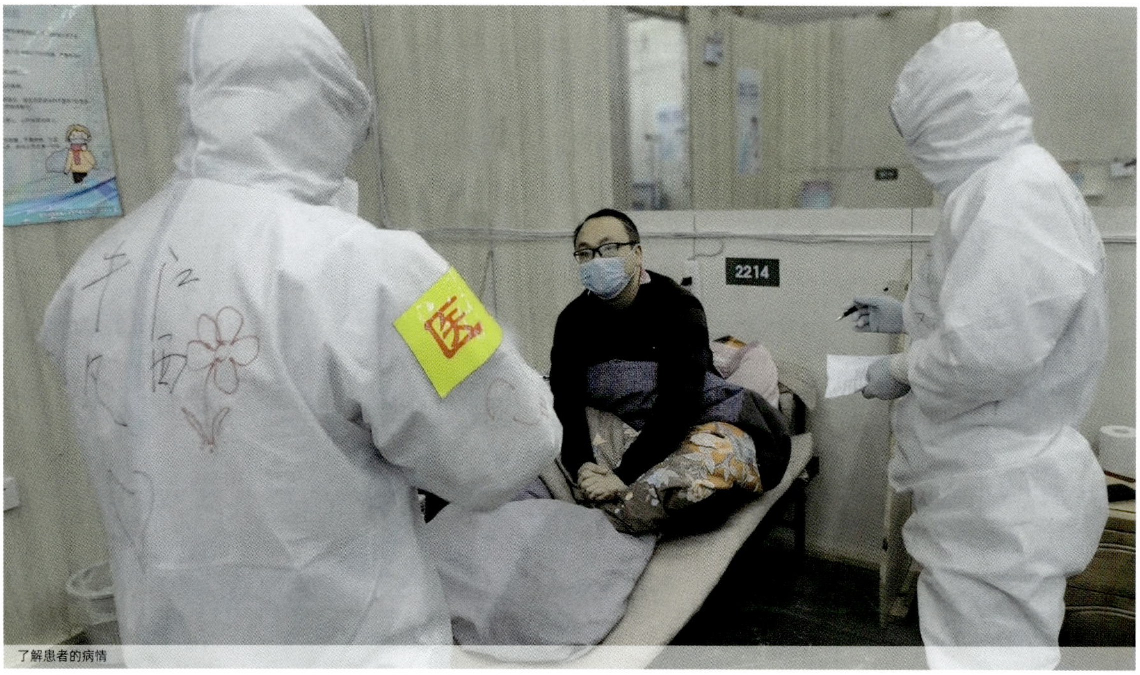

了解患者的病情

历风元
南昌市第一医院

支援武汉市第五医院，负责日常救治工作

我的模样

2020年初，一场席卷全球的新冠肺炎疫情开始蔓延，武汉成为中国疫情的中心，武汉胜则中国胜。大年初二，当得知江西省要派医疗队员驰援武汉时，我刚刚从进贤县会诊回到医院，还未来得及喝下一口水，便赶紧向医院党委递交了请战书。当得知被批准作为第一批援鄂医疗队成员支援武汉时，我心里没有一丝畏惧和慌张。因为我相信一定能够战胜这次疫情，这是医者的责任所在。

抵达武汉后，每天早上7点，我都会准时来到武汉市第五医院发热十一病区。每次走在这条走廊上，都能回想起第一次遇见武汉市第五医院的医护人员时，他们留着泪，深情地对江西医疗队队员们说的话：“感谢江西医疗队的支援，你们的支援给我们带来了希望！”看着在一线坚守了一个多月的战友，所有人都泪目了！

07床的李女士康复出院的那天，我送她出院时，她哭着对我说：“今天我出院了，但我却只能从防护服上得知救我和我父亲的医生名字，连你长什么样子都不知道！我多想和你一起拍张照片，留作纪念。” 简单朴实的话语，让我深深感动，也让我更加理解了“不畏艰险，勇担责任”这八个字背后所代表的含义，也更加坚定了自己全力以赴、战胜疫魔的决心！

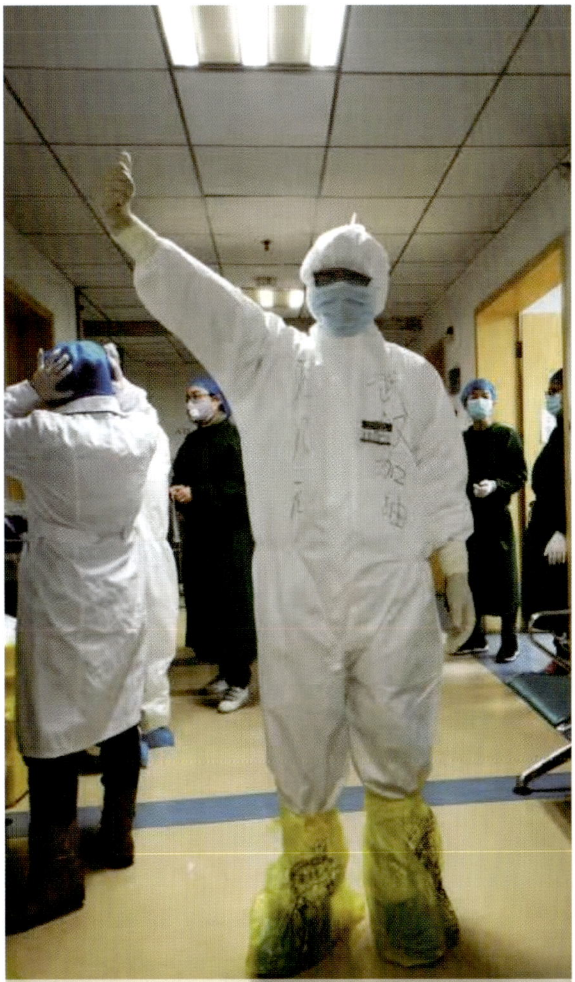
工作照

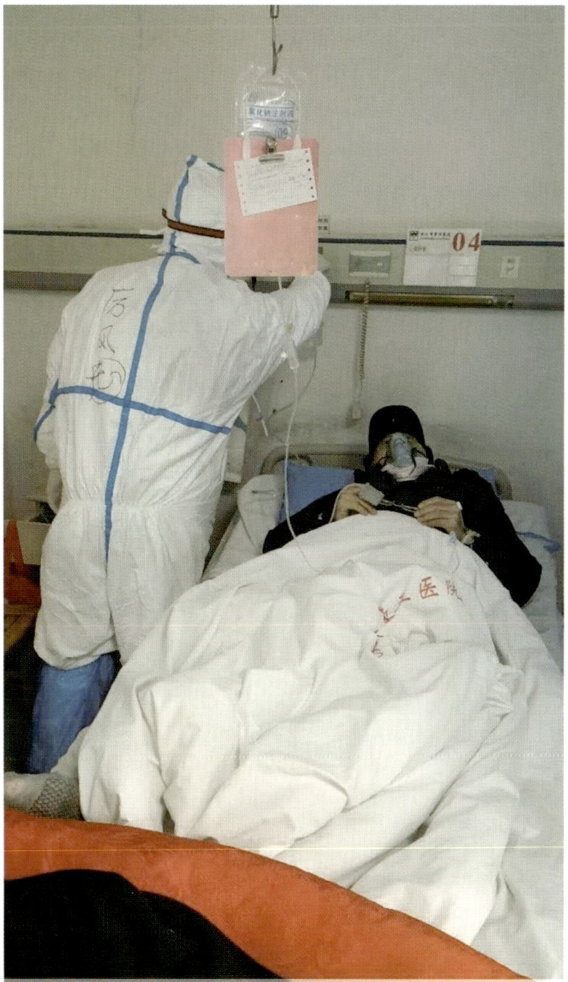
照顾病患

朱倩倩

南昌市第一医院

支援武汉市江汉开发区方舱医院，负责病患护理工作

称英雄

1月22日在湖北老家给家里老人辞旧（因为春节值班），1月23日被召唤返回南昌，2月15日随江西省第七批医疗队出征武汉。

与丈夫多次沟通，最后他同意我去武汉。瞒着父母说这是单位抽调，我必须得去。直到抵达一线，我才说了真话，说我是自愿回到自己的家乡。因为我是从湖北这片土地上走出去的湖北女儿，所以责无旁贷。

从医这些年，我其实见过很多次的生离死别，谁又知如今有一种无法倾泻的痛苦比呈现在脸上的泪水多得多呀！人生第一次搭乘飞机出行，没想到是以这样的一种方式开始。深夜疾驰在路上的公交车此刻很孤单，所有人都沉默着，一根根路灯杆的影子由长到短、由短到长，像极了我选择的这条路，想起：君问归期未有期，荆楚大地染恶疾，何当共剪西窗烛，却话战疫患难形。

3月18日，我们回家，一路铁骑开道、警笛齐鸣，过了水门、接过鲜花，回家了！从未想过我最后会被称为“英雄”，只是想为自己的家乡湖北拼全力，因为我是湖北的好女儿！

医疗队合影

李玲玉
南昌市第一医院

支援武汉市江汉开发区方舱医院,负责协调整个方舱医院的工作

家乡味

家乡的味道可能是一道菜，或者一道特色的小吃，而我对家乡的感觉是满满的辣味。江西人都爱吃辣，对于辣椒有种天生的偏爱，而我作为一个土生土长的南昌人更是如此。为了满足各省医疗队队员的营养及口味的需求，很多菜里面都没有辣椒，总让我有点心痒痒的。

来到武汉以后，在超负荷的工作强度下，我无暇饮水，经常连续长时间工作，以至于出现了口腔溃疡，饱受疼痛折磨。可那时必须保持营养摄入，补充体力，每每强迫自己吃东西时，那种感觉真的是一言难尽。

2月底，分配的物资里面居然出现了豆腐乳、辣椒酱！简直是太开心了！正对着米饭一筹莫展的我，狠狠地挖了一勺腐乳，一口腐乳一口米饭，简直是人间美味！又挖了一勺辣椒酱拌饭！太香了！这种对辣的满足盖过了我口腔溃疡的痛。

援鄂的日子结束了，我们圆满交卷了，结束了医疗救治任务后，我们也平平安安回到了家乡南昌了。武汉这座城市，她记住了我们，每个人的名字都闪闪发光！然而疫情并未结束，我们将继续回归岗位，努力学习和工作，在各自岗位上发光发热。

经此一役，我们更有信心，一定能早日获得这场疫情防控阻击战的胜利！

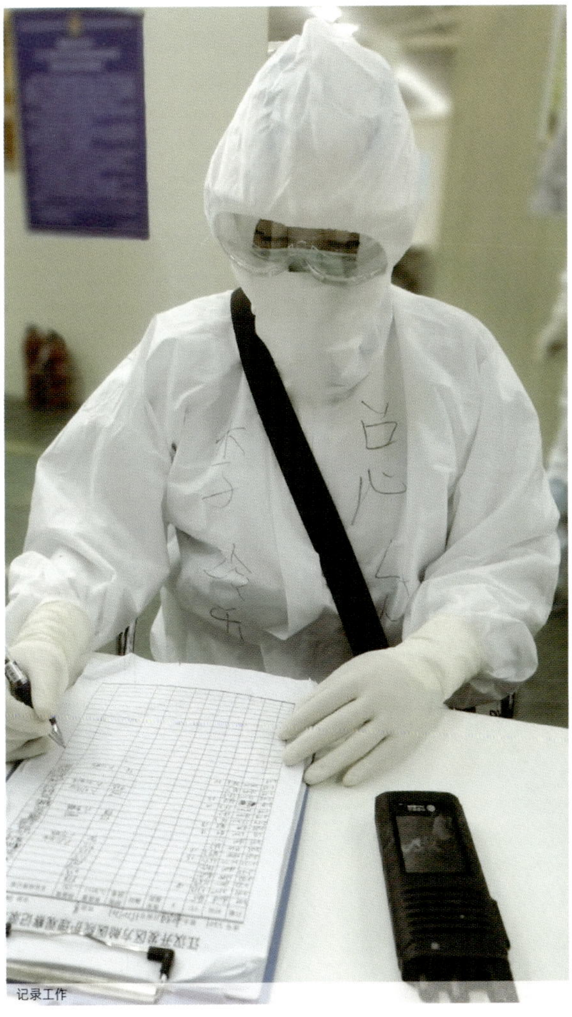

记录工作

为中国点赞

李超

江西省中西医结合医院

支援湖北省随州市曾都医院，负责诊治新冠肺炎患者

战“疫”情

今天是一个特殊的日子，随着曾都医院感染一科最后一名新冠肺炎患者的出院，宣告着隔离病房的关闭。我们江西省医疗队支援湖北随州曾都医院的工作取得了阶段性胜利！

想起出发来随州时，我对两个孩子说，爸爸要去另外一个城市，去给病人们治病。两个孩子还小，用稚嫩的声音问我要去哪里、要去多久，我告诉他们，爸爸是一名厉害的医生，要去给病人们治病，等爸爸把病人们都治好了就回来，希望他们等着爸爸胜利回来。

所以，曾都医院隔离病区关闭的时候，我第一时间和家人分享了这份喜悦，我开心地告诉孩子们，爸爸胜利完成了任务，马上就要回南昌了！孩子们听到我要回家的消息后，高兴坏了。

在寝室里，我收拾着行李，回想在随州一个多月的工作，有辛苦，也有感动，更多的是欣慰。每当看到新冠肺炎病人治愈出院的时候，看到病人们开心地和我们说再见的时候，我都无比的光荣与自豪。这一个多月的工作对我来说是人生的一份宝贵经历，我永远都会记得这段时间的生死战友情，永远都会记得随州人民的热情与淳朴。

医疗队合影

吴婷
南昌市第一医院

支援湖北省随州市曾都医院，负责新冠肺炎临床、生活护理及心理护理工作

第一次

2月13日，这是我在随州市曾都医院的第一个大夜，上班加穿脱防护服要9个小时，当时的防护物资极其缺乏，为了不浪费防护服，我有记忆以来第一次穿上了尿不湿，虽然尴尬，但也没有办法，行动也变得非常迟缓，还好坚持了下来。

随着支援队伍的增强，新冠肺炎患者不断治愈出院，随州的疫情得到了基本的控制，在国家调控和全国人民的努力下，防护物资也得到了充分补给，上班时间也较前缩短，形势日益向好。3月13日，这一天是我的生日，我们援鄂医疗队和曾都医院的战友一起种下了友谊之树，同时，这一天曾都医院新型冠状病毒肺炎在院患者清零。当晚，战友们为我准备了长寿面，送上了鲜花，还有满满的祝福。

3月23日，我们即将踏上返程的飞机，收拾行李时，看到了还没用完的尿不湿，心里不由感慨，尿不湿，我终于可以把你丢掉了，对于你，我真是又爱又恨，恨你让我走路像个企鹅，爱你在我尴尬之时给予了切实的"帮助"，更留给我一段尴尬却美好的回忆，真是爱你在心口难开呀！

来到曾都医院

加油！武汉

医疗队合影

况丹丹

南昌市第一医院

支援武汉市江汉开发区方舱医院B病区，负责病患护理工作

希望之眼

1月26日，护士长在群里通知自愿报名参与支援武汉，作为一个有着8年呼吸科工作经验的资深护士，我觉得自己应该报名。2月15日，接到医院通知赶赴武汉支援，在一声声珍重，一道道殷切目光中，我坐上了去往机场的大巴。

还记得那天，武汉飘着雪，很辛苦却依旧能量满满，谢谢医院信任，谢谢家人理解，谢谢领导支持。

实战那天，在大家互道一声“加油”后，我们庄严肃穆地推开了方舱医院的大门，等待我们的是什么？是未知。

我记得，有位患者对我们说了一句很感性的话——说星星很亮的人，那是没有见过医生、护士的眼睛。是的，我明白，因为我曾看见很多迷茫黯然的患者，看到我们时眼里突然绽放的光芒。感谢你们的信任，感谢你们的依赖，感谢你们曾是我的患者！

回到江西的土地，感觉空气都很甜，很开心！这场疫情的胜利，让我们看到了全国人民共克时艰的团结，武汉人民感恩的心，党和国家的担当。我骄傲，我是中国人！

为患者加油鼓劲

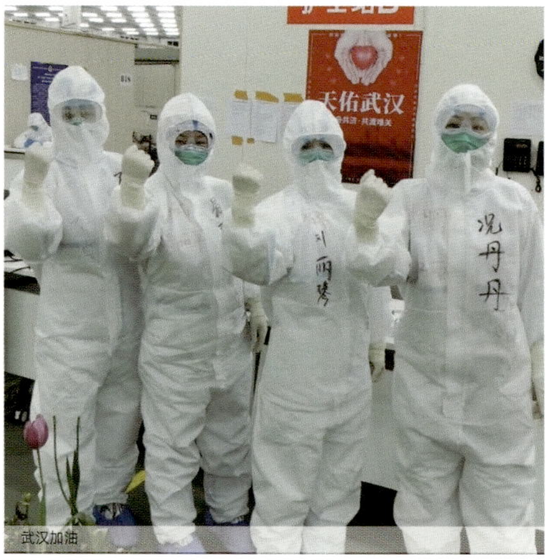

武汉加油

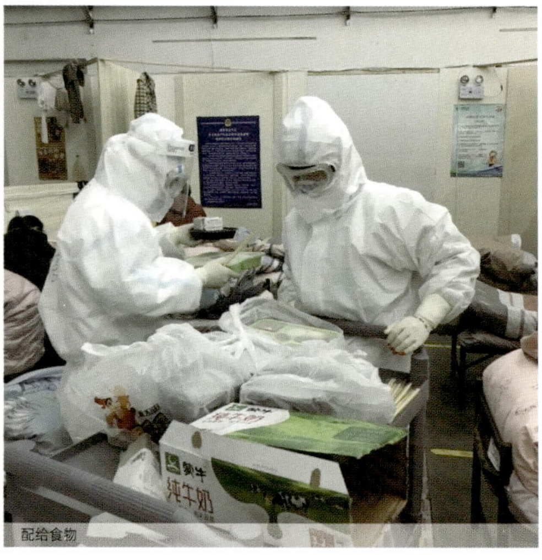

配给食物

易凯芳

南昌市第一医院

江西省援鄂第一批医疗队危重症护理组队员、武汉市第五医院ICU护士，负责急危重患者救治、抢救和治疗护理工作

铸堡垒

自从接管重症病房，我们重症组61人每天不怕吃苦，不怕牺牲的诊疗和护理工作。为了保持患者皮肤干燥清洁，减少患者发生感染的机会。我们采取了按时吸痰到按需吸痰，从深吸痰到浅吸痰，从定时定量送喂到定需送喂。我们每天如此循环往复工作，病人在我们治疗和护理下陆陆续续康复出院，这是对我们工作最大的认可和动力。

2月10日，一位患有严重新冠肺炎的女病人拔出气管插管顺利转入普通病房。2月22日，ICU病房又有一位危重患者脱机拔管。2月26日有两位ICU危重患者转入普通病房……在武汉五院ICU工作期间，重症组共收治了危重患者64人，其中好转转出8人，因政策需要转院6人，抢救121人次，CPR术59人次，气管插管49人次，行CRRT　38人次，CVC置管26例，有创动脉压监测398小时，俯卧位通气6人39次，ECMO治疗1人19天，气管切开1人次，顺利完成了援鄂任务。

回顾54天艰苦卓绝的奋斗，我们冲锋陷阵，每天在病房与死神拼杀；我们攻坚克难，以精湛的技术与死神争夺生命，铸就了保卫新冠危重患者生命的堡垒，用自己的行动守住了病人生命的最后一道防线。

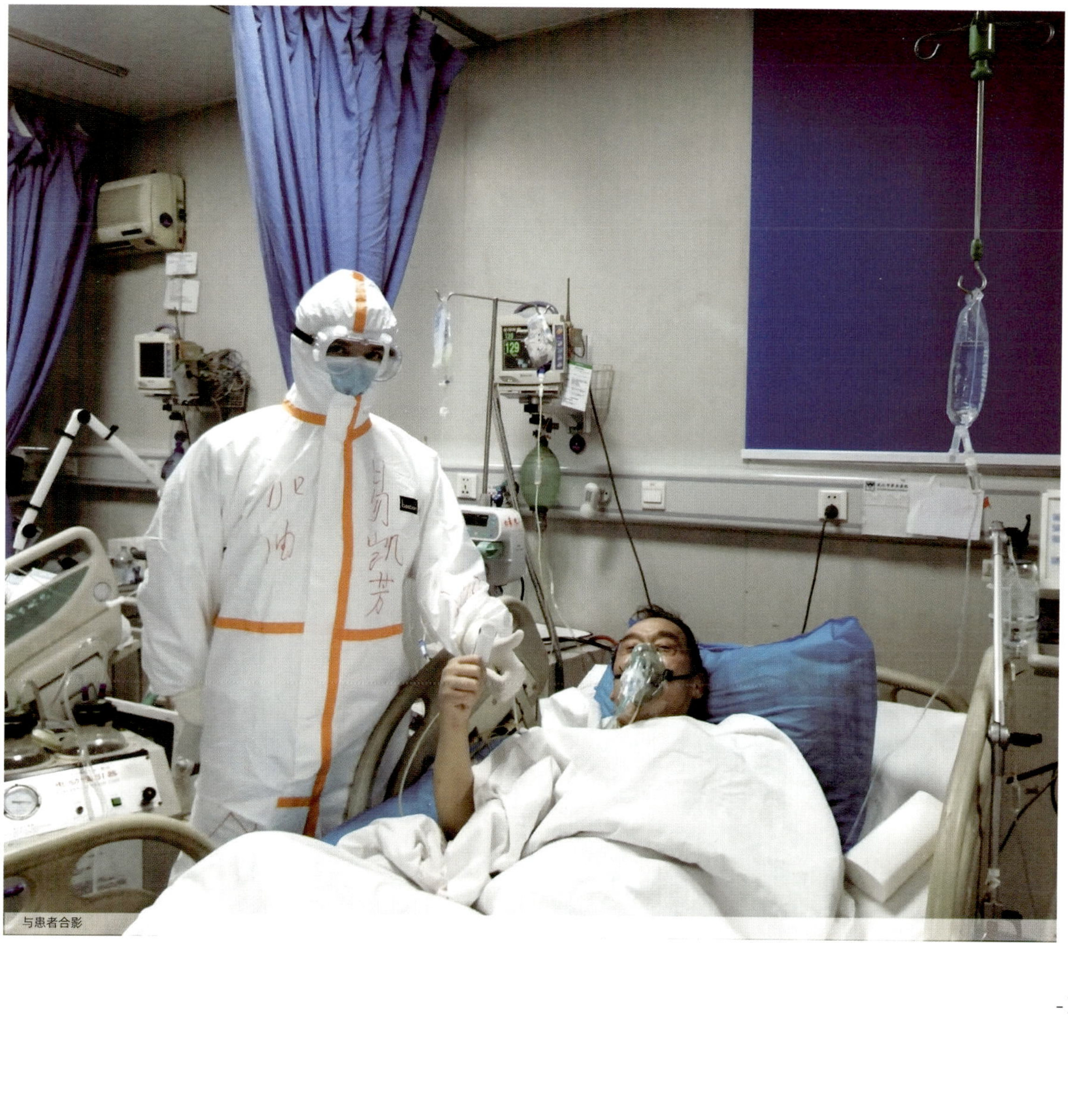

与患者合影

罗艳

南昌市洪都中医院

支援湖北省随州市中心医院，负责护理工作。在新冠ICU工作期间，积极主动参与气管插管护理，心肺复苏等高风险工作

胜利手势

10号床的病人在大家的努力下病情好转，要从重症病房转回普通病房了。这是我们江西医疗队进驻随州市中医院EICU后第一个转回普通病房的病人，大家都很开心。准备转科前，这位病人一直握着我的手不愿松开，还对我们比划着胜利的手势，满眼都是感激。我们为她加油打气，看着她日渐康复，顿时觉得吃的苦、受的累都是值得的。

白天有点空闲时间，我和妈妈通了视频电话，没说几句她就哭了。她一边叮嘱我千万要注意安全，照顾好自己，不用担心家里，还说全家都以我为荣；一边又牵挂我在这里工作累不累，吃得习不习惯。庆幸我光荣完成了任务！不负重托！

毕竟怕爸妈过于担心，这次来湖北随州执行抗疫任务，我也是“先斩后奏”，到了出发前一刻我才告诉妈妈，就是不想再让她替我操心。

我跟妈妈说，被别人需要的感觉真的是一件很幸福的事情，我为自己感到骄傲。也希望通过我们的努力，有更多的重症病人尽快好转。妈妈说：你又长大了！

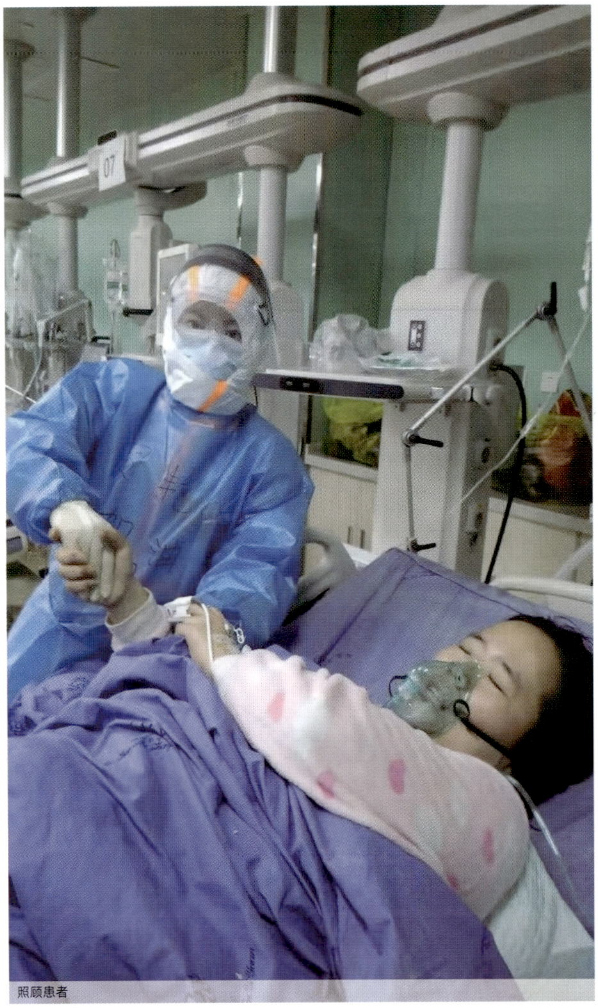
照顾患者

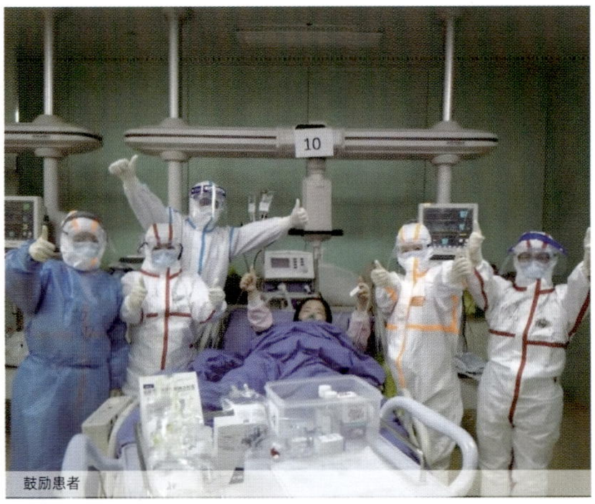
鼓励患者

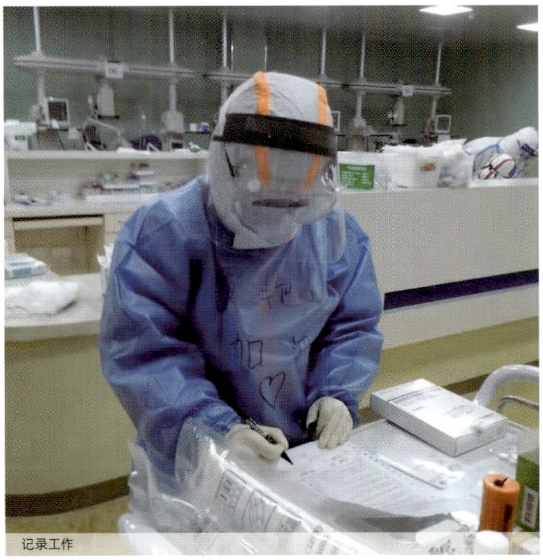
记录工作

周钰
南昌市第三医院
支援武汉市江汉开发区方舱医院，负责新冠状病毒肺炎患者护理

心相依

3月8号，我们迎来了方舱休舱的好消息，舱内682张床位，共收治病患人数287人，零复发，零回头，医务人员零感染。看着舱门关上的那一刻，既开心又有些不舍。

还记得第一天进方舱时一位阿姨拉着我的手，向我们连声道谢：“感谢你们从江西前来支援，感恩遇见你们。”

那一刻，一股暖流润泽了我的心房。我不会忘记那天夜里因为防护服厚重的压抑而瘫坐在靠椅调整呼吸时，一位阿姨从身边经过，看向我。正当我要起身迎向她时，她朝我比了一个伏案休息的动作，隔着护目镜，看不清她的模样，但我感受得到武汉人民发自内心的关怀和善意。

一份期许，一声感谢，江西和武汉人民的心紧密相靠相依。方舱的工作琐碎而平常，收获的更多的是感动和爱。来自战友，来自患者，也来自后勤服务人员，是她们的理解、善良、关怀，使整个方舱温暖而融洽。

今天正式休舱，看着出院病人喜悦的笑容，我们也送给他们真心的祝福。一场凯旋，战友们的疲惫脸庞都洋溢着幸福的笑容，风微醺，暖阳剥云，我们来时迎着风雪，走时樱花已经开满树枝，在武汉的30个日日夜夜，也将是我此生最珍贵的回忆。

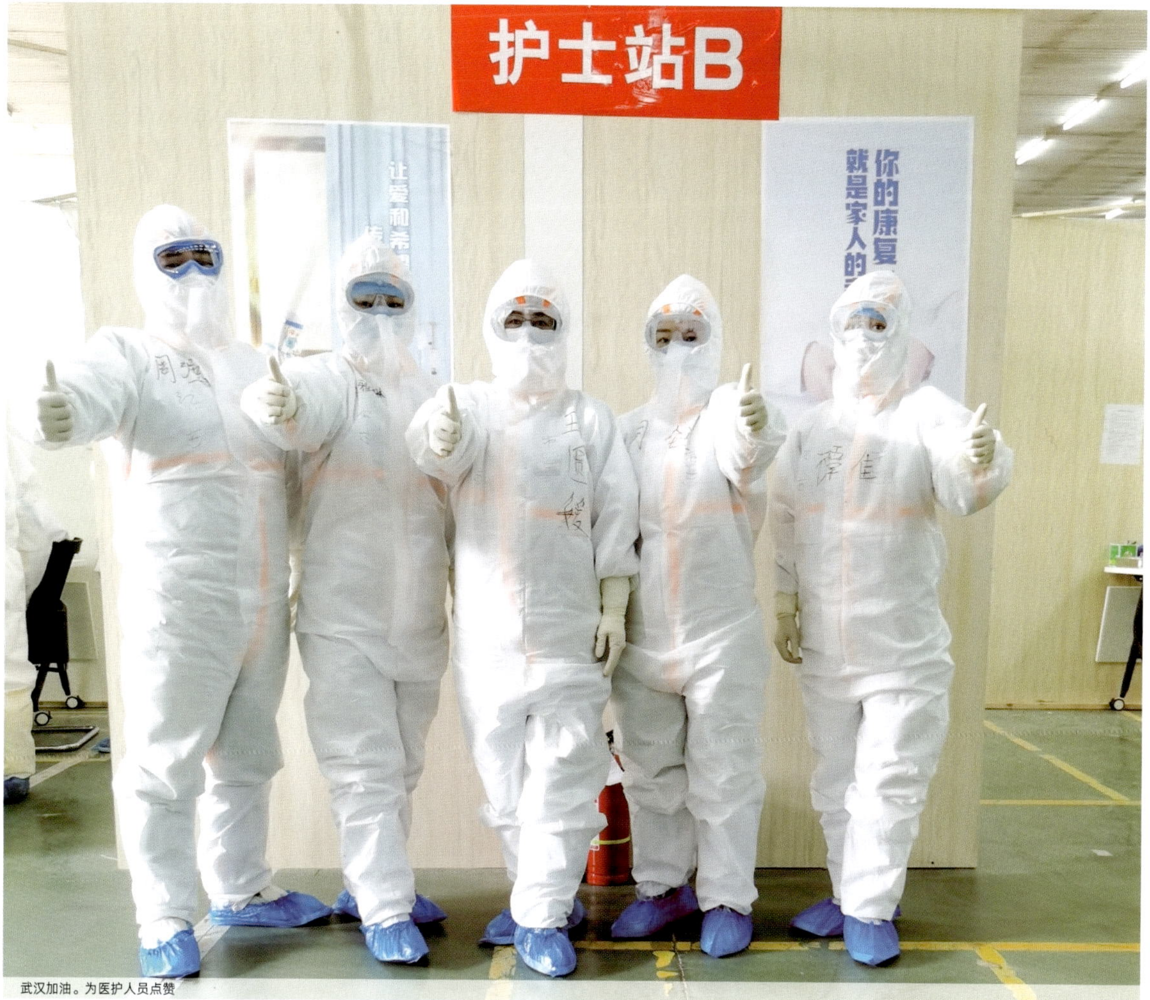

武汉加油。为医护人员点赞

胡志华

南昌市洪都中医院

支援随州市中心医院龙门院区及文帝院区重症医学科新冠肺炎病区，主要负责新冠肺炎患者的救治和转运工作

生命相托

又一位护士姐姐的护目镜模糊了，感觉到她们的身体也在微微颤抖。是的，她们流泪了！那眼泪是饱含辛楚和喜悦的眼泪，是对付出必有回报的感触。经过二十多天的日夜坚守，怀着对这份职业的信念和敬仰，随州市中心医院龙门院区重症医学科收治的第一位新冠肺炎危重症患者在科室全体医护人员和驻科江西援随医疗队成员的共同努力下，终于在“超长待机”之后，于2月21日脱机拔管了！

看得出来，患者拔管后的兴奋和喜悦，对自由呼吸空气的渴望和急切。他可能不知道医护人员为此付出的艰辛和劳累，也可能不会了解医护人员给他插拔管和护理时，所要承受的风险和心理压力。可这些对我们来说都是值得的，正所谓生命相托则职责所在！

患者的身体还很虚弱，治疗还在继续，我们只能暂时安抚他激动的心情以便更好地配合下一步治疗。刚才那些护目镜“起雾”的护士姐姐们为了快点消除雾气，又一次“经验老套”地走到通风口，任由冷风扑向她们柔弱的身体，给护目镜降雾。她们需要快速地冷静下来，因为战斗还在继续。面对这满床的病患，你们尚在坚持，我们又怎敢放弃！因为我们已经胜利在望！

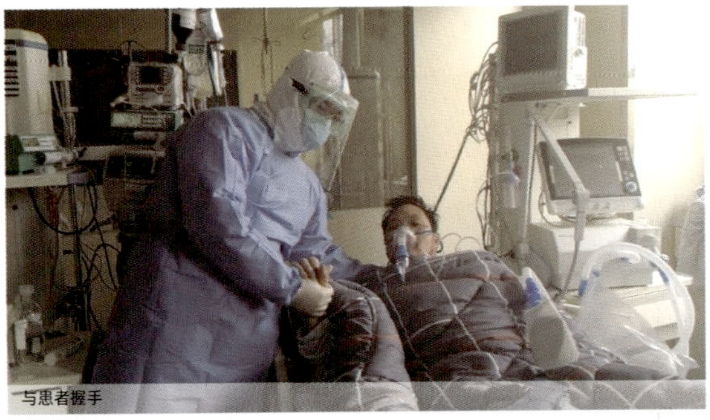

与患者握手

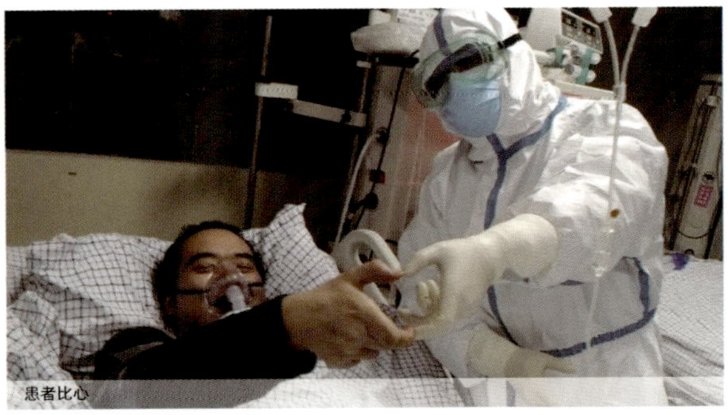

患者比心

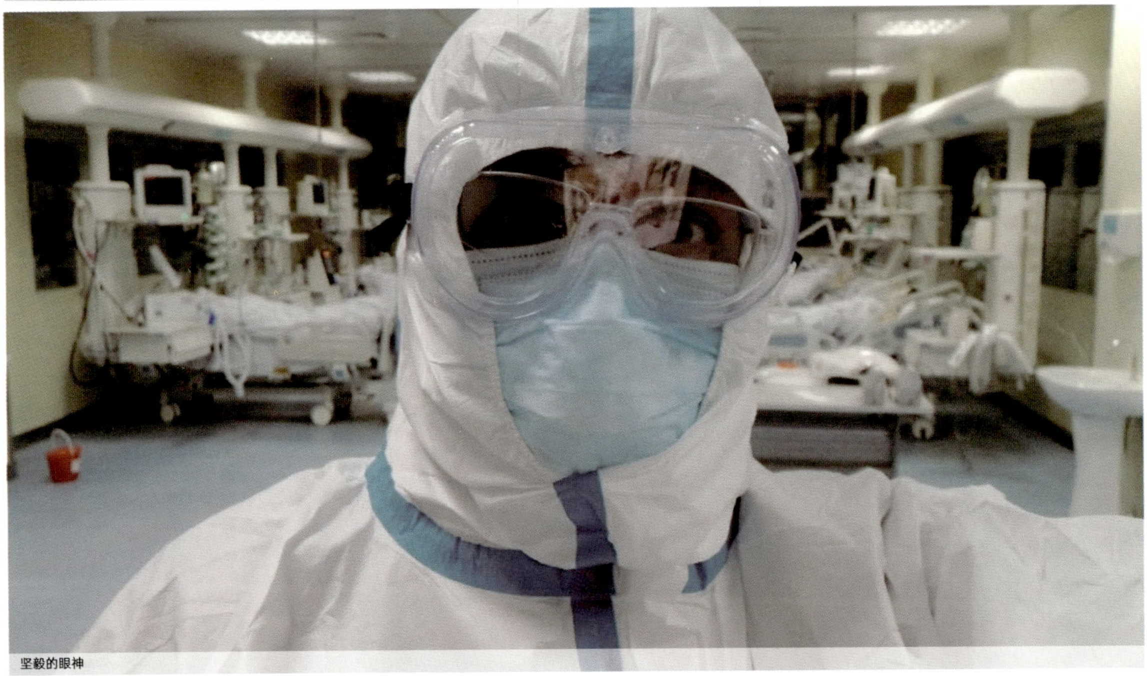

坚毅的眼神

饶堃睿

南昌市第一医院

支援武汉市江汉开发区方舱医院，负责医疗工作

爱与被爱

随着方舱内病人数持续下降以及每日新入舱病人数不断减少，我们感受到武汉疫情正得到实实在在的控制。最终我们圆满完成了方舱救治工作，顺利关舱，为自己感到骄傲。

从出征到休整，我们每天都在努力工作，努力贡献出我们全部的力量来打赢这场艰巨的战斗。我不断感受到爱与被爱，这份爱来自于英雄的武汉人民。在物质紧张的当下，他们倾其所有，为我们提供所有能提供的物资保障和贴心服务。同时，这份爱来自于牵挂着我们的家乡人民以及全国人民，我们不断收到带着家乡味的煌上煌卤菜、豆腐乳以及各种生活用品。

终于，胜利了！我们踏上回家的路，一路上不停地收获感动，从武汉当地人民的夹道欢送、铁骑护送，到机场用“水门”相迎以及省市领导的接机……我们深切感受到了爱与尊重。

我想，这份被爱来源于我们伟大祖国对生命的爱与尊重。家乡人民以最好的礼遇迎接我们，到了休养点安义，他们更是以称得上“溺爱”的方式来照顾我们，让我们在风景如画的地方，每天伴着虫鸣入睡，又伴着鸟语花香醒来，无比惬意。

签满感谢的防护服

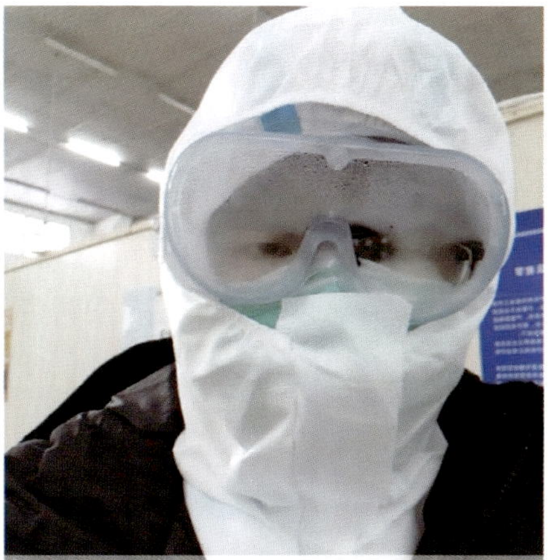

护目镜下的逆行者

记录工作

顾雅斯

南昌市第一医院

支援武汉市江汉开发区方舱医院，负责舱内后勤保障工作及舱内调度

心宽体胖

方舱“关门大吉”了！完成阶段性任务的我们回到家乡，回到了心心念念的南昌！

为了让我们好好休养，市里安排我们分别住进了不同的疗养机构，我在安义县也遇到了一位有趣、贴心的主厨大叔。每天我们吃饭的时候，他总要过来看看，看看饭菜是否合我们的口味，看看水果是否够吃，每次见到大家吃得很欢快，他就笑的很开心。大家私底下开玩笑说，大厨不把我们养胖，怕是不放我们走了。

记得有一天，得知第二天的午餐可能有小龙虾，大家都提前来到了餐厅“等吃”。“来咯，小龙虾！”大厨笑盈盈地端出满满一大盘子的小龙虾，扑鼻的鲜香龙虾味缠绕着我们，也勾起了我胃里的馋虫。没多久，小龙虾一扫而空，大厨见到立即喊道：“快，上龙虾！龙虾管够！我们的目标就是让你们吃饱吃好！”“可是我们长胖了怎么办？您把我们的胃都养刁了！休养结束，申请把厨师带走可以吗？”大家纷纷打趣道。

“哈哈哈！那我的目的就达成了，只要你们吃得好，我就满意！”大厨摸了摸他不算大的肚子笑道。就这样，在大厨每天精心准备的餐食中，我不负众望胖了几斤。在我们走的那天，大厨依依不舍来送我们了，穿着那件我们熟悉的厨师褂，瞬间有种伤感。再见了安义！再见了大厨师傅！谢谢你们为我们的付出！

抵达江汉开发区方舱医院

徐丽
南昌市第一医院
负责武汉市江汉开发区方舱医院医疗工作，担任医疗组小组长

成就感

2020年春节前夕，一场突如其来的新冠肺炎疫情肆虐武汉，迅速蔓延到了全国，在祖国最危险的时刻，中国决定“武汉封城”，并调集全国医疗队伍驰援武汉，打一场抗”疫”战争,而我有幸成为了其中的一名白衣战士，这一路走来经历了很多也感悟了很多。

作为一名中国共产党员，就是要在祖国危难的时刻，挺身而出，冲在最前面。在武汉期间，共有30位同事火线加入中国共产党。当我再一次庄严地站在党旗下宣誓时，一种责任感油然而生。

在这场史无前例、困难重重的抗疫工作中，党员不畏艰难险阻，勇于承担高风险高难度的工作，冲锋在前，不忘初心，牢记使命，不负医学誓言，不负祖国对我们多年的培养，不负入党誓言，不负白求恩精神，不负中华儿女的爱国情怀！疫情不除，决不收兵.!

当“谢谢你们”“英雄”“白衣天使”等来自患者的赞美充斥于耳时，我承认这种成就感、幸福感是无与伦比的。其实我们并不是想要当什么英雄，我们只是做了配得上这身白衣的事情。这会是我这辈子做过最勇敢的选择，绝不后悔的选择!

中国加油

涂杳然

南昌市第一医院

支援湖北武汉市第五医院，在ICU从事新冠肺炎危重症患者的救治工作

守春约

3月20日，我们顺利完成援鄂任务，即将凯旋。驻地挤满了前来送行的武汉市民，这是一个春天的约定，这是一种炽热的情感表达。

众多汉阳区的市民，一路夹道相送。一路上，我们受到了国宾般的礼遇，让我充满了自豪感。人群中，几条大红横幅和标语格外引人注目，不同的文字汇成同一句话：亲人英雄，武汉感谢你们!

3月20日，我们终于圆满完成任务，终于踏上了家乡的土地。15时08分，飞机在金色晚霞的映照下，徐徐降落，滑向停机坪，我们通过水门，这是航空界最高礼仪。舱门打开后，伴随着激昂的歌曲《歌唱祖国》，首先出舱的是鲜红的队旗，紧接着队员们精神抖擞地陆续走下舷梯。迎接人群鼓掌热烈。工作人员给队员们送上鲜花，火红的玫瑰、粉色的康乃馨、金黄的太阳花，寓意着家乡人民对大家的诚挚祝福。

我们是白衣战士，临阵执甲、逆行出征，与时间赛跑、与疫情决战，以精湛的医术挽救了一个个鲜活生命，以实际行动展现了老区人民的责任担当。我们不愧是勇敢的白衣战士，不愧是人民心目中的英雄，不愧是江西的优秀儿女。

中国加油

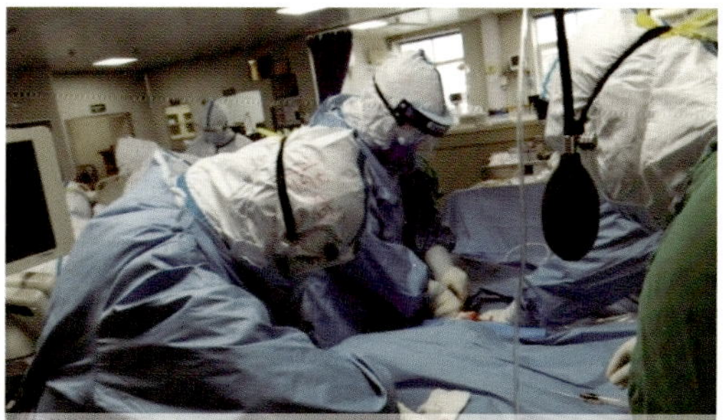

抢救病人

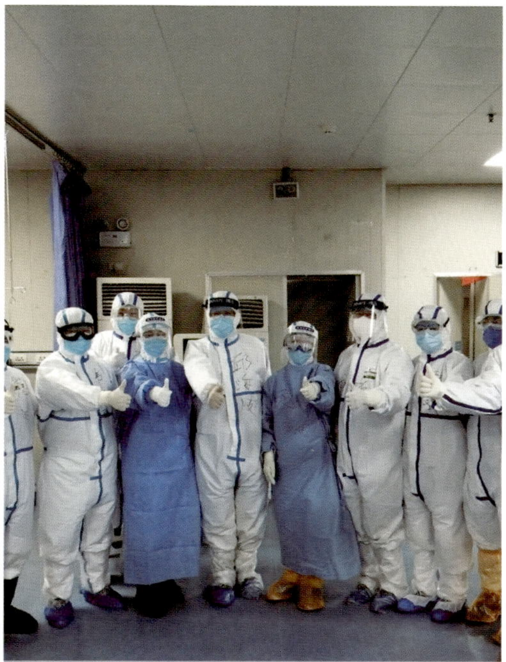

为医疗队点赞

蔡淑红
南昌市第一医院
支援武汉市江汉开发区方舱医院，担任感控护士

为自己骄傲

新年伊始，面对肆虐的新冠肺炎疫情，我主动请战，成为援鄂医疗队的一员。2020年2月4日抵达武汉，迫不及待，我第一时间就提出要求，希望参与护理救治工作。

看着电视里、微信朋友圈里那一幕幕揪心的画面，我恨不得插翅飞过来奉献所有力量。既然踏上了这片土地，那就一分钟都不想等了！

开舱初期，我入舱负责护理轻症确诊的患者，根据不同的患者给予心理护理、指导用药及送餐。随着方舱医院体制的不断完善，又增设了感控护士岗位，我被任命为感控护士，主要负责战友们的入舱防护安全穿戴检查，确保安全入舱。同时，在污染区指导出舱战友脱防护服并做好消杀，做好护目镜及面屏的预处理。

从2月5日第一个开舱到3月10日最后一个休舱的医院，我所在的江西护理组分管了168张床位， 共护理患者282名。让我最骄傲的是，在大家精心护理下，痊愈出院221人，转院61人，实现了患者零死亡、零感染，队员零感染的工作目标，阶段性完成任务。

回到南昌，我们受到了“英雄”般的礼遇。我觉得自己只是做了一名医护人员本应该做的，不足挂齿。这次疫情阻击战，让我懂得了很多，这将有助于今后的工作。为自己加油！

记录工作

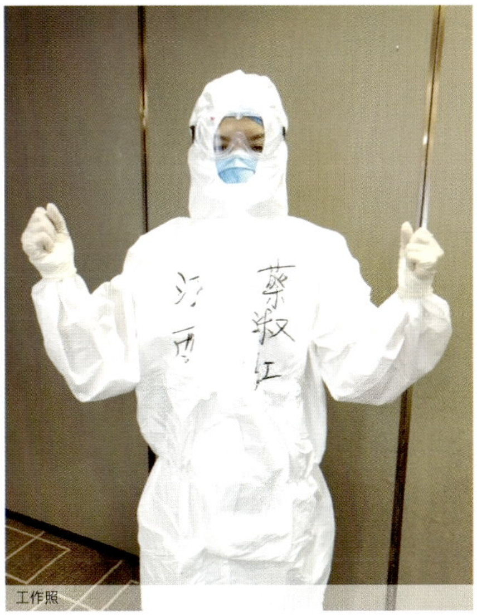

工作照

值班中

谭春红

南昌市第一医院

支援武汉市江汉开发区方舱医院，负责分管病人

接力赛

赣鄂同心，共抗疫情，经过半个多月的奋战，我们舱最后一批病人于3月8日全部出舱。我很欣慰也很激动。病人也难掩心中的喜悦，纷纷要求和医护人员合影留作纪念，而且每个病人还录了感恩视频，表达对我们真心的感谢、感恩。

那一刻，觉得我们的辛苦付出很值得。

回想这半个月，方舱里留下了我们难忘的一幕幕。记得有一天我是上凌晨的班，上一班的护士跟我进行了交接，让我特别关注2105床病人的情绪，她告诉我这个病人的家属刚刚因新冠肺炎去世了。当时我听了就感觉心里特别难受，为这名患者难过。

长夜漫漫，每次进舱巡视时，我都会特别关注她，看着她睡的香甜的容颜，我才放下心来并为她感到欣慰。早晨她醒了，问我有没有袜子。我看着她光着脚丫穿着拖鞋，生怕她着凉了，我说你赶紧先回床上躺着，我去帮你找袜子。后来，通过多方努力，终于弄来了袜子。

听着她一遍遍向我道谢，我非常开心，但我不是因为他们的感谢，而是能够得到他们的理解与配合，感觉一切都是值得的。疫情期间，我们隔离病毒却从不隔离爱。

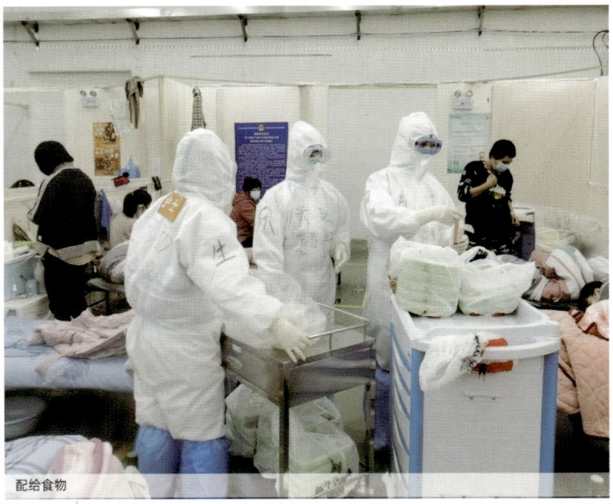

配给食物

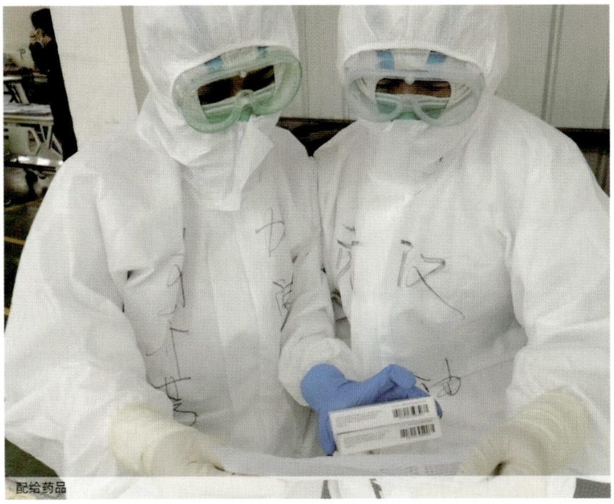

配给药品

记录数据

熊政
南昌市第三医院

负责武汉市第五医院发热十一病区诊疗轻、重新冠肺炎患者

百感交集

3月20日上午接到通知，抗疫工作已经取得了阶段性的胜利，我们将全部从武汉市第五医院撤离，有序安排返昌。病房的患者已经不多了，剩下的6位危重症患者，将被安排到火神山医院接受继续治疗。

在病房查房后，我没有离去，直到下午3:15转运车到达，才开始转运患者。我帮着120医护人员把患者们一个个抬上担架，和他们一一握手。“熊主任，谢谢您，您辛苦了！”一句句亲人似的问候，一双双握得紧紧的手，让我这个50多天再累再苦都不曾流一滴泪的汉子也湿了眼眶。

“大家都好好保重！不要放弃，加油！”“我们做个约定，明年我到武汉来看你们，我们一起去看看武大的樱花，长江大桥的鹦鹉洲”“你们到南昌来找我，我带大家喝瓦罐汤、吃南昌米粉，看看南昌的八一桥，爬一爬梅岭风景区”。听到这些，所有的患者都微微点头，眼里充满了对美好生活的向往。

所有的患者都有序转走了，只剩下空荡荡的病房，望着这个我战斗了50多个日日夜夜的病房，我百感交集。这么多日日夜夜，在这度过的每一分每一秒，都是我这一辈子值得回味和纪念的！武汉的同胞们，你们一定要好起来！

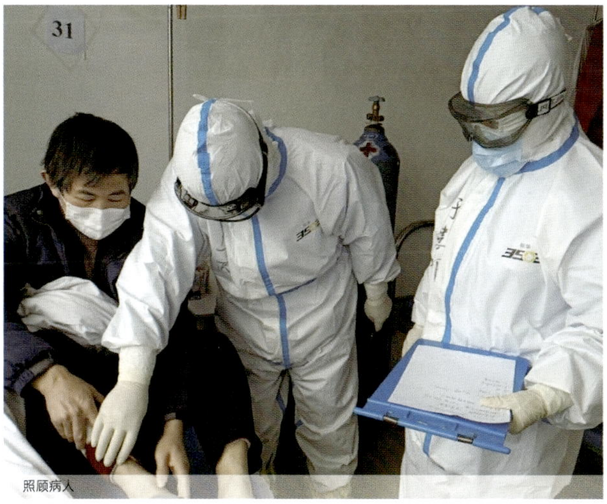
照顾病人

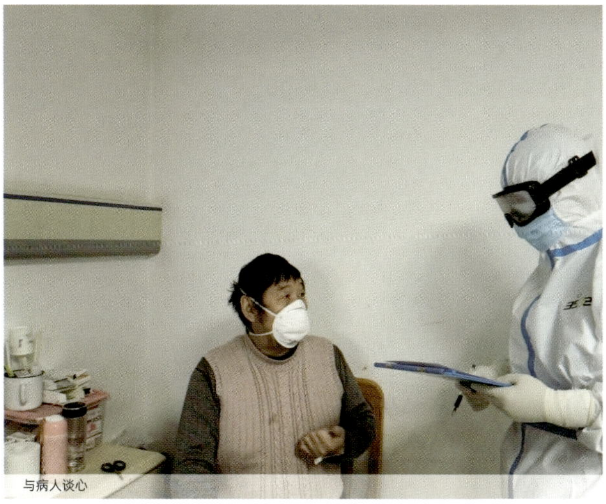
与病人谈心

机场合影

熊艳云
南昌市中西医结合医院

支援武汉市江汉开发区方舱医院，负责为患者进行基础护理，给予生活上帮助，观察患者病情

喜极而泣

3月8日是国际妇女节，对我们江西援鄂医护人员来说也是最意义非凡的一天，江汉经济开发区方舱医院顺利休舱了！在方舱战斗的日子历历在目，感慨万千！有一种喜悦叫做“祝你关门大吉”。我们和新型冠状病毒不说再见，而是永不相见！看着闸门关下的那一刻，我喜极而泣！

在这一个多月的日子里，向所有克服了紧张，给予我们信任、积极配合我们治疗的病友们致敬！当蒸腾的雾气模糊了护目，当汗水浸透了衣服，当提取咽拭子的时候……是你们的信任，给予了我们信心和勇气，坚定武汉必胜，中国必胜！

“有时治愈，常常帮助，总是安慰。” 在方舱时，这句话常出现在我脑海。因为我们见证了一个又一个奇迹，这些奇迹都是病患和医护人员一起创造的奇迹，是人与人之间的团结友爱，互帮互助，万众一心共同创造的！

他们都说我们是战士，可我觉得我只是普通护士，来这也是做本职工作而已！选择就永不后悔，我因是一名医护人员而自豪，我为奔赴前线而自豪！

武汉的樱花开了，武汉的春天也来了！

配给食物

中国加油

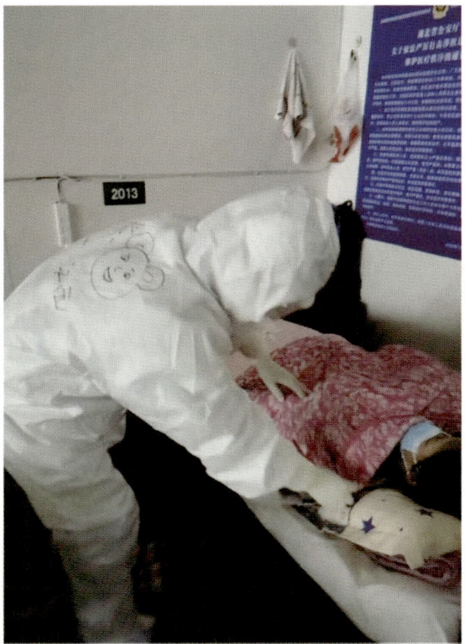

照顾病人

熊淑珍
南昌市第三医院
支援武汉市第五医院呼吸危重症医学科，担任病区护士长，负责护理工作

武汉人

3月20日接到通知，抗疫已经取得阶段性胜利，我们从医院全部撤离。当给最后一名患者喂完饭，巡视着空荡荡的病房，心里对这个将近战斗了两个月的病房我有一些不舍，望着出院患者的笑脸和他们对生活充满希望的眼神，我心里欣慰极了。今天终于要结束战斗了，我和当班的医护人员相拥而泣。这段经历将是我人生的一段珍贵回忆，我自豪是因为我为我们伟大的祖国出过一份力！

在这段时间，我们也经历了武汉人民为抗疫胜利而做的努力和高度的自律性。经常走在去往医院的那条小路上，左边一堵墙，右边一堵墙，两个墙头的亲人遥遥相望，彼此知道无恙而会心一笑。还记得那个请求我们想支援一线的路人，那个传递饭菜和生活用品的母子，从门缝塞进蔬菜、水果的志愿者，所有这些都让人不禁感慨武汉市一千多万人的不易和抗击疫情的决心。

街头司机下车的深深一鞠躬，迎面而来的一个点赞手势、一瓶水，硬塞过来的一个水果，站在马路对面的一个挥手一声欢呼，酒店老板自己掏钱为我们改善伙食，接我们上下班的志愿者司机，社会各界源源不断的物资捐助……无不感受到武汉人民的友好、热情和尊重！

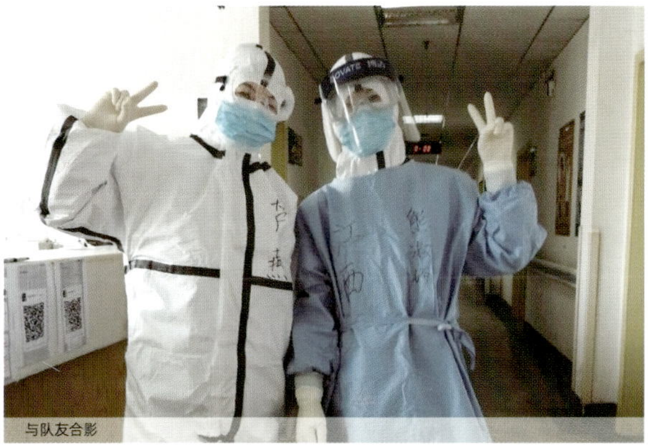

与队友合影

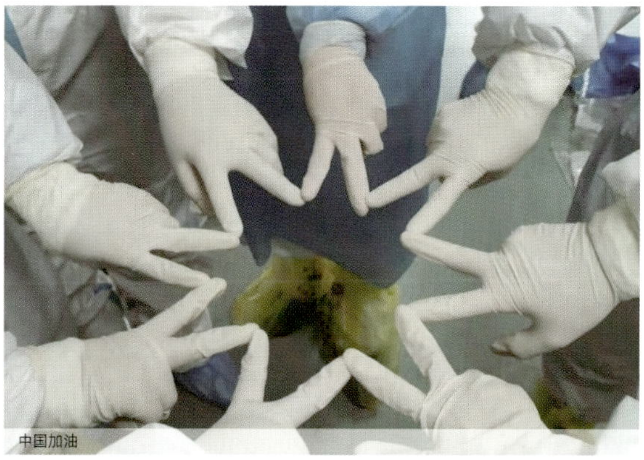

中国加油

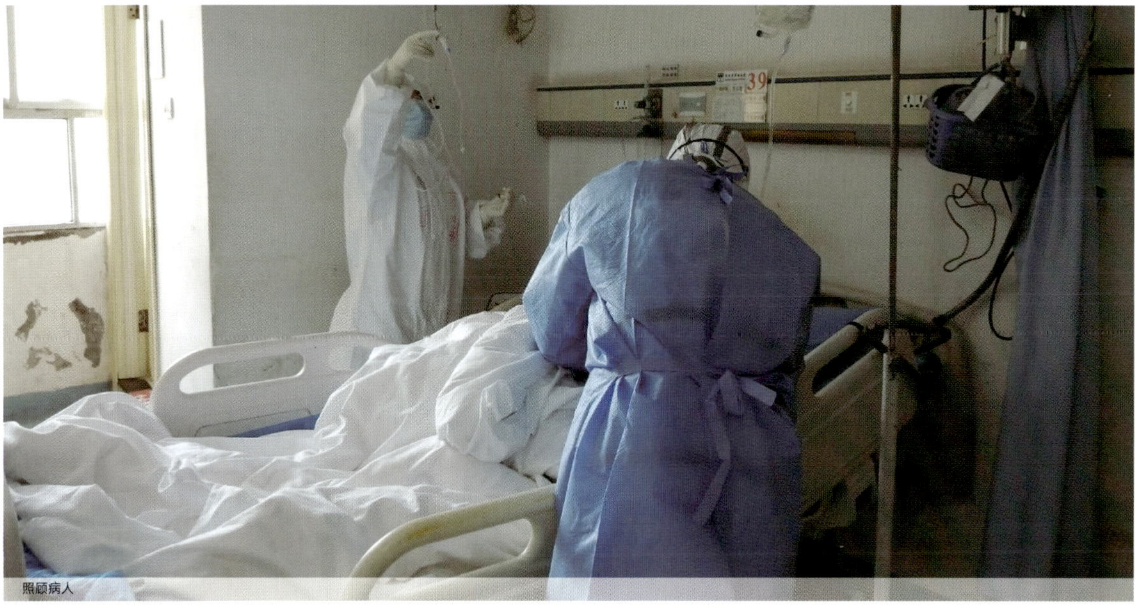

照顾病人

樊笑

南昌市第一医院

支援武汉市第五医院，负责新建病区发热十一病区所有入院患者的护理

生死之交

不记得多少天过去了，我们可以从日渐减少的新增病人人数上面看到胜利在望了，而陆续关闭的方舱医院，病区床位从人等床到了床等人，似乎每一天都有好消息。

经过20多天的相处，很多患者已经和我们建立了深厚的友谊。我在防护服上写着：我是笑笑，一见我就笑！2床大哥说我们每天去病房，但都看不清我们的脸，就记得我和朱荔昆个子最高。他和1床阿姨差不多时间进院，那段日子互相鼓励，互相照顾。

3月3日，送大哥去火神山治疗前，我不断叮嘱他到了那儿要好好配合治疗，痊愈了来江西玩呀。他说那是一定的，同病房三个人都约好要去江西看一看的。或许，我们以后并不会再相见，但在庚子年春的战疫中，我们都是武汉这座城市的“战士”！

送完最后一名患者，心里顿时感觉轻松，好像回家的日子已经指日可待！

有人说：我们是最美逆行者，有人说我们是英雄……其实，我们只不过是在另一个地方履行了我们作为医者的职责。武汉人民的热情回馈，家乡人民的殷殷期盼，让我从那时起就为自己是白衣战士而自豪，为自己是中国人而骄傲！

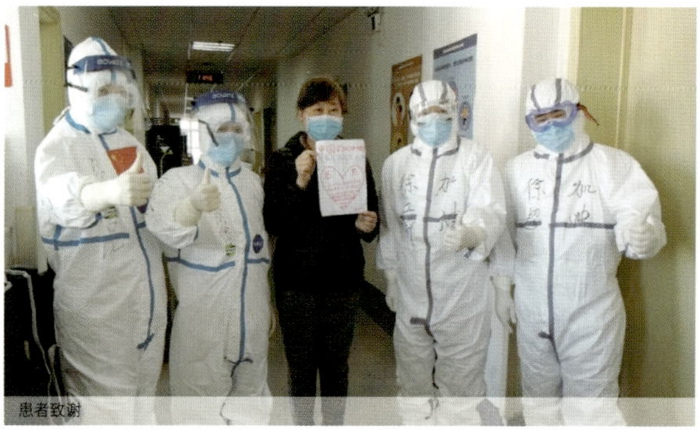

患者致谢

齐心协力抗击疫情

与康复患者合影

颜金花

南昌市第一医院

支援武汉市江汉开发区方舱医院，负责新冠肺炎患者的诊治工作

爱国歌曲

每当有患者达到出院标准，送患者出舱的时候，在班的医护人员都会跟患者合影留念。患者除了感谢我们，就是热情邀请我们等疫情过后一定要再到武汉来做客，来了一定要联系他们，他们很想看看“救命恩人”的真实模样。

很多患者离开方舱时，都会给我们深深地鞠上一躬表示感谢，我们也会向他们回鞠一躬。这种情景感动了我和大部分同事，正好趁着被护目镜挡着肆意落泪，这是为患者的康复感到开心，也为自己辛苦的付出换来了好的结果感到欣慰。

最让我感动的是，每天下午三点左右方舱响起《义勇军进行曲》《我和我的祖国》《歌唱祖国》《明天会更好》等等正能量爱国歌曲的时候，方舱里所有的医护人员和患者们都会情不自禁地一起跟着吟唱，唱完后一起喊“武汉加油！中国加油！中国必胜！”的情景，非常让人感动！

我每次都忍不住热泪盈眶，那种时刻感觉身体的疲惫和各种难受的煎熬都算不了什么，身体里会很奇妙地生长出一股无形的力量，觉得自己很强大，国家也很强大，没有什么困难是不可战胜的。这些感动的瞬间给了我们医务人员和所有患者无形的力量，让我们相信我们的背后有强大的祖国。

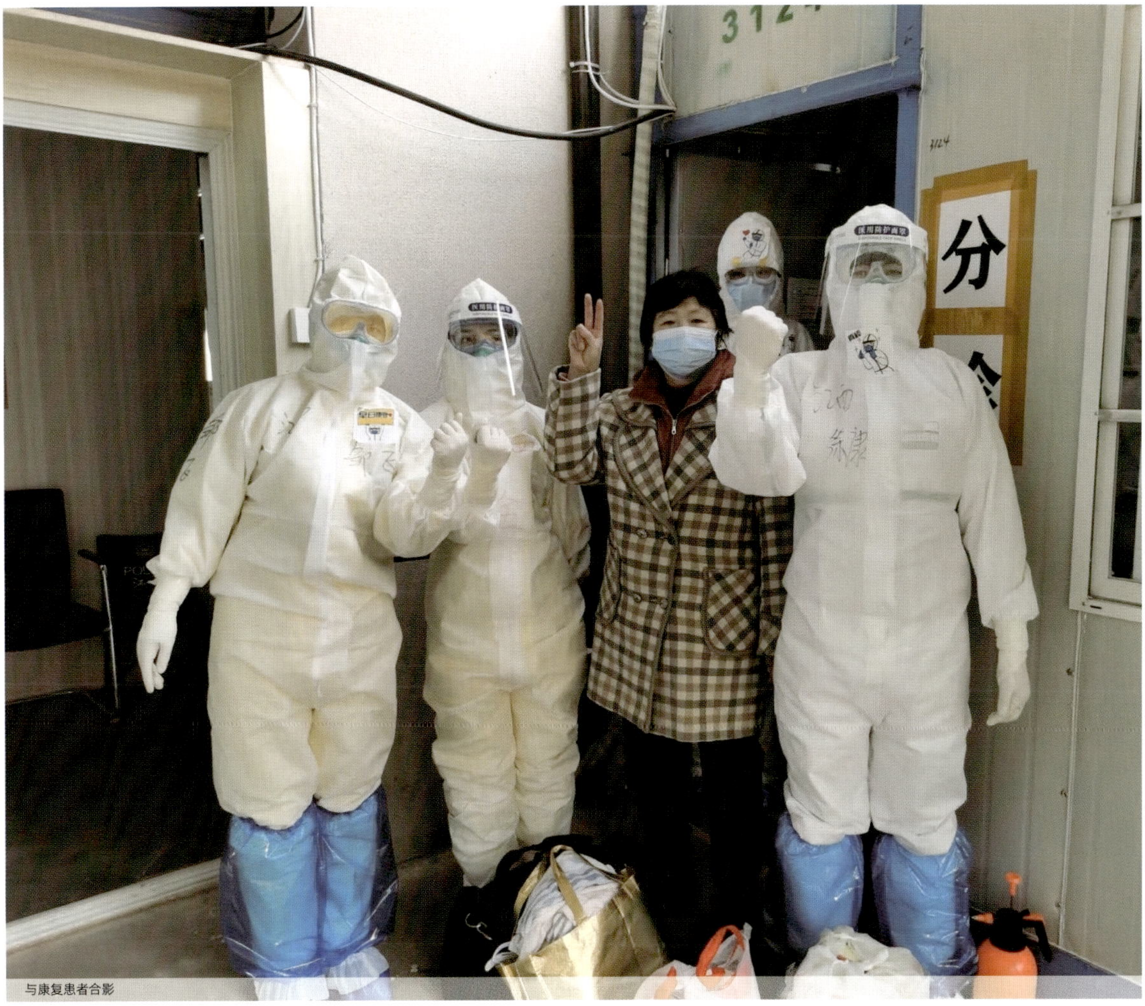

与康复患者合影

第六章

CHAPTER6

奏　凯

去时风刀霜剑，回时春暖花开。

从1月27日第一批医务人员出征湖北，到3月23日最后一批援鄂医务人员平安返昌，英雄的“逆行者”以不畏生死、不问回报的气概，投入到“一方有难、八方支援”的援鄂抗疫战斗中。在武汉，在随州，154名医务工作者与当地同行并肩战斗，在后方的支援、患者的配合下，取得了抗疫战斗的胜利，所有医务人员零感染，全部平安归来！

从离开驻地宾馆，到前往武汉天河机场的路上，到机场，以及空乘慰问、落地过水门、领导欢迎……这一天，这一路，全社会用最高规格的礼遇，表达对医务人员的感激之情。身为其中的援鄂医务人员，更是个个感动得热泪盈眶。

这是一场史无前例的疫情。

这是一次史无前例的战斗。

这是一次史无前例的凯旋。

万小玲

南昌县中医院

支援武汉江汉经开区方舱医院，负责护理舱内患者

故土情

登上凯旋的飞机，乘务员热情地对我们说："白衣战士们，我们现在兑现来时的承诺，来接你们回家了。当我们的专机到达南昌的时候，机场将会用最高的航空接机规格'过水门'来迎接我们的英雄回家！"

当我们穿着整齐的白衣"战袍"走下飞机舷梯，见到的是省委书记和省长带领家乡人民在机场迎接我们，满是鲜花与热情的问候。我们激动得不知所措，只有热泪盈眶。我心想：我只是一名普通的医护人员，只是做了一个医护人员应该做的事情。家乡领导和人民用这么高规格的仪式接待我们，我是多么光荣啊。

突然我在迎接人群中见到我们辛院长和吴主任，他们翘首张望，努力在医护团队中寻找本院的我们三人的身影。我的眼泪大滴地落下，我挥舞着双手告诉他们，我们回来了！家人们，我们回来了！

同样帅气的六辆迎宾铁骑开道，带领我们车队向休息地进发。路上的家乡人民见到我们医护车队的时候，都热烈地鼓掌，熟悉的乡音表达着对我们回归的祝贺与对我们的赞许，让我们感觉分外亲切。这或许就是依恋故土的情怀吧！

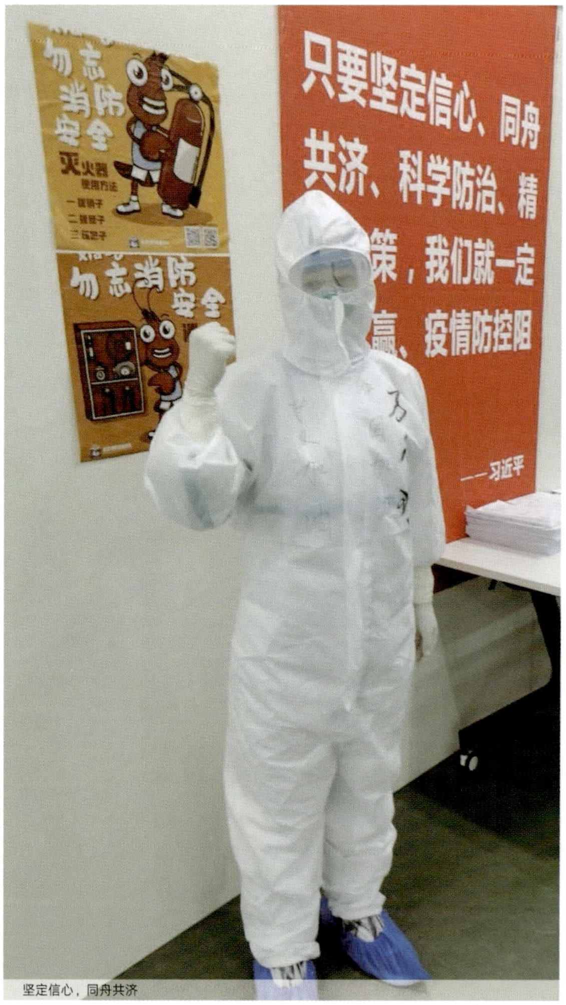

坚定信心，同舟共济

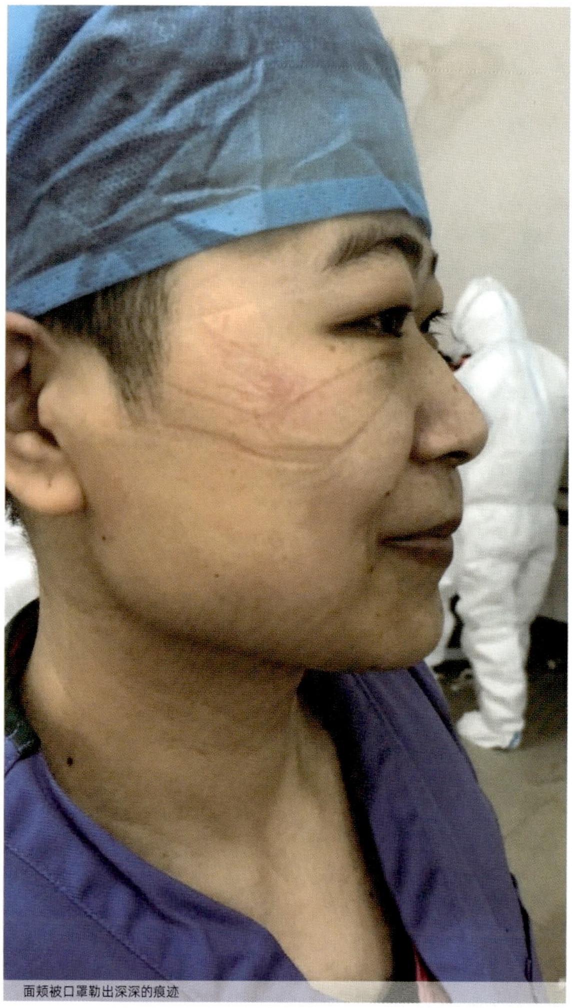

面颊被口罩勒出深深的痕迹

万建国

南昌市第一医院

支援武汉江汉经开区方舱医院，负责业务技术查房

爱国心

接到指挥部的撤离通知时，大家的心情都是遗憾和激动参半。遗憾的是要离开这个为之奋斗了33天的地方，昨天大家还在写请战书，期许转战其他地方；激动的是武汉保卫战已见曙光，大家可以踏上归途！

18日，队友恋恋不舍，武汉市及光谷区领导依依惜别，武汉铁骑夹道欢送，大家的心情不由地欢快起来，我也觉得自己年轻了许多！十字路口，市民自发下车致意，更让我感觉到武汉人民隐忍、克制、无怨言的付出。

机场欢送的人们打出的标语是:幸得有您，山河无恙！国家卫健委医政医管局监察专员焦雅辉亲自送行。40分钟后，家乡以民航最高礼仪“过水门”为我们接风洗尘——其实，我们只是做了自己职业分内的事情，却享受了如此隆重的礼遇。

面对接机的省市领导，队长牛凡院长的汇报掷地有声：住院患者零死亡，出院患者零复发，医务人员零感染！

前往休养地，一路车灯似水，一路热情似火。感觉恍如隔世。疫情正被击退，我们终将胜利！所有的经历，都让我对“此生不悔入华夏”有了更深刻的感悟，为自己生在这样的时代和国度而自豪！

方舱医院留影

疗养中心留影

方舱医院病床前留影

王平
南昌市第一医院
支援武汉江汉经开区方舱医院，负责协调舱内后勤保障事务

修心行

2月15日，我随江西省第七批援鄂医疗队驰援武汉。在武汉的第33天也是回程的日子，我早早醒来将房间整理归位，一如回到当初进来时的模样。江西队的生活管家小杨从我们入驻第一天全程陪伴直至送到机场安检处，保洁阿姨穿上防护服要我们每个人留下签名作为珍藏，长江青年城的工作人员、志愿者与我们挥手告别，沿途警察敬礼、警车开道护航，场面很感动、很震撼，我们内心也感慨万千，各种依依不舍。

犹记得刚到武汉时，正是寒冬，内心对病毒或多或少都有着些许恐惧。但是，当我看到热情顽强的武汉人民、无私奉献的志愿者和爱心人士，大家都在为打赢这场战“疫”不懈努力着，我不再畏惧。凯旋时，春暖花开，一路走来，收获了太多的感动与正能量，飞机上大家挥舞着国旗，唱着《我和我的祖国》，在接受民航最高礼遇“过水门”后，飞机停在了南昌昌北国际机场。这场战“疫”，让我短时间内看到了密集而绚烂的人性的闪光，对于生命与爱的感动一直没有停止过。在这场疫情中，我们也感受到祖国的强大，还有许多平凡人的不平凡力量，这是一次爱与感动的修行。

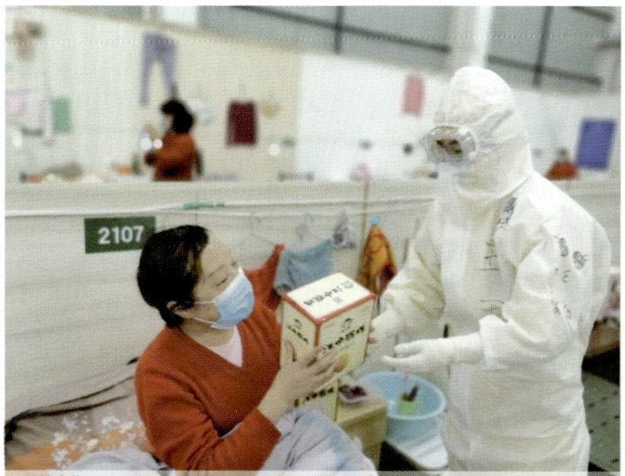

配给食物

穿上签满名字的防护服

众志成城 抗击疫情

王芳
南昌市第一医院
支援武汉江汉经开区方舱医院，负责护理病患

凯旋归

即将离开武汉，心情平静中带着些许难以复述的不舍。在这里奋战近一个月，虽未欣赏到武大的樱花，但却看见了患者康复的笑颜；虽未能尝到香麻的热干面，但却感受到了武汉市民的热情；虽未领略宏伟的黄鹤楼，但却领略了武汉人民抗疫的果敢。

疫情终会战胜。收到援鄂医疗队返回南昌的消息时，大家都很高兴，意味着即将与亲人团聚，也意味着武汉疫情通过大家齐心协力得到有效控制。离家数日，甚是想念家里亲人，大家都热切地盼望着相聚的一天。第一时间我打电话给爱人：“老公，儿子在吗？告诉儿子，妈妈战胜了怪兽（新冠肺炎病毒）要回家了。”

撤离武汉当天，在出发去机场的路上，警车为我们开道、警察向我们敬礼、百姓为我们送行，武汉用最高礼遇向援鄂医疗队员表达敬意和感谢，我们许多女队员被感动得落泪。傍晚，飞机抵达南昌昌北国际机场，机场用两辆消防车打出冲天水柱，组成一道壮观的水门，以民航的最高礼仪为我们“接风洗尘”，此时每个人的脸上都写满了笑容。

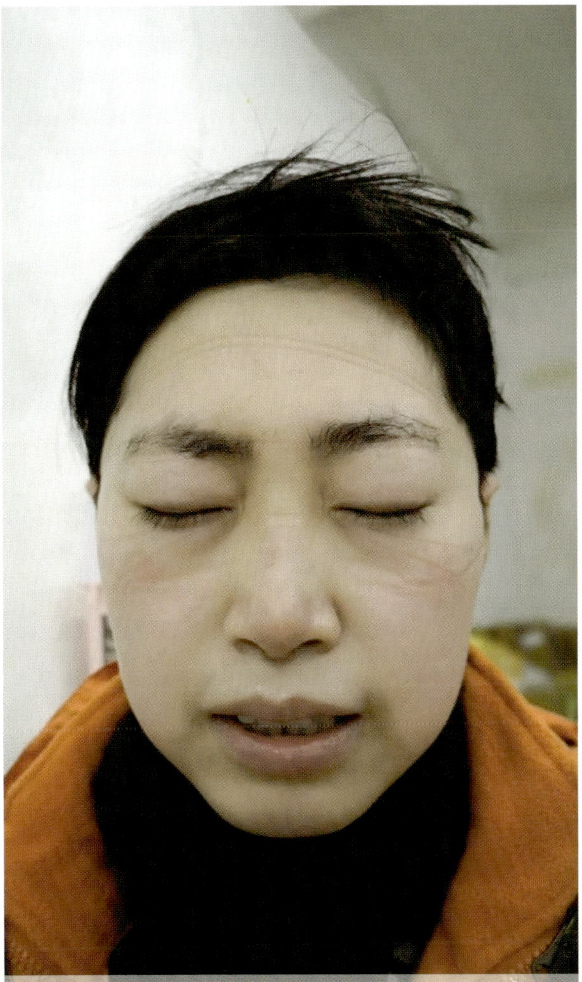
面颊被口罩勒出深深的痕迹

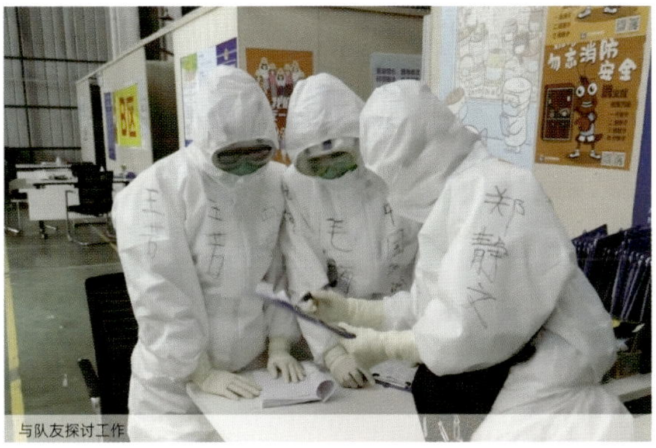
与队友探讨工作

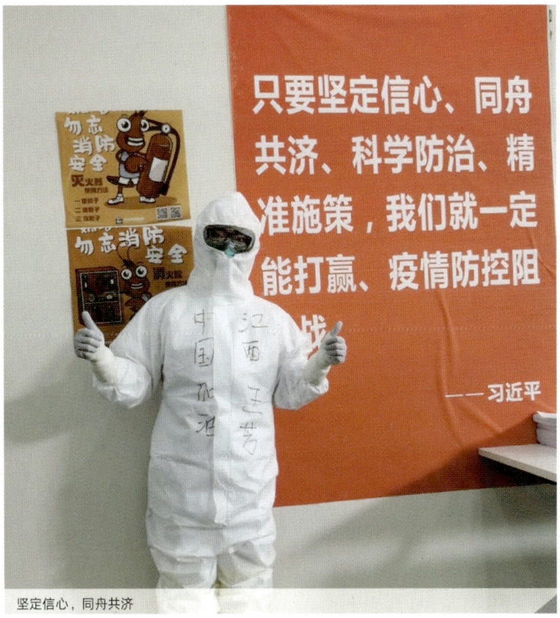

坚定信心，同舟共济

方玲
南昌市第一医院
支援随州市高新区医院，负责新冠肺炎患者的护理工作

关爱潮

3月18日是我们江西省第七批援鄂队员完成任务返程的日子。一大早，武汉的党员干部、市民以最高礼遇、最强阵容、最暖场面欢送我们，说“武汉感谢你们、武汉人民感恩你们”。

登机后，广播里传来一位武汉籍空姐的问候：我是一位武汉人，今天我主动请缨，来欢送每一位‘逆行者’，谢谢你们为武汉所做的每一件事情、所救下的每一个人。

经过40分钟的飞行，飞机缓缓落地。舱门打开的一刹那，我的眼泪忍不住流了下来。停机坪上的人们不停挥手，大声呼喊着“欢迎英雄回家！”掌声不停地在耳边回荡，家乡人民以民航最高礼仪“过水门”迎接我们回家，为我们“接风洗尘”。机场工作人员举着标语，齐声高喊“你们辛苦了”“致敬白衣天使，欢迎英雄回家”。

省委书记刘奇盛赞105位医务工作者：“疾风知劲草，烈火显英雄。在这一次疫情防控阻击战中，每一位白衣战士都是英雄，都是新时代最可爱的人。”

白衣执甲、今朝凯旋，我们没有豪言壮语，有的只是逆行而上的勇敢与决心。

疗养中心留影

方舱医院留影

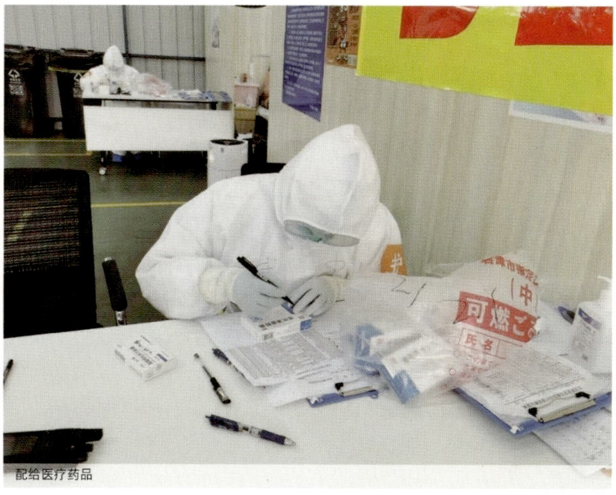

配给医疗药品

邓明鸿

南昌市进贤县人民医院

支援随州市广水市第一人民医院，负责感染科一病区

医患谊

3月23日是我们使命完成、援鄂期满返程的日子。在欢送的队伍中，我看到了66床的“聂表哥”。自收到他来送行现场的微信我就开心，在人群中看到他后，我忘记了自己还在队列中，不停地和他挥手。自由活动的时候，他说不来送我们他会后悔一辈子。这个一向是我们公认“嗨皮哥”的大男孩眼里一直噙着泪。

援鄂期间，我深刻地感受到医护人员和新冠病人是一起对抗疫情、并肩战斗的朋友、战友，甚至是亲人！“聂表哥”出院那天我碰巧不上班，于是在微信里对他一番叮嘱后，跟他说不能亲自送他出院，只能在微信里“隔空相送”，没想到他说了句“等你来了再出院”让我很感动。

这还不够。4月21日，我收到了他寄来的一面锦旗，这是他和另外4名治愈患者联合做了送给我的。每天看着这面锦旗，我就会想起在广水的一切。在广水的隔离病房里，患者细致到主动与我保持安全距离。那时候我们就意识到，我们在守护患者，患者也在呵护我们。在回家后的每一个平淡安详的日子，想起这段经历我就会感动到落泪。

欢送仪式

朱丹妮

南昌市第一医院

支援江汉经开方舱，负责护理工作

家人安

3月17日，接到通知次日即将返回南昌，我第一时间给爸妈发去视频告诉他们这个消息，妈妈双眼湿润地说了一声：终于要回来了。爸爸笑着说：你妈妈终于可以睡个安稳觉了。在近两个月的援鄂时间里，一个安稳觉，对于父母来说是一种奢望，从我在请战书上签字，父母说了一句“如果你想去就去吧”，到出发武汉时父母说“好好吃饭，保护好自己，记得每天报个平安”，父母总是义无反顾地支持着我的每一个决定，让我没有后顾之忧。

在武汉方舱医院工作的日子里，父母知道我不是在工作就是在休息，为不打扰我，他们从没主动给我打一个电话、发一个视频，每次我拨视频电话过去，铃声响起3声内便被接通，原来父母早已在电话一端等了许久。3月15日，我接到爸爸打来的第一个电话，妈妈生病已有一段时日，在我所在的医院科室住院治疗，直到她病情严重、医院休舱后才通知我。此后几日，妈妈有了好多“女儿”。根据妈妈的病情，同事带去各种营养汤，陪妈妈聊天，并把每天恢复情况告诉我，好让我放心。我何其有幸，拥有一群可爱的同事朋友。

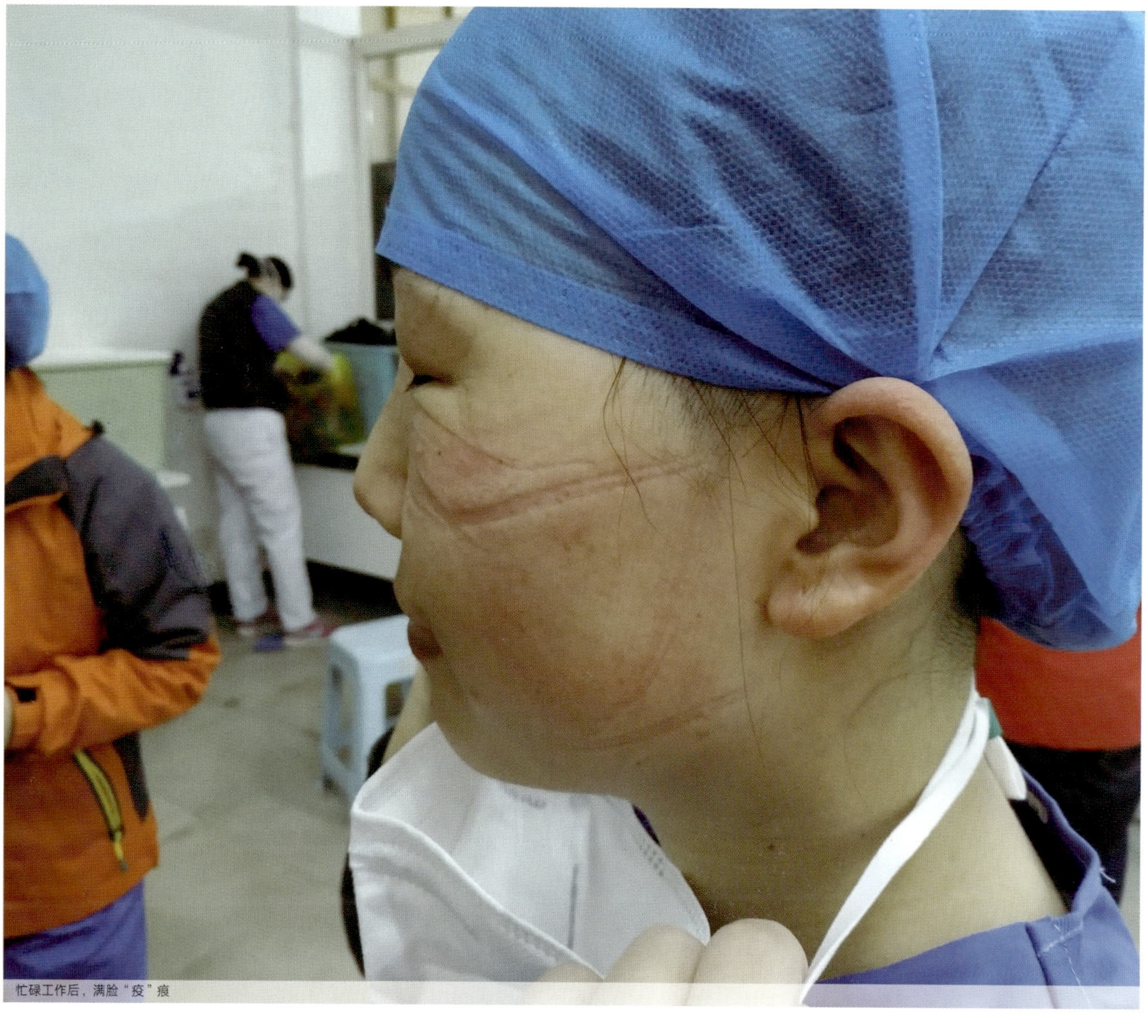

忙碌工作后，满脸“疫”痕

朱荔昆
南昌市第一医院

支援武汉市第五医院，负责普通医疗组五组发热病房十一病区护理工作

樱花期

3月19日，得知次日返回南昌，我内心十分激动，晚上收拾好行李，打扫干净房间，并准备好明天要穿的衣服。明天，我们终于可以整整齐齐、着统一服装一个不少地回家了，这一夜睡得很晚，这个我战斗过的城市，我的第二故乡，我睡过的房间，要一尘不染地恢复它来时的模样。

3月20日，我早早醒来，再次检查物品摆放是否整齐，房间整理完毕，吃完在这里的最后一顿早餐，换上心爱的白大褂，推着行李，轻轻地关上了227号房门。9：30，援鄂医疗队员纷纷在抗疫横幅上签名，为这段抗疫时光画下最后一笔。现场为我们送行的人很多，抗疫路上不仅有你我他，还有许多志愿者、外卖小哥们，他们总是给我们带来意想不到的帮助。感谢武汉高规格的欢送仪式，铁骑开道、无数的鲜花和掌声，离别的一刻，近两个月的种种记忆又涌上心头，思绪又拉回到了大年初三，灰蒙蒙的天空只有一架飞机降落武汉的场景。真的要再见了，武汉，待来年樱花盛开时，我一定再回来吃一碗热干面，配一碗酒酿，然后美美地赏一回樱花。

欢送仪式留影

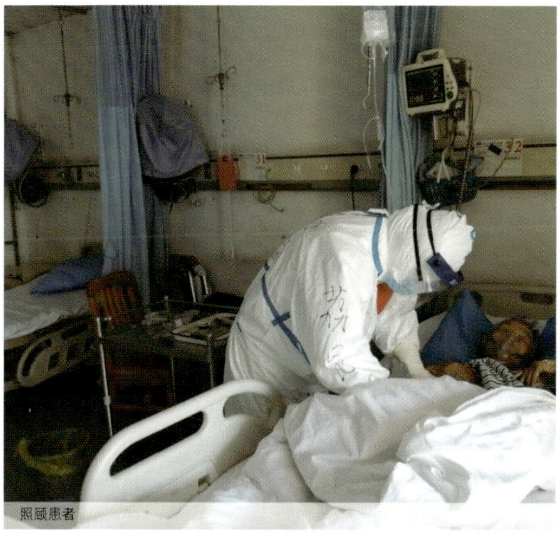

照顾患者

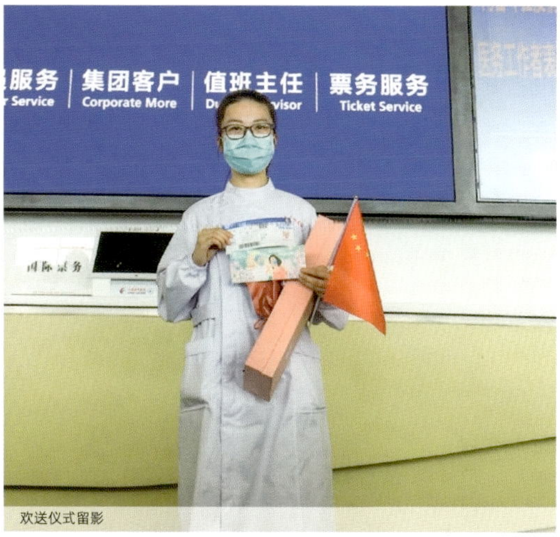

欢送仪式留影

刘丽琴

南昌市第一医院

支援武汉江汉经开区方舱医院，负责病患护理工作

感怀景

完成援助任务后，我们3月18日返回南昌，湖北人民隆重的欢送仪式，让我热泪盈眶。

省委书记刘奇、省长易炼红等领导亲自到机场迎接，我们感到无比的光荣和自豪。我印象深刻的是刘奇书记说的：这次突如其来的新冠肺炎疫情，给人民群众生命安全、身体健康带来了极大威胁，在关键时刻，你们响应党的号召、祖国的召唤，义无反顾奔向抗疫第一线，用自己辛勤和汗水，与时间赛跑，同病魔斗争，展现了不畏艰险、勇往直前的革命精神，展现了救死扶伤、医者仁心的高尚品格，展现了江西医护人员的精神风貌、精湛医技。我们看在眼里，感动在心里。

当天晚上，我们入住安义县斐然生态园。安义县用隆重的迎接仪式接我们回家，志愿者们在众多行李中，帮我们寻找每一位队员的行李箱并送至每一位队友的房间，在这里不光山好水好菜肴好，人更好！

这次援鄂经历，让我深感自己护理工作需要学习的地方还很多，我需要更加努力学习更多的医学护理知识，为患者服务，为群众服务。

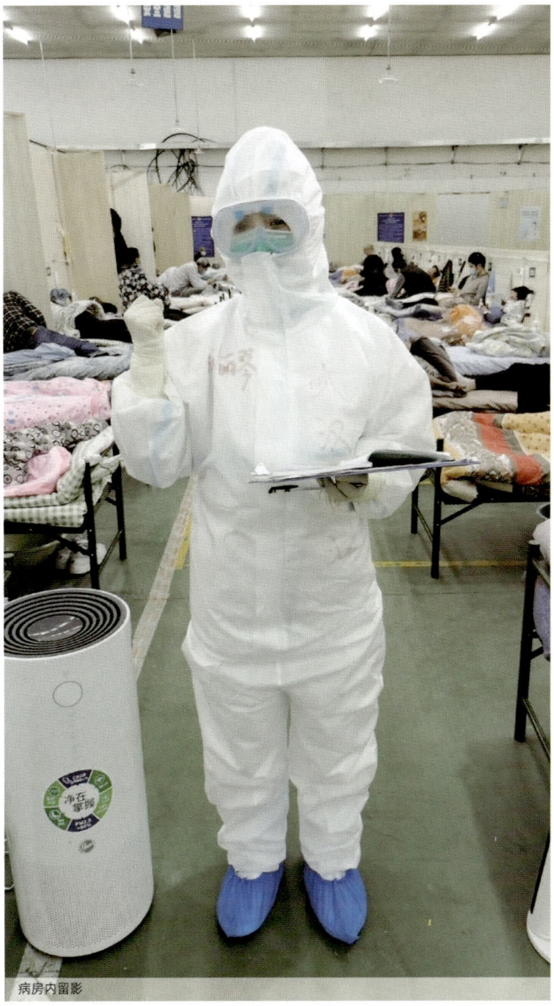

病房内留影

疗养中心留影

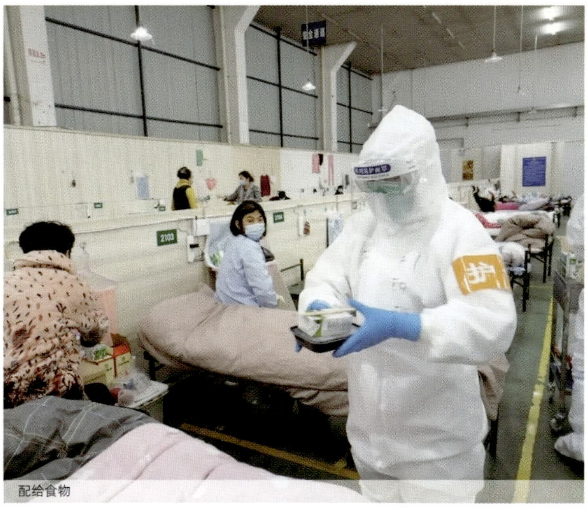

配给食物

刘新

安义县人民医院

支援武汉江汉经开区方舱医院，担任安义援鄂医疗队临时党支部书记，负责江汉方舱医院临床医疗工作

管家泪

3月18日，8点不到，我们整理好房间，在门上贴上对武汉人民给予我们无微不至照顾的感谢语和对武汉人民的祝福语，下楼和后勤保安人员话别、拍照。一路送我们到武汉天河机场的，就有我们的管家杨锴。

杨锴是个魁梧汉子，送了一路，也哭了一路。这段时间，我们每个人都感受到了他细致、周到的服务。因为出现皮肤过敏我需要氯雷他定，他开车到二十里外的药店买；队员擦破了皮，他总能及时知道并送来药物，就连针线盒也能买来；后勤送来了西瓜、哈密瓜等，他马上准备好水果刀；我们要举行宣誓仪式，他立即开车给我们找来党旗、入党誓词、党徽；就连我们想吃的武汉热干面、南昌瓦罐汤、南昌炒粉他也能给我们准备好。挂在他嘴上的话是“老表有什么需要尽管开口，想吃什么尽管说，杨管家竭诚为您服务”——可这些，都是他自掏腰包。

武汉战“疫”的胜利不仅是医务人员的胜利，我们的凯旋也是以杨锴为代表的后勤保障人员的凯旋。感谢杨锴，感谢武汉！

安保人员护送医务人员前往机场

吴晓昇
南昌市第三医院

支援武汉江汉经开区方舱医院，新冠肺炎救治专家组成员，负责医疗救治工作

伤别离

3月17日送别了一同住在光谷青年城的天津医疗队，我们就接到了3月18日返昌的通知。

这个晚上，大家忙着整理个人物品、打扫房间，在房门上贴上感谢信。第二天我起了个大早，向宿舍楼下一望，人声鼎沸，早就有人在下面装点行李，合影留念。送行的车辆和交警车队，整齐地靠在道路两旁，闪烁的警灯和高大帅的武汉交警，形成了一道亮丽的风景。这一刻，我才感觉到，我们完成了自己的使命，是真正凯旋的时候了。

13:30，我们抵达武汉机场。回想来时的武汉机场，夜幕沉沉，一片空寂，心情沉重；今时归去，已春暖花开，机场里到处是送别的标语，承载着武汉人民的感激之情，让人不免泪光涟涟。

飞机上，一位来自武汉的东方航空乘务员的话，更是让我泪涌而出。她说："我是湖北武汉人，我不能为你们做什么，但是我今天主动换班，来为您接机，送英雄回家！"面对疫情，白衣为甲，是医生的天然职责；家国有难，挺身而出，是每个中国人的光荣使命和担当。我不是英雄，是平凡而普通的一员，平安凯旋，已无悔无憾。

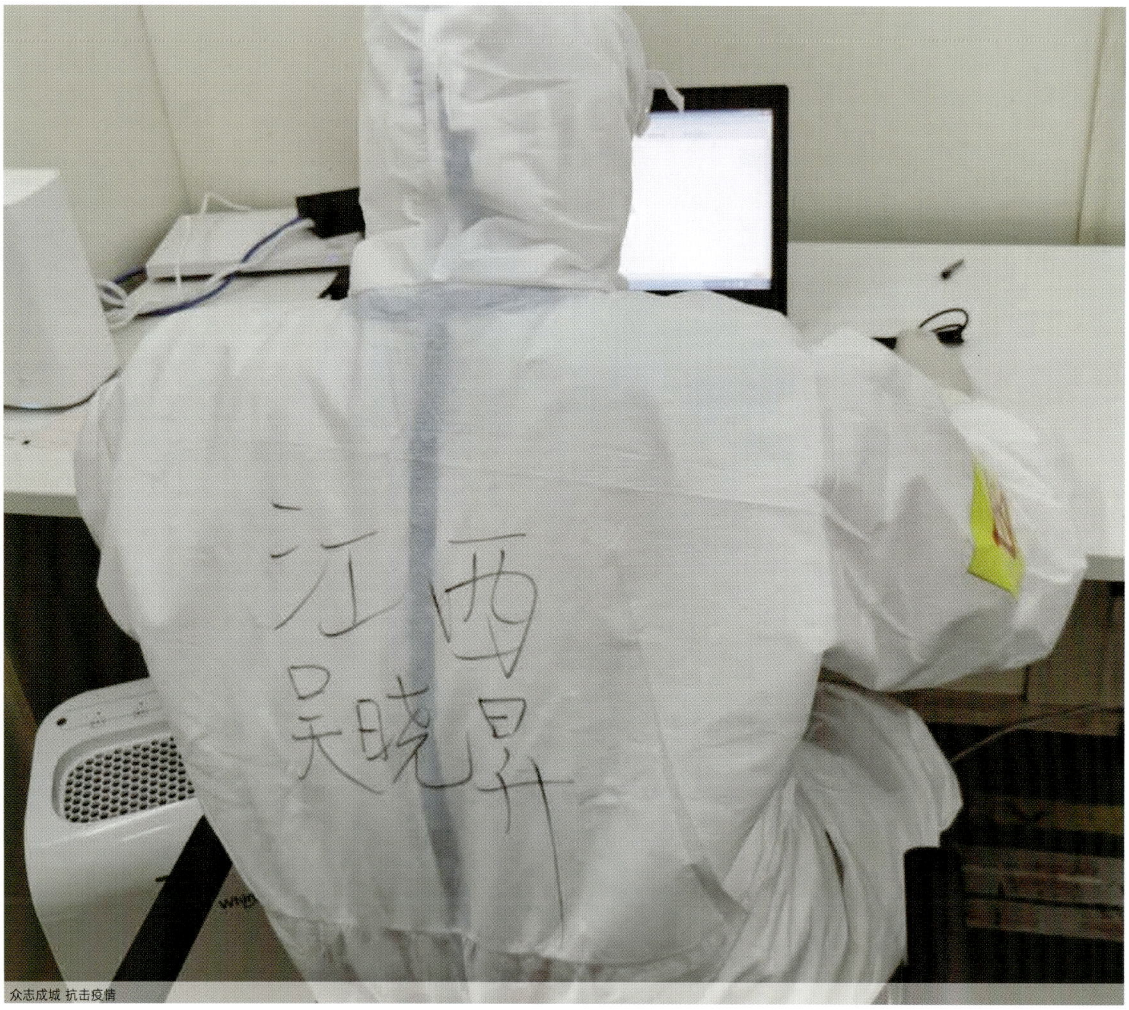

众志成城 抗击疫情

邹玉婷
南昌市洪都中医院
支援武汉江汉经开区方舱医院，负责护理工作

父母盼

知道我18日回南昌，爸妈比我还激动，非要到机场接。我一个劲地劝他们别来。我说我们105个人，穿着一样的衣服，戴着口罩，你们来了未必看得到我；机场那么多人，我也未必找得到你们。到时候有领导来接机，要搞仪式，我也不能走动。再说我们还要隔离，即使在机场我们见着了，也不能接触，不能靠近说话——所以，你们别来了，也许来了也是白来。

但，我100个“别来”的理由，都敌不过他们“要来”的决心。果然，欢迎仪式结束后我都没见着他们。当前往休养地的大巴拐了个弯后，我才看到妈妈和院领导站在一起，手里举着“欢迎援鄂英雄回家”的牌子。妈妈也看到了我，激动得朝我挥手。可我却没看到爸爸。后来才知道，爸爸没开车走过高速，特意叫小叔叔送他们来的。妈妈知道我快考试了，还帮我把书带来了。只是，要麻烦他们拎回去了。

2月15日出征，3月18日凯旋，31天，这是我离开他们时间最长的一次。爸妈不会认为这是一次“不成功的接机”，在他们看来，能见着面就成功了。南昌第五批援鄂医疗队凯旋归来，所有人的团圆指日可待。

与家人合影

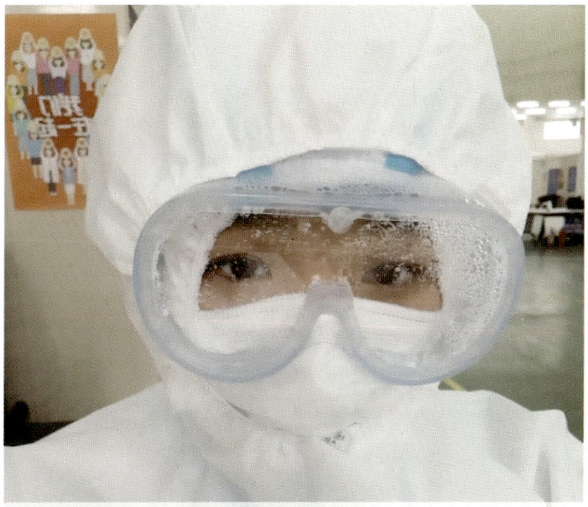
穿着严密的防护服

生活照

陈小珍

南昌市新建区人民医院

支援武汉江汉经开区方舱医院，负责护理工作，咽拭子采集，抽血，发药等等

释怀难

3月18日，这一定是我人生中值得纪念的一天。坐在前往机场的大巴上，我的内心充满了喜悦与感动，喜的是武汉不再受瘟疫之苦，喜的是真的要踏上回家的路了，就不会让妈妈和朋友们为我日日夜夜牵肠挂肚，就不会有每天电话的“唠叨叮嘱”，就不会每天下班后有无数条的微信语音“未读信息”。

感动、难以释怀的是送别时，人民警察一次次敬礼，普通百姓一遍遍挥手、鞠躬，一场场欢送，一句句感谢，一行行热泪。疫情暴发大难之际，武汉人民节衣缩食，仍要保障我们医疗队衣食无忧；他们防护物资如此匮乏，仍要保证我们医疗队防护安全。

离别之际，我们用力记住了武汉的样子，也让我们铭记“每个人的付出都让人感动”。感动的是“回家”时，受到以最高礼仪迎接，一踏上故乡的土地，就见到了许久不见的领导、同事，听到了他们真情的呼唤和关切的问候，这熟悉的声音、熟悉的面孔和熟悉的环境，让我彻底卸下了内心的所有包袱，热泪盈眶。

医疗队合影

医疗队合影

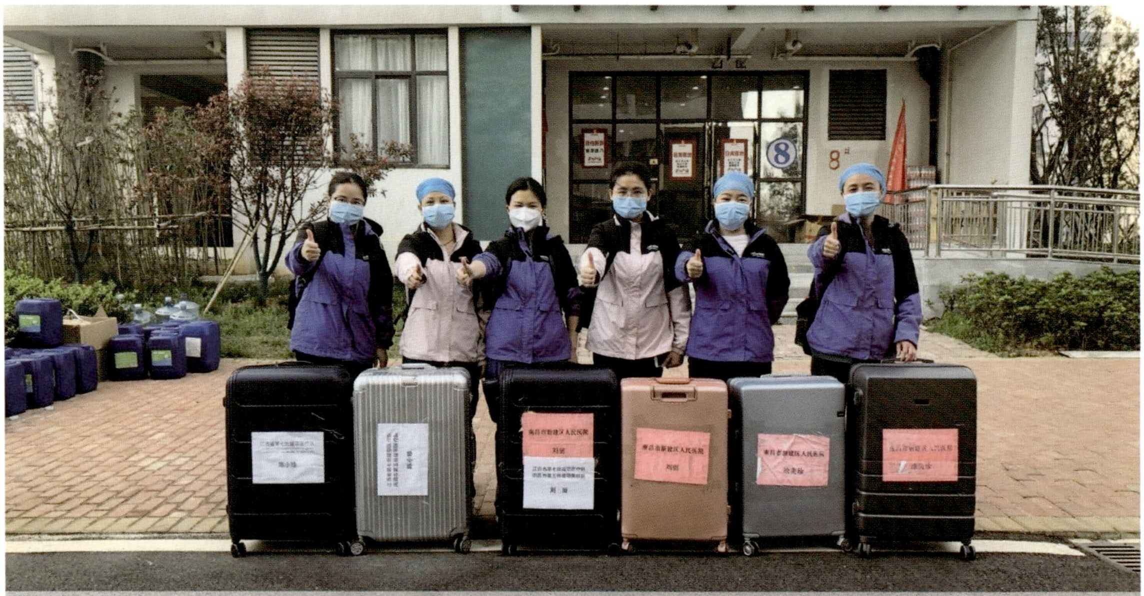

准备出发

陈丹丹

南昌市第三医院

支援武汉江汉经开区方舱医院，负责新冠肺炎患者护理

辞让礼

3月18日一早，队友早早起床。大家吃完早饭后陆续将自己的行李箱推到楼下。我整理好自己的房间，放了一封感谢信在房里，向后勤人员这段时间对我们的照顾表达谢意。

推着行李箱走到电梯边，一个阿姨亲切地说："你们要回家了呀？谢谢你们为武汉做的一切！回家好好休息一下。"我笑着说好的。没过多久，在楼下我又见到这位阿姨，她轻拍了一下我的肩膀，对我说："这袋零食给你们路上吃。里面还有水，累了、渴了就喝点。"我看着她满头大汗，手上提着一袋零食，瞬间鼻子酸酸的，心想这个时候超市都没开门，阿姨从哪里给我们拿来的吃的？后来才反应过来，应该是我前几天看她在外面打扫卫生时我给她的，她都没舍得吃，怕我在路上辛苦，又拿来给我。我平复了一下情绪，笑着对阿姨说："不用了，我们好快就到了，真的不用了，你留着吃吧，累了，饿了就充下饥。"她不肯。就这样，我们来来回回推辞了几次，最终我还是接受了阿姨的好意。接过阿姨手中的吃的，还没来得及跟她合个影，阿姨就去工作了。多么淳朴、善良的人啊！

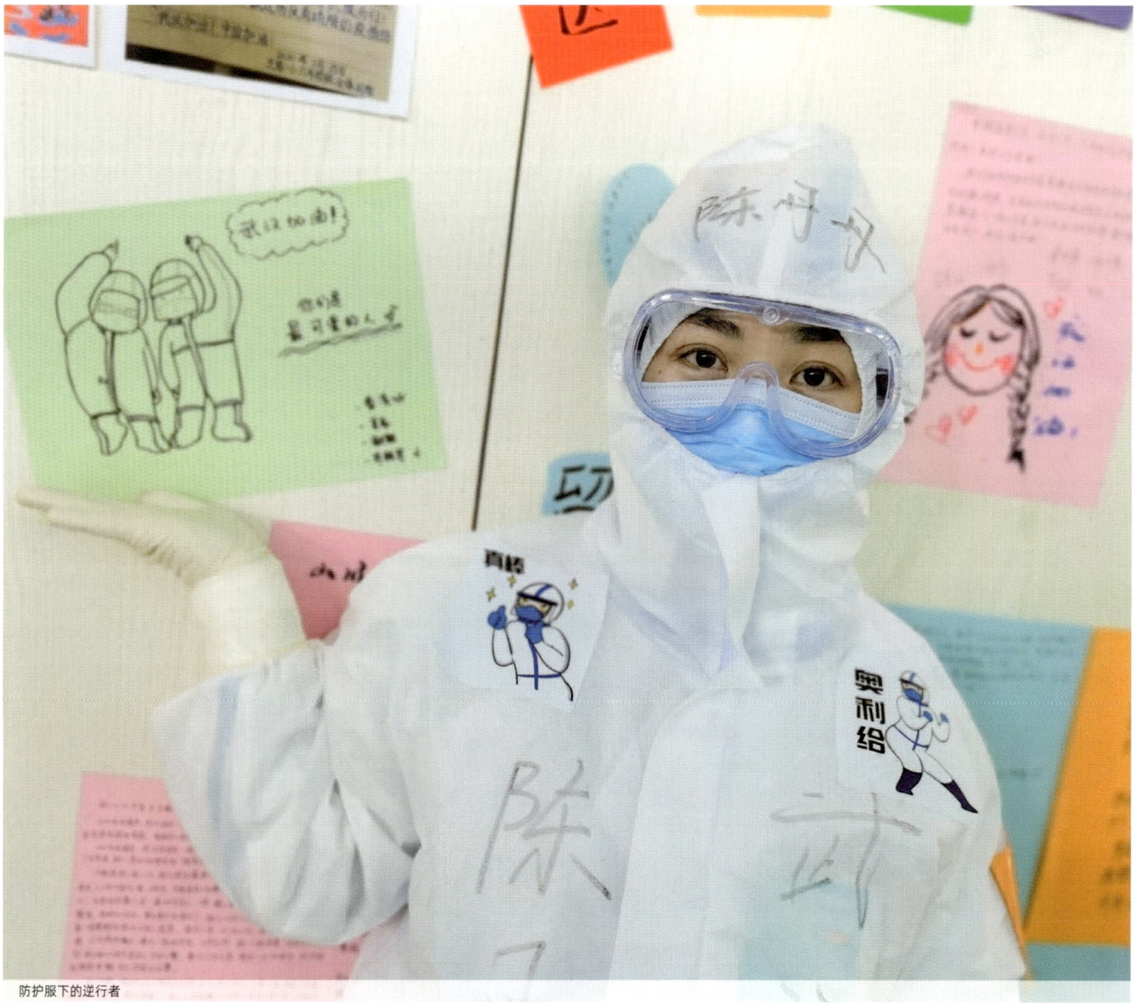

防护服下的逆行者

罗丹

江西省中西医结合医院

支援随州市中心医院，担任新冠ICU护理组组长、临时党支部组织宣传委员

今朝忆

3月23日上午，随州市为我们举行了盛大的欢送仪式和表彰仪式，欢送千里驰援的江西白衣战士。在撤离会场时，突然听到有人在喊“罗丹、罗丹”，循声望去，我看见了随州市中心医院护理部潘主任，当即我们泪奔相拥，久久不愿松开。

随州公安民警整装列队，以最高规格、最深敬意欢送我们回家，大巴所经之处车辆鸣笛，随州市社会各界排起长队欢送我们回家，很多小朋友举起为我们作的画，将祝福写在纸上表达对我们的敬意，甚至有些随州人对着我们医疗队行跪拜礼表达感激之情，随州的骑行爱好者狂骑千米就为送我们一程，随州人民一早还为我们采摘了蕙兰之乡的兰草让我们带上……这就是40多天里我们为之拼过命的地方。

飞机上，机长深情表示：你们辛苦了，向你们表示感谢，我兑现我们的承诺来接您回家！乘务员们也展示了他们专心学的手语舞向我们表示慰问。飞机落地后，机场举行盛大的过水门仪式为我们接风洗尘，这是对我们最高的礼遇，让我们特别的感动。这将成为我一辈子最难忘最值得回忆的经历。

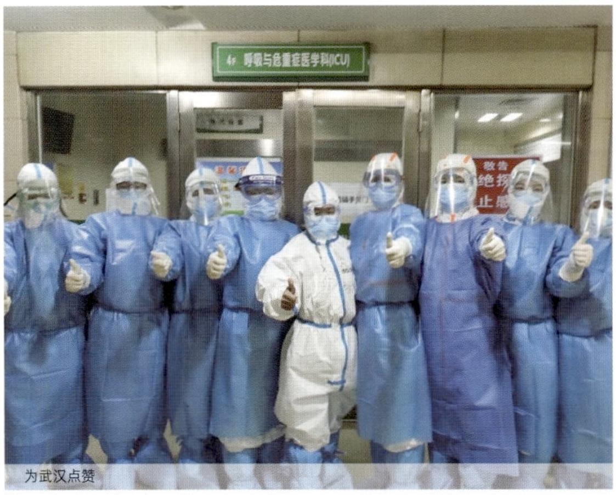

为武汉点赞

寄托美好希望

医疗队合影

宗颖
南昌市洪都中医院
支援武汉市江汉经开区方舱医院，负责护理工作

“手舞”意

3月17日，我们接到队里通知，准备撤离武汉。这段时间，正是有了驻地后勤人员对我们无微不至的照顾，我们才得以安心工作。江西医疗队管家杨锴，为我们的饮食起居操劳了1个多月。

晚饭后，我们10人的洪中抗疫小分队聚在一起，商量用什么方式感谢小杨管家，最后决定用最近比较流行的一段手势舞来表达我们的心愿。大家乘着收拾行李的空档，抓紧时间练习，想要给他一个惊喜。第二天一早，我们趁他休息间隙围了上去，表示有一个小惊喜想要送给他。大家围成圈，伴随着音乐响起“一群人，一条路，坚持一直走下去，在一起不容易，相守更加了不起……”伴随着音乐，大家整齐地做着手势舞，表达对他的感激之情，感谢他为我们所做的一切、一切的一切。

离开的当天，小杨一路陪伴着我们，来到机场，用手机记录着我们离开的身影，我们互相挥手告别，眼泪早已在大家的眼眶内打转。小杨管家，希望你有时间能来南昌游玩，尝尝南昌的拌粉和瓦罐汤，感受一下同样是一个英雄的城市的魅力。

医疗队合影

慰问队友

医疗队合影

胡耀飞
南昌市第三医院
支援随州市中心医院重症医学科，负责危重新冠肺炎患者的救治工作

稚子心

3月23日是我们返程的日子。一大早，当地一位10岁的小学生和爸爸赶来我们驻地凤凰酒店，送上了他写给我们江西医疗队的感谢信，特别叮嘱我上了飞机再打开念给队员们听。

随州百姓在去往武汉天河机场的必经之路夹道欢送，小朋友举着为我们作的画表达敬意，一位大哥含泪高举“赣随携手 江湖同心 感恩有您”的书法作品频频鞠躬，退伍老兵拉着横幅为我们送行，有一位妇女在路旁跪谢送别……我们都被感动得热泪盈眶。

在飞机上，大家传阅了小朋友写的“感恩致辞”。他写道：感谢江西的白衣天使对我们的帮助。自疫情暴发，你们舍小家为大家，来到随州。为了减少医疗物资的消耗，你们在防护服下穿上了厚重的尿不湿。长时间戴着护目镜和口罩，让你们帅气和美丽的脸庞都肿了，有的甚至还破皮了……感恩你们，谢谢你们，我爱你们！你们是随州永远的亲人。感谢你们为随州拼过命！最后，祝你们“一路平安”！！！

离开随州

黄倩

南昌市第一医院

支援武汉江汉经开区方舱医院，负责护理工作

催泪程

3月18日返回南昌前，武汉相关领导来驻地为我们送行，言语中一直在表达对我们的感激之情，让我内心充满了感动。从驻地去机场的路上，警车给我们开道，马路两边的人群向我们挥手告别，看着眼前的这一幕幕，我忍不住内心感动得流下了眼泪。

到达机场，志愿者们站在机场大厅的两侧挥舞着手中的小红旗向我们高呼“感谢江西，你们辛苦了！”执勤的武警向我们敬礼，这一路上太多的情景让我感动着。在候机大厅，我又收到了一份具有重要意义的礼物：一张记录我们驰援武汉的登机牌，上面有樱花、黄鹤楼，医务人员的画像。

飞机上，机长在广播里说：“你们在武汉夜以继日与病毒战斗，我们在家乡关注着一天天下降的疫情数据，为你们祈祷。终于等到了你们平安归来！你们展现了‘英雄城儿女’的风采，你们是江西人民的骄傲！”话虽简短，字字催泪。

飞机平稳降落，当我们坐在飞机里滑过水门的时候，大家都不约而同地欢呼起来，我真的没有想到竟然会有这么高的礼仪来迎接我们，我真的是太激动了。

种植桂花树

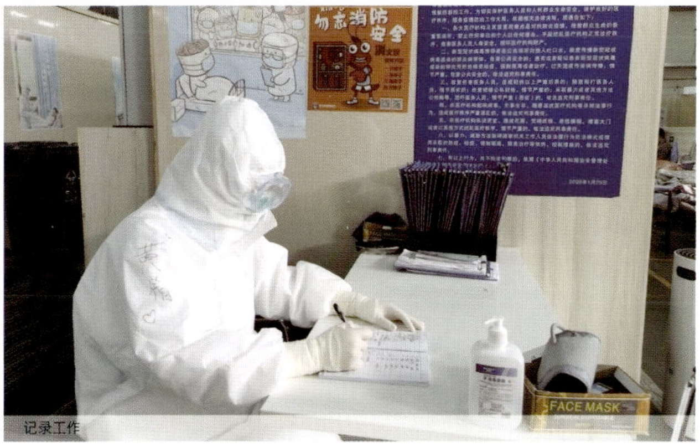

记录工作

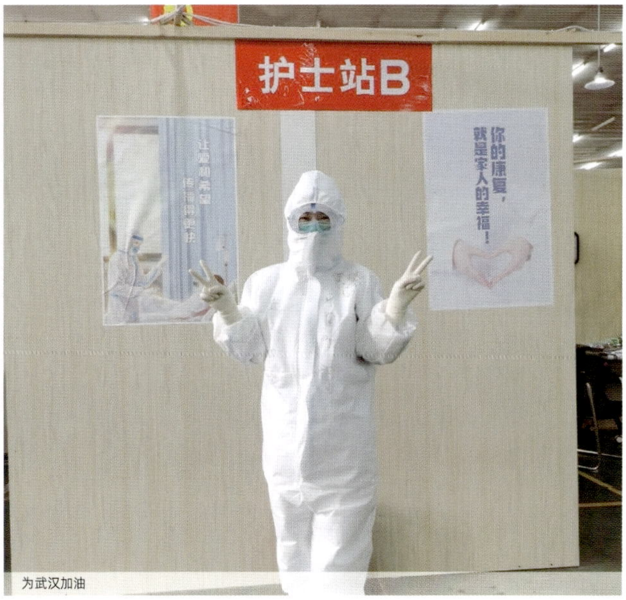

为武汉加油

雷洪峰

南昌市洪都中医院

支援武汉江汉经开区方舱医院，负责医疗救助

礼遇暖

3月18日是一个值得纪念的日子，是我们江西省第七批援鄂医疗队凯旋的日子。一大早，队员们个个都没了睡意，早早起床收拾行囊打扫房间，集结合影。

警灯闪烁，警笛长鸣，铁骑开道，全程护卫，武汉警方以“最高礼遇，最深敬意”欢送援鄂医疗队。我们坐在写有“致敬白衣天使，致敬最美逆行者”的大巴上，道路两旁的群众向我们挥手告别。车子缓缓启动，路旁的警察驻足敬礼，一路上交通指示灯均为绿灯，每个路口交警都敬礼注目送行。来到机场，我们遇到了几支同样返回的医疗队，大家都怀着喜悦的心情，马上就要回家了，既有再见父母妻儿的喜悦，又有对这座英雄城市的不舍。

当飞机降落在南昌昌北国际机场时，有民航的最高礼仪的“过水门”，有省委书记和省长对我们的殷切慰问，还有院领导和同事为我们准备的惊喜，以及南昌警方以“最坚挺的身姿、最严整的警容、最饱满的热情、最崇高的敬意”护送我们至疗养地……这次抗疫，让我深刻领会到中国特色社会主义制度的优越性。我深爱着我的祖国。

武汉加油

与患者合影

众志成城 抗击疫情

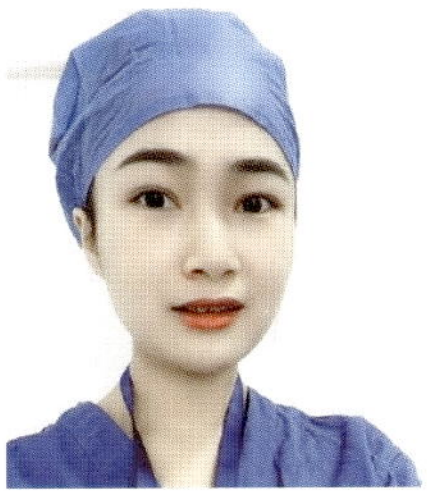

詹湾湾
安义县人民医院

支援武汉江汉经开区方舱医院，负责检测病人生命体征，采血化验，采集鼻咽拭子，发生活物品

“会师”欢

接到3月18日返回南昌的指令后，我们的心情既激动，又不舍。激动，是因为湖北的疫情得到有效控制，距离全面胜利又近了一步，而这个战斗，我们荣幸地参与其中；不舍，是因为这是我们以命相搏32天的地方，这32天里，我们与湖北人民建立了“生死之交”。

前往机场的路上，铁骑护卫队为我们引路护航。到达机场，我们荣幸地获得湖北省毛泽东书法艺术研究会赠送的一幅画《接天莲叶无穷碧，映日荷花别样红》。候机的时候，在我们对面的是重庆市第九批援鄂医疗队。这场不期而遇的“会师”，让大家都很兴奋，两位旗手斗志昂扬，在机场挥舞着队旗。大家一起高喊加油，武汉加油，湖北加油，中国加油。虽然每个人戴着口罩，看不清脸部表情，但是大家从每个人弯弯的眼睛里看出了喜悦、热情。“重庆欢迎你们来吃火锅”，“南昌欢迎你们来吃南昌炒粉”的声音此伏彼起，在候机厅回响。

出征时雨雪霏霏，归来时阳光明媚。心若向阳，无谓悲伤；全国同心，人间皆安！

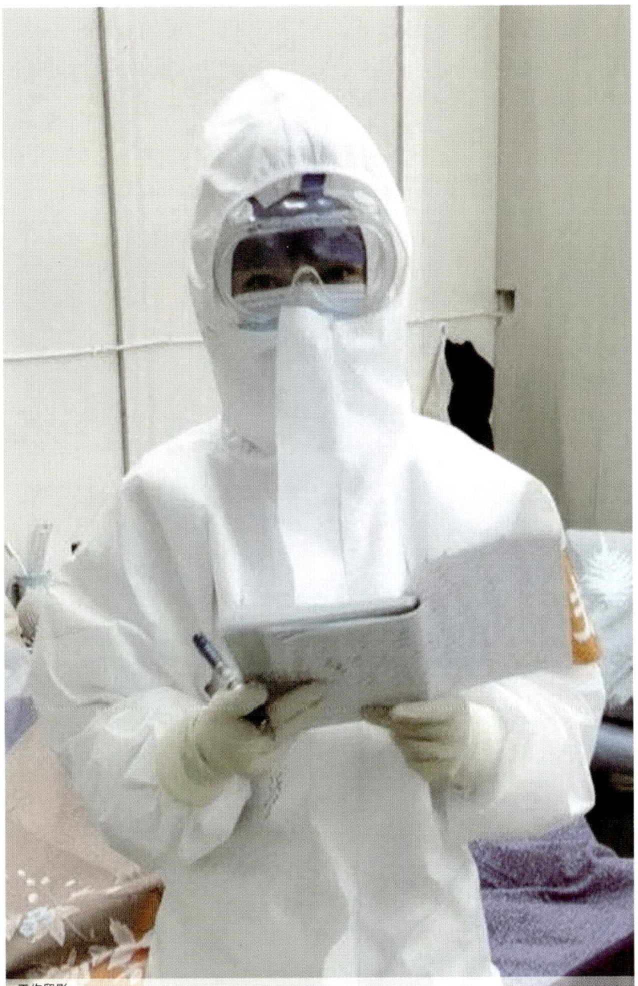

工作留影

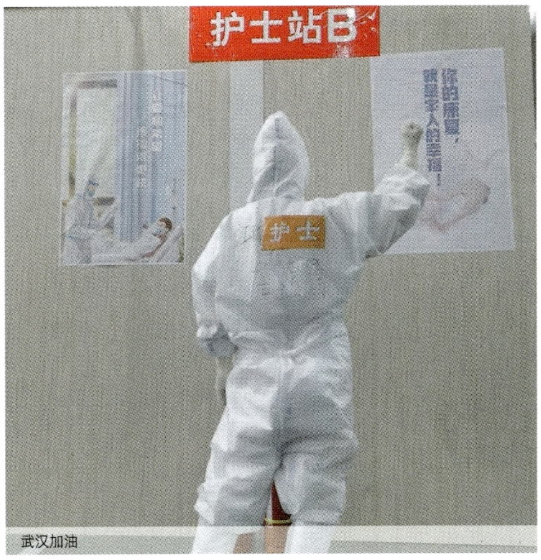

武汉加油

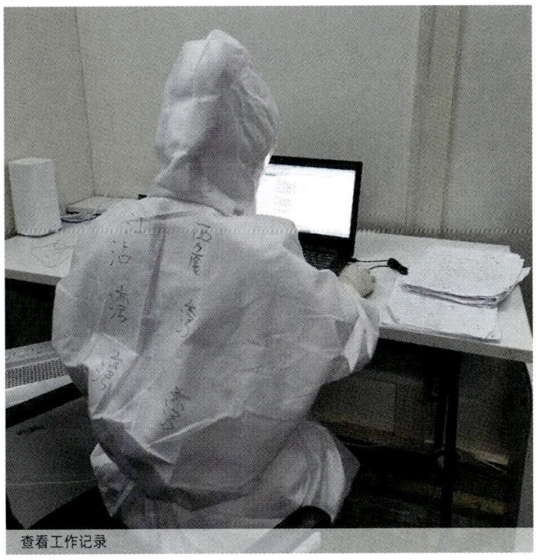

查看工作记录

蔡飞燕
南昌市洪都中医院

支援武汉江汉经开区方舱医院，负责入舱患者信息收集、生命体征测量、指脉氧监测

千金诺

3月18日中午，武汉市政协主席来为我们送行，他三次鞠躬代表武汉人民表达了对援鄂医疗队的敬意、感恩、感谢，感谢我们不顾危险、不畏艰辛投入防控救治工作，并为我们献上鲜花。欢送人群向我们挥手，交警快骑全程护送，每个路口交警都立正敬礼，沿路电子屏幕上打出“白衣执甲、逆行出征、凯旋而归”红色字幕，让我眼泪忍不住滑落。

登上返程包机，我们每位医护人员都拿到了一张有中国东方航空专机乘务人员签名的登机牌，它承载着105名江西医疗队的承诺。2月15日晚上，乘务长在广播里哽咽地说：“在武汉最危险的时刻，感谢你们顶风冒雪驰援！等你们完成任务，我们接你们回家。”33天后，东航机长说：“尊敬的白衣天使，今天，我们履行约定，来接你们回家！”

昌北机场的迎接仪式更让我感动不已。消防车打出水门，以民航的最高礼仪迎接我们凯旋，再次让我感动落泪。我们哪里是什么英雄，只不过履行一个护士的职责，一名党员的誓言，在平凡的岗位上做着我们应该做的事情而已。

众志成城 抗击疫情

致敬英雄

过水门

熊丽玲

南昌大学一附院高新医院

支援随州广水市第一人民医院，负责新冠患者的日常治疗及生活护理

“朋友”义

3月23日是江西援随广水医疗队一百多名队员永远值得铭记的日子，也是广水市94万百姓刻入心底的日子！随州战疫取得胜利，我们要向这个洒过汗流过泪奋战了42天的城市告别。“朋友不曾孤单过，一声朋友你会懂……”当周华健的《朋友》响起，前一刻与战友拍照留念时还笑得露出8颗牙的我，这一刻眼泪就像打开了的水龙头——分别真的要来才知道自己有多不舍。

广水群众自发前来送行，突然一个人冲出人墙蹦进了我怀里，是备备，她带着妈妈过来了，紧紧抱着我说一路顺风。她是广水一院感染科的护士，第一个夜班我搭她，互留微信后的我们一直保持着联系，这一份守望相助的战友情，弥足珍贵！还有聂佳，人群中的他踮着脚使劲挥手告别，他是病区最活跃的患者，昨天说不能来送行的他给了我们意外惊喜，“朋友一生一起走，那些日子不会有……”车队缓缓驶过长街，夹道送行的人一直绵延到高速路口，我对他们喊“欢迎你们来江西玩”，“真爱过，才会懂，会寂寞会回首”，赣鄂同饮一江水，希望这份情谊永远流传下去！

欢送仪式

我们胜利了！

同事合影

众志成城 抗击疫情
江西省第七批援鄂医疗队

第七章

CHAPTER7

春　暖

他们走过寒风飘雪的冬天,给家人留下坚定无畏的背影；他们迎来阳光明媚的春天,心里收获了灿烂笃定的未来。他们让世人相信，只要眼中有光、心中有爱，再大的困难也阻挡不了胜利和希望!

回忆起那并肩奋战的日日夜夜，有艰难、有感动、有信念。剪掉的缕缕青丝，脸庞上红肿的压痕，布满血丝的双眸，被汗水浸透的衣衫……这一定是人生最美的勋章。

二月寒风送君去，三月春光迎卿归。感谢你们，一个都不少！

万三艳
南昌市第一医院

支援武汉市江汉开发区方舱医院，B区护理4组组长，负责组员和方舱内患者的安全

后方有你

休养过程中，我常常想起在武汉的日子，一阵阵涌起感动和感谢。日子虽然辛苦，却收获了来自后方的巨大帮助。

2月15日一大早，接到医院通知去武汉支援，我唯一放心不下的，就是即将中考的女儿。给丈夫打电话说起担忧，他表示，你最主要的任务是要保护好自己，做好个人防护，其他的不用担心，我会照顾好女儿和家里的。

到武汉后，与丈夫联系，他告知我，他单位的领导得知我去援鄂后，居然给他安排了一个特殊的“假期”，让我在武汉能够安心工作无后顾之忧。这个惊喜让我深切感觉到来自后方无穷无尽的支持力量，仿佛所有人都在集中力量战疫。

我想我们能够战胜这场疫情，除了有前方的医护人员，还有更多默默付出、默默贡献的各界社会人士。

这场战“疫”没有局外人，也没有旁观者，需要每个人的参与和奉献。

与家人合影

与女儿合影

组织关怀

万梦青

江西省中西医结合医院

支援武汉市江汉开发区方舱医院，负责测量生命体征，基础护理，协助患者出院、转院等工作

拥抱春天

我是一名护理重症患者的护士，一直以来，面对病魔，我毫不畏惧，面对生命，我尽心守护。在国家危难时刻，能尽绵薄之力用自己所学的知识去挽救更多的生命，我感到很自豪、很光荣。虽然工作辛苦忙碌，但是每次看到病人的治疗后有成效，让患者转危为安，我所有的辛苦与泪水都是值得的。

新冠肺炎防治，给我们重新上了一堂人生课，让我们对生命、对家国、对健康都有了更深刻的认识，明天和意外永远不知道哪个先到来，我们只能活在当下，真心对待身边的每一个人。

当2020年春天如约而至后，我们在安义古村植下一棵棵寓意吉祥、收获和胜利的桂花树。我以种树为新的起点，种下国泰民安、风调雨顺的新希望！在这场疫情中，从寒冬腊月坚守到春暖花开，我只是做了本职工作，却意外收获了“最美逆行者”“新时代最可爱的人”的称号，这是人民赋予我们的荣誉。我深知鲜花、掌声、荣誉最终都会归于平淡，我只有再接再励，尽心尽责地工作，才不辜负人民的嘱托。

与自己种的桂花树合个影

疗养中心留影

与队友一起种植桂花树

毛梅
南昌市第一医院

支援武汉市江汉开发区方舱医院，负责患者的各种治疗工作

青春之歌

“医乃仁人之术，必具仁爱之心”，病毒肆虐，一幕幕激昂的战“疫”场景，一个个鲜活的英雄人物，从高龄院士到普通医护，无一不践行使命，迎难而上。

离家的33天里，我常常思考我作为一名普通护士的责任和担当，在危难关头，当时的我放下了恐惧，没有去考虑家庭、孩子，更多的是作为一名从业多年的护士来思考。

记得有一次在午饭时间接了一个患者，帮他办理好住院后，我顺手递给他一份盒饭，他感动得一直对我说谢谢。我惊讶于他的客气，通过和他交流沟通后才得知，他被确诊后就匆匆忙忙来医院了，没吃午饭，情绪也很低落。几番交谈后，患者情绪稳定下来，得知我们是来自江西的医疗队后，他竖起大拇指为我们点赞。

在武汉的日子里，理解和互助让大家成为了亲密的朋友，每一位患者的支持，都让我对战胜疫情信心倍增。回到江西后，我也在加强自身学习，保持乐观开朗的心态，不断丰富和完善自己。

责任面前，只有一种选择，就是坚守岗位、积极备战。

病患面前，只有一个目标，就是救治病人、抗击疫情。

使命面前，只有一种决心，就是舍小家、为大家。

中国加油

与队友合影

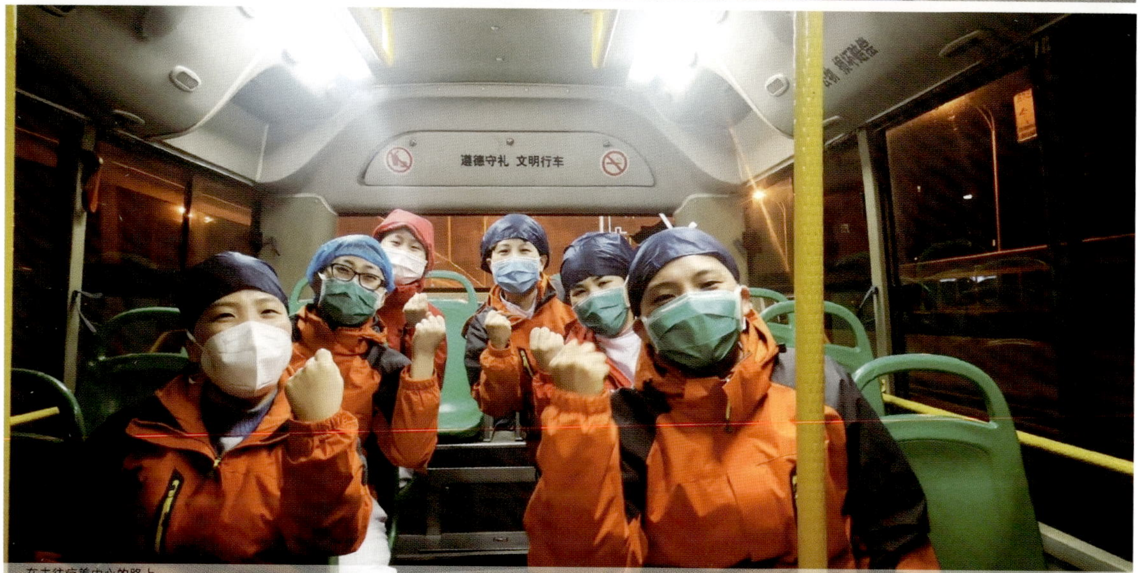

在去往疗养中心的路上

邓文洁

南昌市第一医院

支援武汉市江汉开发区方舱医院，担任责任护士

重温誓词

在休养期间，日子是安静的、放松的，离回家的日子也一天天近了，思念女儿的心却一刻也抑制不住。回想起出征那天，我让丈夫看着睡着的女儿，偷偷地踏上了去武汉的路途，为什么不敢再看她一眼呢？我怕女儿的眼泪让我不忍心离去。风雨无阻离开家门的那一刻，我的心情是复杂却无畏的。

我时常想，之后我能怎么给女儿谈起那一刻的心情？我也会害怕被病毒感染，但我是一名医护人员，当我穿好防护服时，心就会立刻平静下来，因为我知道下一步我就要投入到护理工作中。一天6小时，穿着厚重的防护服，我要面对的是正在被病痛折磨、需要照顾的人们，我必须去帮助他们！

在家时，我常常给女儿念我成为护士那天的誓词，"我自愿当一名护士，忠诚于护理事业，全心全意为病人服务……把我的一生献给崇高的护理事业。"

是的，重温誓词，护理是我这辈子的事业，我会把这次的抗疫经历讲给我最亲爱的女儿听。告诉她，无论在哪里在做什么，要记得一个人的信仰不能丢。女儿电话里夸我是厉害的大英雄，但我想告诉她，真正的英雄，不是拥有神奇力量或武器的人，而是面对艰难险阻，不忘初衷、信守诺言、迎难而上的人。

凯旋后与女儿在一起

为妈妈打气

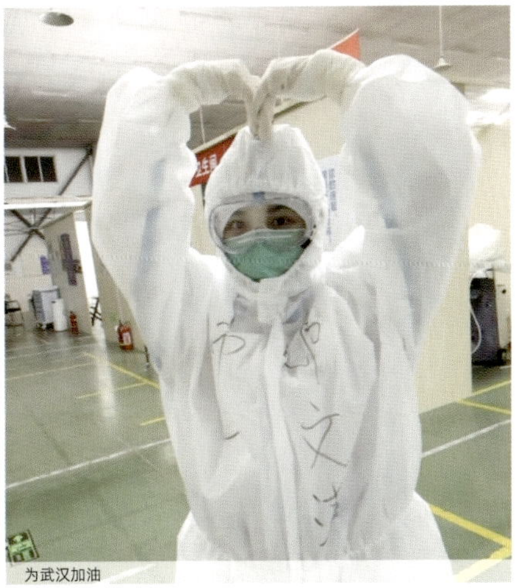

为武汉加油

刘春亮

南昌市第一医院

支援武汉市江汉开发区方舱医院，负责护理总台协调工作

倾城温暖

武汉发生的那些事仿佛就发生在昨天，如今再站上江西的红土地，我回想起之前的一幕幕，心中有太多感动、感恩、感谢。

在方舱医院里，各地的援鄂医疗队组成了一个大家庭，我们像兄弟姐妹一样工作着，待患者如亲人，认真完成治疗工作，用心满足患者需求。患者的一个微笑、一声谢谢就是对我们的肯定。

还记得一个寒冷的清晨，有位患者到护理总台问我有没有棉拖鞋，看她冷得直哆嗦，我赶紧将患者扶回病床，帮她盖好被子，再跑去拿棉拖鞋给她。其实，我只是做了一件小事，她却记在了心上，一直对我说谢谢。

抗疫期间，病毒隔开了医者和患者，但我们的心却贴得更近了。护理这个行业，需要我们对待事情付出更多爱和细心。冰心曾说："爱在左，同情在右，走在生命的两旁，随时播种，随时开花，将这一径长途，点缀得香花弥漫，使穿枝拂叶的行人，踏着荆棘，不觉得痛苦，有泪可落，却不是悲凉。"来势汹汹的疫情面前，我们是一个命运共同体，更是个责任共同体。

去时风雨兼程，回时春暖花开！用医者担当去温暖一座城！

种植树木，种下希望

疗养中心留影

刘凌

江西省中西医结合医院

支援武汉市江汉开发区方舱医院，负责护理工作

回家真好！

2020年4月2日，休养正式结束，我终于回到了阔别近两个月的医院和家。看到同事熟悉的脸，我们忍不住流泪相拥，是感动、是激动、是想念、是牵挂，什么都不用多说，都懂彼此！

小区门口，我一眼就看到了等待的家人，已经在小区门口等着我，远远地看到了家人，眼睛瞬间就被泪水模糊了！等车停稳，我迫不及待冲下车，接过婆婆手上的小儿子，他呆呆看着我，也不哭，也不笑，这让我有些莫名的难过！也难怪，我走时他才不满一岁，连妈妈也不会叫！但是看着白白胖胖的儿子，心里也很是欣慰。

大儿子此时用力抱着我，不停叫着：“妈妈、妈妈！”好像要把两个月的思念补回来一样。我不停回应着他，我们的眼睛再一次湿润了。大儿子长高了不少，听他说，这两个月已经学会自己煮食物、自己整理房间，我感叹不已，果然经历了一些事情就会懂事很多。

丈夫虽然忙着搬行李，眼睛却红红地时不时看着我们，只会反复念叨：“回来就好，回来就好，我们回家。”

大家都平平安安的，这就是最好的了！疫情无情，人间有爱！晚饭，看着饭桌前整整齐齐的一家人，回家的感觉真好！

种植桂花树

挂上树牌合个影

父子之约

江小杰

南昌市第一医院

支援武汉市江汉开发区方舱医院，负责轻症及普通型患者的救治工作

4月2日是我回家的日子，妻子在电话里告诉我，儿子很兴奋，一直在问，爸爸打败了妖怪吗？是不是像孙悟空一样，坐着大飞机经过彩虹门回家？我被儿子的童言稚语逗笑时，心里的思念却早已压抑不住。

当我一迈进家门，3岁的儿子就迫不及待地拿着他最心爱的金箍棒，冲到了我的怀里。

回想疫情刚开始的时候，不能出去玩，是儿子最困惑的事。我只能告诉他，“外面有很多叫做新冠病毒的妖怪，它们会躲起来找机会伤害我们。”儿子好像听懂了，接下来的一个月，即使多想出门，他也没有再闹。

2月15日，我接到了医院援鄂集结的通知，临行前儿子抱住我，眼泪在眼眶里打转，“妖怪会伤害爸爸吗？我不想你去。”我蹲下身抱住他，“爸爸也想像孙悟空一样，去消灭那些叫新冠病毒的妖怪，等妖怪打完了，我就回来了。”在武汉的日子里，每隔几天，我都会与家人视频，儿子总是不停地问我，打完了妖怪吗？什么时候回来？我每次都和他说，就快了。

现在我终于回家，儿子对我说：“爸爸，你是孙悟空，我以后要跟你一样做一个打妖怪的大英雄，你可以带我去武汉吗？我要带着金箍棒一起去！”

“好的！爸爸明年就带你去。”这是我和儿子的约定。

凯旋归来

与儿子合影

与妻子相见

今日休舱，江汉加油

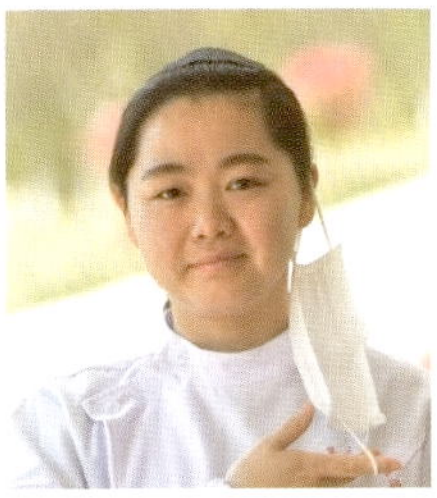

阮灵玲

南昌市第一医院

支援武汉市江汉开发区方舱医院，负责分诊、接收新病人、患者生命体症的监测

力量汇聚

谁能想到，2020年开年，我们会以“战疫”这个词开场。新冠肺炎疫情牵动着每个中国人的心。身为护士的我，直面疫情时，更能体会这种心情。

当战斗的集结号吹响，身为医护人员的我们就是先锋队。后方的战备部队减轻了我对亲人的担忧，并不断帮我照顾家人，解决家里一些燃眉之急，给了我温暖的依靠，也消除了前线我的顾虑，不定期配送蔬菜、食物等生活物资，让我能全身心投入到战疫中。

去时冬寒，归时春暖。在这场无硝烟的战争中，我既是“参战的战士”，也是“被祖国保护的孩子”。在这场与疫魔的斗争中，我们每个人都是无畏的战士，这份无畏源于救死扶伤的使命担当，源于敬业奉献的执着坚守，这必将成为逆境中的光芒，汇聚成打赢这场战疫的无穷力量！千千万万束光，汇聚成强大的力量，战“疫”场上的我们无所畏惧。

机场留念

李玚

南昌市第一医院

支援武汉市江汉开发区方舱医院，担任B区的责任护士

爱的意义

休养结束后，我即将返回工作岗位，回想这次我在一线的工作，真正体会到了那句“总是安慰”的真谛。

这次疫情中，很多患者在住院期间都会比较焦虑，在恢复期中，没有什么症状，仍会觉得全身不舒服。我们每天查房时都需要花很多时间去做心理安慰、疏导，引导他们正确认识这个疾病，会多和他们聊聊天。

防护服是封闭的，但我们的爱心是向患者敞开的。为了便于患者识别护士和医生，我们除了在防护服上写上姓名外，还会注明自己是护士还是医生，同时也会写上“加油”两个字，一来为小伙伴加油鼓劲，二来鼓励患者增强信心。

还记得经过几天的心理疏导，压抑沉默的气氛渐渐消散，大家的交流互动也多了起来。当我穿着笨重的防护服，护目镜也全是水珠看不清的时候，有几位阿姨主动帮我发午餐。这个小小的举动，却给了我很大的动力和干劲。看到自己负责的病人状态一天比一天好，觉得自己来到方舱的每一天都过的很有意义。

只要患者需要我，我都会去做，这就是护理人应该做的事。过去，今天，未来都将如此。

英雄感恩林留影

种植桂花树

李璐

南昌市第一医院

支援武汉市江汉开发区方舱医院，负责发放口服药，测量生命体征，病情观察等工作

强健体魄

在结束了32天的援鄂工作后，我们抵达安义开启14天的休养。到达酒店后，我看到工作人员为我们准备的花、贺卡、巧克力、水果等暖心礼物。心里满满的感动与感恩。

在安义期间，我们跳绳、下棋、跑步、看书、打羽毛球……在放松的同时还能锻炼身体。想起这次一线抗疫的日子，我深刻意识到良好身体素质的重要性，有充沛的体力才能更好地工作。

记得在援鄂期间，我们每天都防护得严严实实，厚厚的防护服和护目镜在保护我们的同时，也确实对我们的行动和工作造成了影响。起初的几天很难适应，护目镜起雾看不清，防护服捂得人汗流浃背，起先垫好的尿不湿也闷热异常，口罩勒得头疼。等到8个小时的工作结束，出来的时候觉得自己都快要站不住了，但一想到患者，我只能咬牙坚持。

这次援鄂虽然辛苦，却让我更加坚定了要做一名好护士的信念。趁休养的这个时机，我每天都会好好锻炼，保持良好的身体素质才能更好地在岗位上发光发热。

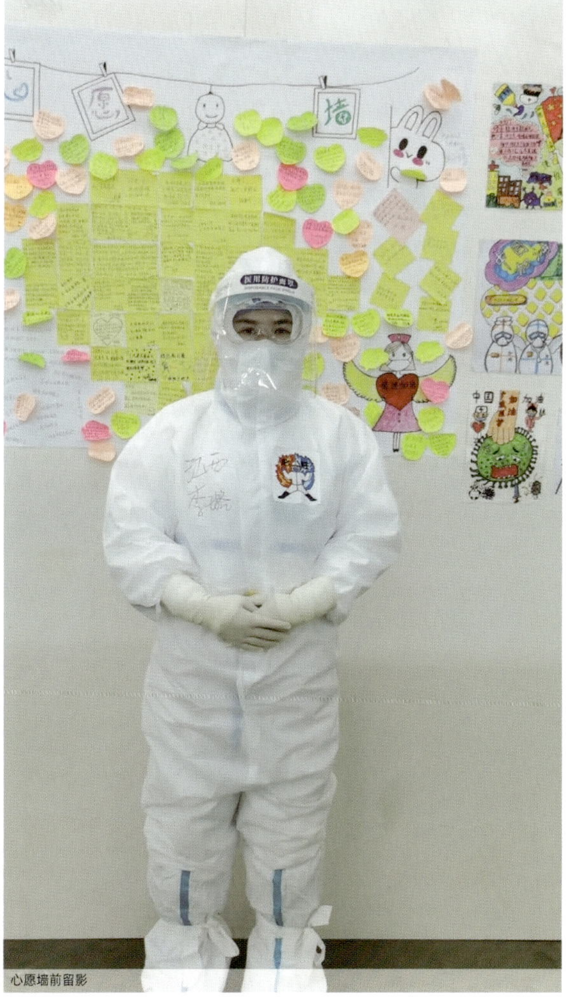

心愿墙前留影

在疗养中心

肖峥

南昌市第三医院

支援武汉市江汉开发区方舱医院，负责巡查病房，接收病人，判断病人能否出院或者转院等工作

最美约定

记得初识杨总管，是到达武汉的一周后，我下楼寻找扫帚打扫房间，正好看见一个带着眼镜的小伙子在协调大家搬运物资。告诉他我的需求后，大约六七分钟的时间，我就拿到了所需要的物品。小伙子很爽快地告诉我：“免贵姓杨，我是你们医疗队的驻地联络员，今后有什么生活上的需要可以找我。”

就这样，我认识了这个热情细心的武汉小伙。杨总管经常会在我们医疗队生活群里发“心灵鸡汤”，他会细心询问大家饭菜合不合口味，在队员生日时送上精美的小卡片和生日蛋糕，与我们相互鼓劲加油。我想正是有他们无微不至的后勤保障，才能使我们集中精力投入训练和救治工作。

由于疫情的缘故，我沒有机会去看武汉的樱花，这也是我们许多队员内心的一点小遗憾，杨总管知道后，邀请我们江西第七批南昌第五批援鄂医疗队105人，明年的春天再来江城看樱花，这真是一个让人感动到无法拒绝的约定。

回到南昌，我时不时想起与杨总管的这个邀约，正所谓“谁无暴风劲雨时，守得云开见月明”，武汉人民最困难的时候已经过去。明年，我一定去武汉赴约！

挂上许愿牌

与战友合影

抵达南昌

余科京
江西省安义县中医院
支援武汉市江汉开发区方舱医院，负责方舱医院内确诊新冠肺炎患者查房、开药、检查申请、病情加重转运等工作

守望初心

3月18日傍晚，我们江西省第七批援鄂医护队的105人乘车至安义县斐然生态园区休养，受到了热烈欢迎。安义，我的故乡，我回来了。

在休养期间，我总会想起至亲至爱的亲人们，难舍难离的同学朋友们，还有共同救死扶伤的医院战友们……与他们视频聊天中，一张张亲切的面容，一声声亲切的呼唤，一个个熟悉的故事，总让我感到满满的温情。

4月2日隔离休养结束，105位援鄂人员在我的家乡安义种下小树苗，既为我们这段值得纪念的抗疫经历保留一段美好的记忆，许下一个心愿，又能为家乡增添一片绿色。

奋战武汉的32个日日夜夜，让我充分感受到祖国的强大，社会主义的凝聚力和优越性。此次经历是我人生中的一笔重要精神财富和一个新起点，更加坚定了我的初心使命，激励我以更饱满的精神，更仁爱的胸怀，更精湛的医术去救死扶伤、造福病人。

大家相约，每年春暖花开时，回到这里，共同回忆援鄂的难忘岁月，分享彼此的欢乐与收获。感恩每一个人，我将在平凡的岗位上为医疗事业贡献自己的绵薄之力。

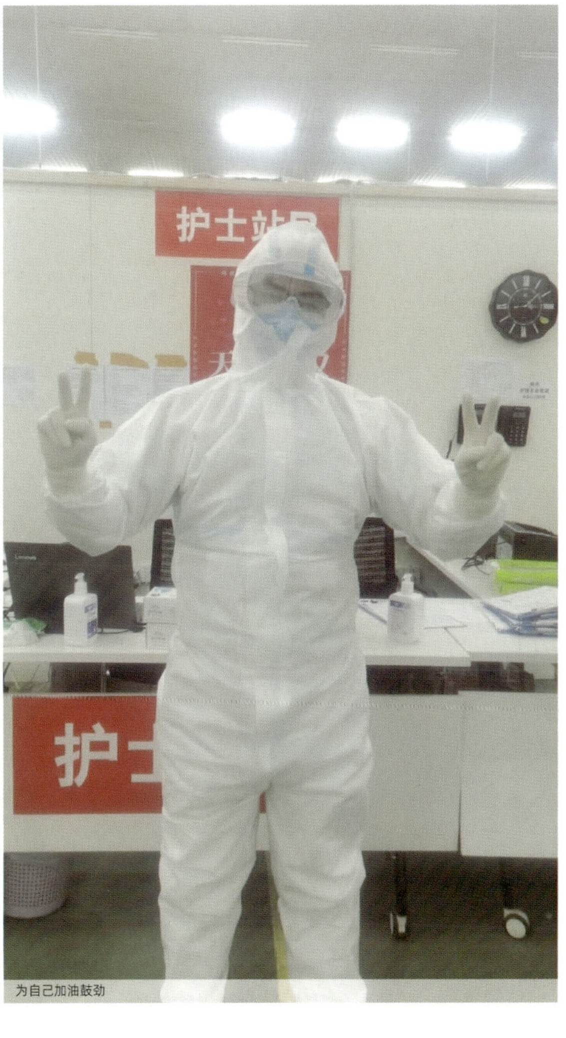

为自己加油鼓劲

与康复病人合照留念

邹飞

南昌市第一医院

支援武汉市江汉开发区方舱医院，负责分诊、协调及护理工作，任护理1组组长

不负众望

1月24日大年三十，全国各地驰援武汉的医疗队紧急集合，逆行而上，奔向疫情最前线，用血肉之躯尽绵薄之力支援同胞。

在武汉抗疫期间，我们有上级领导部门的关心，有武汉市民的信任，有各行各业志愿者们的奉献与坚守……万千力量共同筑起生命防线，亿万中华儿女拧成一股绳，握成一个拳。每个人都尽自己所能去守护、奉献。

在这场抗疫战争中，我懂得了坚守与奉献的意义及快乐，感受到祖国的强大与团结。“你身后有我，我身边有你”，我想任何大灾大难都挡不住我们勇往直前的步伐。这场疫情凝聚起我们如钢似铁、坚不可摧的强大力量。深深的压痕，疲惫的神态，仍挡不住医者之美；坚毅的目光，依然透射着必胜的光芒。乌云遮不住太阳，阴霾终将散开，唯努力不会被辜负。我们一定能打赢这场疫情防控阻击战，迎来春暖花开、万家祥和！

经过休养期后的我，将以更坚定的信心、饱满的热情重返工作岗位，不忘本心，不负众望，为更多人民的健康保驾护航。

挂上许愿牌

在疗养中心留影

医疗队合影

邹令

南昌市第一医院

支援武汉市第五医院，负责重症监护室临床护理工作

非常成长

抵达昌北机场后，得知我们将被统一安排到庐山集中休养，顿时冲淡了我要和战友离别的伤感。取得阶段性胜利后，我们终于可以卸下重负，好好休息一下，心中的快乐压都压不住！

当晚我吃到正宗的江西家乡美味，不由调侃起自己未来两周将会迎来“幸福肥”。为了保持稳定状态，我在严格的防疫防控下，开始锻炼身体。同时，回顾工作中的遗憾和不足，让自己快速进步。

在刚来武汉时，对新冠肺炎病毒还不熟悉，经验不足，ICU的患者皆为危重型新冠肺炎，病情重、基础疾病多、愈后差。为此，护理组不定期修订新冠病人护理常规，还制定了护理评估日期明细表、特殊交接本、敏感数据汇总交班表。回想这次疫情，这确实是非常珍贵的实战经验，我在休养过程中，觉得只有学会融会贯通，才能复制新冠肺炎护理常规模式，以做到不同的病人给予不同的护理措施。

经过这次抗疫经历，我学到了很多宝贵的经验，在结束休养后我也会努力应用这些经验，在工作中更好地帮助患者！

医疗队合影

周强

南昌市第三医院

支援武汉市江汉开发区方舱医院，负责测量生命体征，疏导情绪等工作

三个愿望

从飞机上下来时，我用力嗅着那熟悉的空气，听着那熟悉的乡音，才真切感受到我回家了。在前往安义古村休养的路上，看着帅气的交警铁骑为我们开道，沿路公安民警和高速工作人员向我们敬礼，道路两旁的市民冲我们挥手……心情激动。

进入休养地，最让我惊讶的是那棵千年古樟树，需要六个大人才能合抱住的古树，树枝上、围栏上居然挂满了祈福牌，我不由低头在心里许愿：希望新冠肺炎疫情早日结束，我们摘下口罩可以尽情地拥抱自己想拥抱的人。

没想到，我的战友们为我策划了一个特别的生日，当日凌晨时，他们在古樟树下为我献上生日祝福。为了不麻烦古村工作人员，他们偷偷将面包“改装”成生日蛋糕，让我在树下许愿。看着战友们真挚的笑容，我许下第二个愿望：希望自己永远充满活力，做自己想做的事，保护那些照顾我、关心我和需要帮助的人。当休养结束那天，我们参加了植树活动，当亲手将小树栽进土里时，我禁不住许下了第三个愿望：希望家人身体健康。

这次的经历，在我心里埋下了一颗包含不放弃和勇往直前精神的种子。对于外界的赞誉，我想说：身为医者，只是换了一个地方工作而已。

医疗队员合影

种植桂花树

收货鲜花和鼓励

赵琳
南昌市第三医院
支援武汉市第五医院，负责重症病区的全面护理工作及医护协调工作

爱心年糕

休养期间，不再裹着像粽子一样厚厚的防护服，没有仪器的报警声，没有紧张而忙碌的抢救，生活突然安静下来。在这份恬静里，回想起临行前，儿子让我给他炒的一盘年糕，我想，那是他想留下妈妈的味道吧！

刚开始，我和儿子不太联系，因为不敢，怕自己哭。儿子给我写了封家书，说道："妈妈，当你累了仰望天空的时候，相信每一位患者也都在仰视着，寻找着希望，这不是你一个人的战斗，也不只是武汉的战斗，这是全国人民众志成城抗击疫情的战斗。"他还说，等我平安回家，他炒年糕给我吃。那一刻，突然发现，孩子长大了。

如今，我平安回到江西，我给儿子回了一封家书，"如今，疫情得到了很好的控制，生活又可以像以前一样，平静中夹杂着热闹，这样的生活来得如此不易。我们要感谢的是每一位了不起的中国人。你已长大，妈妈希望你所有的理想要承载着祖国和民族的希望，时刻不忘祖国和人民对你年轻人一辈的期望与寄托。"

在我回家时，儿子将自己炒的年糕端到我面前，我泪流满面，这碗年糕等了60多天，吃起来，才发现孩子比我想像中要能干得多。一场疫情让孩子学会成长，让我更懂得珍惜！

与儿子合影

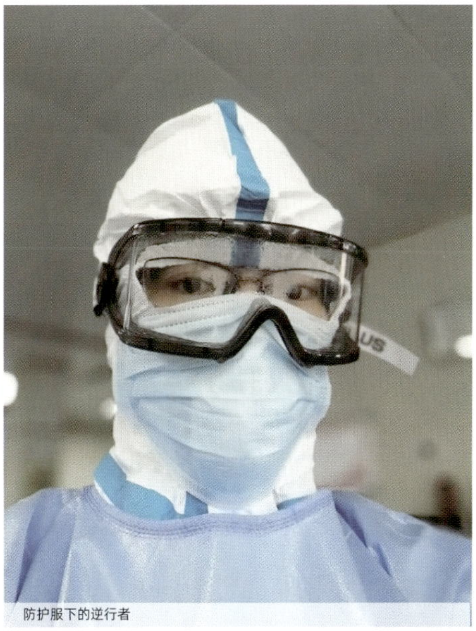
防护服下的逆行者

儿子炒的年糕

翁文轩

江西省中西医结合医院

支援武汉市江汉开发区方舱医院，负责测量生命体征，基础护理，协助患者出院、转院等工作

一个都不能少

4月2日，是我种下祝福的日子，也是我在安义古村群结束休养的日子。过去的14天里，安义古村的村民对我们的照顾无微不至，我只想说四个字“感恩感谢”。

离开家的40多天里，只能用视频和打电话来给父母报平安，每次摘掉口罩和帽子面对镜子，看着那压在脸上的一条条印记，是害怕与父母视频的，因为怕他们心疼。有几次视频接通后，我都躲避着镜头，生怕父母看见，我只能选择用尽全力，用最精神的状态告诉他们，你们的孩子一切都好，你们要好好照顾自己，一定要健健康康地等我回来。

回家的那天，发现母亲已经一头白发，父亲更是瘦了一圈，心中顿时又酸又疼。父母也是同样怕我担心，每次问起都告诉我，他们很好不用担心。母亲见到我不断地说着：“真的回来了，真的平安地回来了，这都是真的，可算让我盼到了。”父亲做了一桌子我最爱的美味佳肴，还没走进家门，就张开双手给了我一个大大且又温暖的拥抱，父亲激动地哽咽了许久，即使什么都没说，我却什么都明白。只要父母平安，儿女平安，才是圆满！一家人要整整齐齐，一个都不能少！

种植桂花树

武汉加油

龚小青
江西省中西医结合医院

支援武汉市江汉开发区方舱医院，负责测量生命体征，基础护理，协助患者出院、转院等工作

心中有光

武汉的经历让我收获良多，也让我对防护知识有了更深的了解，我认为这是职业生涯的一个财富。

患者对疾病的恐惧和不安，使我懂得了治病先治心这个道理，只有建立起战胜病魔的信心，才能真正地治愈，这为我今后的工作指明了方向。隔绝病毒，但不隔绝爱，我将尽我所能的对患者投入更多的关心和关爱。

在武汉，我看到了患者对生命的渴望，看到了武汉人民的坚强，看到了全国一家亲，同时我也看到了祖国的强大与党和政府的执行力。关键时期，一个个平凡人绽放出的英雄光芒，让我们心中有光。是他们教会了我们面对疫情的无惧与坚韧，是他们给我们抗疫之路提供了坚强的后盾。我也看到了中国人民的感恩之心。这段人生经历，对我而言是刻骨铭心的，它让我得到更好的提升，也让我有更强的信心去面对未来更大的挑战。

休养结束后，我会尽快地回到工作岗位，以一颗谦卑的心、感恩的心，加倍地工作，尽职尽责地工作。

种植桂花树

休养中心练字

童立云
南昌市第一医院

支援武汉市江汉开发区方舱医院，负责方舱内医患协调工作及方舱内患者的分诊工作

聚光成束

没有一个冬天不会过去，没有一个春天不会来临。很开心，武汉在全国人民的帮助下已逐渐恢复它往日的美丽。

回想起初到武汉时，已经是深夜，外面大雪纷飞。因为一场疫情的到来，偌大的城市，街道空荡无人，让人伤感。开舱的第一天我们就接收了70多个确诊病人，大家默契配合着，厚重的防护服下有种自来熟的亲切感，白色防护服让我们拥有了同一个名字，那就是“希望”。

在我接待的病人中，有一位60多岁的患者让我记忆深刻，起初她显得十分紧张，但经过我细心解答后，她放下质疑，反而像家中长辈一样跟我唠起了家常，还叮嘱我也要注意身体。临走前，她与我约定，等打赢这场仗，她要带我去吃武汉最正宗的热干面，有机会她也会来南昌尝尝我们南昌炒粉的味道。

疫情它就像是一面镜子，它会把人性中的善良与美好无限扩大。身处一线的我们，每天都在经历着各种各样暖心的事。在疫情面前，每个人都很弱小也很普通。但无论是伸出援手的人，还是接受帮助的人，都会毫不犹豫将自己的点点微光传递下去，最终聚光成束！

在疗养中心留影

雷晓晓
南昌市第一医院
支援武汉市江汉开发区方舱医院，负责分管患者的日常护理工作

向阳而生

今天是援鄂返岗的第4天，时光匆匆流过，记得去武汉时迎着风雨，归来已是春暖的好时节。在这最美人间四月天里，万物生机勃勃。

4月8日凌晨，武汉也在钟声里宣布解封，这座冰封了76天的英雄城市和英雄人民也等来了它的春天。

回想起2月15日援鄂出征的那一天，南昌下着瓢泼大雨，武汉下着大雪。寒夜里，我们抵达武汉，虽然很冷，但是时间没有停滞，春天也被我们如期等来。

在安义休养的日子里，我每天伴着春日的阳光与花香，适时的学习与锻炼，把援鄂收获的坚强与满满的正能量转化为前进的动力，努力让自己在成长的道路上成为更有力量的人。因为我始终坚信，在春天里生长发芽的不止是植物，还有我们每个人努力向阳的坚持与好运。

结束休养后，如愿见到了心心念念的家人、朋友、同事，大家对彼此的爱好像也更深了，从冬天跨越到春天的这些日子里，每一个人都在这场疫情里默默地成长着，更加懂得了珍惜、感恩，心与心的距离更近了。

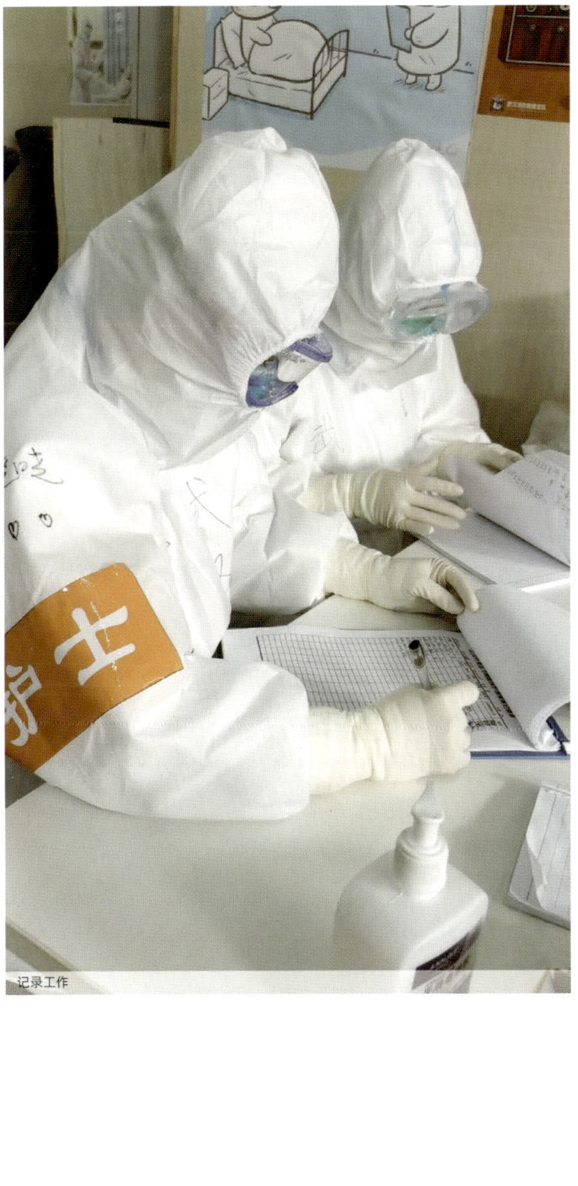

记录工作

疗养中心留影

熊丽娜

南昌市第三医院

支援武汉市江汉开发区方舱医院，负责护理工作

纸短情长

休舱之后，我和战友们一起来到了安义古村休养。休养地的那棵千年古樟是我最爱的地点，每天围着大树和战友们诉说心事，交流感情，难得的轻松惬意。抬起头感受风吹过树的枝干，树上的祈愿牌，它们相互碰撞出的声音，就是爱与希望。

回想起在方舱的时候，有一面心愿墙时常引人驻足浏览，一张张纸条将这面心愿墙装饰得五颜六色。纸短情长，纸上记录的不仅有感激和理解，还有祝福和期望。

文字是有魔力的，可以鼓舞士气。六小时的连续工作，呼吸都很费劲，连轴工作有时候也会让我的压力无法排解，这时候走到心愿墙，看看患者的感谢信，看着那些心愿和祝福，我的心里就会充满力量。

这些满满当当的心愿，是每一个人风雨同舟的情谊，写满了我们与武汉人民血肉相连的深情，也写满了共同对抗病毒，迎接万家团圆的信心，患者对病情会担心害怕，但他们愿意和我们倾诉，我想在方舱里他们已经把我们当成了家人朋友，而我也不仅仅是一名护理工作者，更多的时候还是患者的倾听者。

中国人在任何时候都不会轻易被打倒，因为我们有强烈的信念支撑着，只要有党和国家在，就有我们的美好未来！

种植桂花树

种下桂花树

献给逆行者的画

戴青
南昌县中医院
支援武汉市江汉开发区方舱医院，负责分诊与协调工作

战役荣光

这次援鄂，未征得父母同意就报了名，至今还有些愧疚。如今，我能平安回家，万分感谢后方有那么多人帮我照料我的小家，让我在一线没有后顾之忧。

还记得第一天穿上厚厚的防护服，紧张到自己的心跳声都听得清清楚楚，心里一遍一遍告诉自己，我要是怕了，患者们就更害怕了。我们的到来不仅是给他们提供疾病上的治疗，更重要的是给他们增加战胜疫情的信心。

一班下来6个小时，防护服下面的脸上有着深浅不一的勒痕，双手被泡得苍白，每位医护人员都像陀螺一样不停地转动。但我深知，一旦穿上这身厚重的防护服，就从护士变成战士，救治病患，挽救生命。

32天的奋战里有辛苦也有感动，但最多的还是感谢。感谢患者对我们的信任，感谢战友给予的鼓励与帮助，才让我不辱使命、平安归来！这将是我人生最难忘的一段经历。愿今后的工作中我以更好的服务续写战疫荣光。

种植桂花树

组织慰问

收到来自组织的贴心关怀

抗疫医护人员心系国内疫情状况

后　记

二十一世纪的那个庚子寒春里，我们面对的是突如其来的疫情;面对的是舍身忘死的逆行;面对的是血肉相亲的救援;面对的是挥泪无声的凯旋。

将这一人类抗疫史上的悲壮雄浑篇章，史诗般地记录下来，传承下去，是每一位摄影家、媒体人的历史责任。

如何去拍摄采写与讲叙，有怎样贴切的解决方案，我们在深入思考反复研商中选定了影像、文字、音频三者叠加的办法，可称之为“有声影像文学”，这或许是种创新性的尝试。

采取这种实现手法，旨在对南昌市先后紧急驰援、赴鄂抗疫、日夜奋战、义薄云天的医护人员，在参与处理这一重大突发公共卫生事件的情况，逐一进行拍摄、采写和梳理，真切地构建一幅驰援抗疫、倾情荆楚的全景画卷。这毕竟要讲述有关事件中的医护勇士的故事，是对一场没有硝烟，却有刀光剑影的重大战疫的回放与纪事。

很庆幸，154位南昌援鄂医护人员战疫归来后，接受了我们一对一的采访，他们讲述了请战出征的心声，进驻入阵的感受，战疫苦斗的经历，医患同心的情谊，以及凯旋荣归的状态，那些朴实的话语，真挚的情感，惊心的场景，动人的细节，无不让我们感同身受。

他们既是这场生死战疫的亲历者，悲壮疫场的见证者，更是与病魔拼杀的勇敢战士。他们原来是日常的父亲、母亲、丈夫、妻子、儿女。在紧急关头，争先恐后地在请战书上摁下红指印，义无反顾地奔赴抗疫前线。是他们以命搏命，救死扶伤换来人民大众静好的岁月。突如其来的疫情使得这些原本的普通之人，因此变得不普通，这些原本平凡之事，变得不再平凡，这些超越自我的英雄，成为民众心中的时代英雄。

为医护人员写照是我们的初衷，希望尽可能真切地展现特殊时期的他们，还原这些有血有肉有情怀的那份本真。如今呈现给读者的这部《致敬》有声影像文学，归纳再现了南昌全体援鄂人员54个日日夜夜的生死博弈的战疫状态，将不同场地，不同阶段和节点的战斗故事，分七个部分依次串联了起来，融合出既多维度又整体的篇章。

通过影像的瞬间，见证真人真事真场景，为这场战疫留下影像文献，直达泪点。通过文学的描写，反映他们医者仁心的行为，情感与细节，尽可能让读者走进那场战疫的故事深处，触及既坚定又温柔的内核。

我们诚邀154位抗疫勇士倾情献声，留声于书本，我们将AR技术融入传统纸质书籍，在原有功能基础上，增加原声诵读元素，读者只需要打开微信扫一扫，扫描封底或书签上的二维码，进入妙盒子小程序，再用小程序相机功能，对准文中任何一位战疫医护人员头像进行拍摄，小程序会自动播放原声朗读。

此书从拍摄、采访、编撰、成书到付梓，得到江西人民出版社、南昌日报社、南昌市卫生健康委员会、安义县委县政府和南昌市摄影家协会以及援鄂人员所在单位的鼎力支持，周密组织，为此深表谢忱。

按照总体策划和纲目要求，余霞、葛静、吴思勇、张宁江、徐蕾、胡志文、温舒晴、喻云亮、李含霁、李沁璇等同志为书稿采写，付出了辛勤的劳动。游华、余霞、万勍、魏勇剑、马悦、喻云亮、杨紫韬、李珍福、侯欣伟、李敏等同志以及本人，为影像的拍摄做出了努力。除此之外的影像资料，分别由本书的主人翁，援鄂医护人员友情提供。这些来自一线的素材，着实弥足珍贵。郭天翔同志担纲了本书的设计。余霞、樊增强同志肩负了大量组织，协调和统筹工作。南昌日报社社长万利平同志，南昌日报社总编辑李良生同志，通阅细审了书稿，提出了许多指导性意见。南昌市文学艺术界联合会副主席龚建峰同志对此次活动给予了充分肯定和大力支持，陈东旭同志对该书稿项目的策划和启动与圆满完成作出了建设性的贡献。

回眸编创的过往，深感创作完成一部有份量有温度，能讲叙好医护人员故事的力作，既要团队的精耕细作与聚力，更需要得到多方的理解、协作和帮助。我感激大家的同心协力和倾情付出。

中共南昌市委常委、宣传部部长龙和南给予了诸多的关心和鼓励，百忙之中，欣然为此书命笔作序，铸神提气。作为编者，敬意之情，怎不油然而生！

从风雪兼程，到春暖花开，艳阳高照。我们要由衷地感谢所有给予我们的那些感动，真心希望这部有声影像文学，能穿越时空岁月，不断传递温情、期许和力量。

罗水长

2020年7月于凤凰洲